Werner Rieb zeigt

Hitler
eine Karriere

nach dem Weltbestseller von

Joachim C. Fest

Ein Film von Joachim C. Fest und
Christian Herrendoerfer

Musik: Hans Posegga

Eine Produktion der
interart
Filmbeteiligungs-
und Produktions GmbH
München

intercine
Filmverleih GmbH
München

Prädikat
»Besonders
wertvoll«

das Buch »Hitler« von Joachim C. Fest
erschien im Propyläen Verlag und im Ullstein Taschenbuchverlag

Jörg Berlin Dierk Joachim
Bernhard Keller Volker Ullrich (Hrsg.)

Was verschweigt Fest?

Analysen und Dokumente
zum Hitler-Film von J. C. Fest

Pahl-Rugenstein

© 1978 by Pahl-Rugenstein Verlag, Köln.
Alle Rechte vorbehalten.
Umschlag: links oben ein Ausschnitt aus der Fotomontage ,,Millionen stehen
hinter mir. Der Sinn des Hitlergrußes" von John Heartfield (16. 10. 1932); links
unten: ,,Der Arbeiter im Reich des Hakenkreuzes!", Wahlplakat der Sozialde-
mokraten im Reichstagswahlkampf 1932; rechts oben eine Karikatur von Trapp
aus dem in Karlsbad erschienenen Blatt ›Der neue Vorwärts‹ vom 23. 7. 1933:
»Der Nationalsozialismus als Machtergreifung neuen Typs. ›Und damit, meine
Herrschaften, ist die Revolution beendet!‹«; rechts unten eine Lithographie von
A. Paul Weber: ,,Das Verhängnis", entstanden als Illustration zu dem 1932 er-
schienenen Buch ,,Hitler, ein deutsches Verhängnis" von Ernst Niekisch.
Repro- und Satzarbeiten: Plambeck & Co Druck und Verlag GmbH, Neuss.
Printed in Finland.
ISBN 3-7609-0359-2

Inhalt

Torsten Billmann: Leichen säumten ihren Weg, Holzschnitt um 1944

In allen Medienbereichen der bundesrepublikanischen Öffentlichkeit manifestiert sich gegenwärtig eine ,,Hitler-Welle``. Filme mit Titeln wie ,,Frühling für Hitler`` werden aufgeführt, Schallplatten mit Originalaufnahmen von Hitler-Reden finden reißenden Absatz, Hitler-Musicals werden produziert, der Jahr-Verlag druckt die Nazi-Propagandazeitung ,,Signal`` nach und wirbt dafür in der neofaschistischen Presse mit dem Hinweis, dies sei die ,,beste Propagandazeitschrift aller Zeiten``. Fast alle großen Illustrierten schwimmen auf dieser Welle mit durch den Abdruck von zumeist rührselig aufgemachten Serien über Hitler und seine Paladine. Die seriöse Seite der Hitler-Nostalgie zeigt sich in dem Erscheinen von Tagebüchern einzelner Nazi-,,Größen`` sowie in der anwachsenden Zahl von Biographien und Darstellungen, bis hin zu dem unsäglichen Opus des englischen Historikers Irving, der die Reinwaschung Hitlers bis zur Behauptung treibt, dieser hätte von der Ausrottung der Juden nichts gewußt. Die ,,Hitler-Welle`` ist ein profitables Geschäft, die Marktstrategen nutzen vorhandene, zumeist latente Bedürfnisse und Dispositionen geschickt aus und stellen sie immer erneut durch ideologische Konditionierung her. Weil wir meinen, daß diese Erscheinungen nicht nur einen vorübergehenden Modetrend signalisieren, sondern vielmehr symptomatisch sind für gegenwärtige gesellschaftliche Entwicklungstendenzen in der BRD, halten wir eine Auseinandersetzung damit für notwendig.

Daß der Antifaschismus niemals zum gesellschaftlichen Grundkonsens in der Bundesrepublik gehört hat, ist eine ebenso traurige wie bekannte Tatsache. Die Gründe hierfür sind in zahlreichen kritischen Analysen über die bundesrepublikanische Restauration herausgearbeitet worden; sie müssen hier nicht noch einmal resümiert werden. Augenblicklich befinden wir uns freilich in einer Phase, in der der nicht bewältigte Faschismus in verschiedenen Bereichen und mit unterschiedlichen Mitteln eine Teilrehabilitierung erfährt. Wir sehen hierin einen Zusammenhang mit der strukturellen ökonomischen Krise und ihren Folgeerscheinungen wie Massenarbeitslosigkeit, unsicheren Berufsaussichten und sinkendem Lebensstandard. Mit mehr oder weniger unverhüllten Anspielungen auf die Endphase der Weimarer Republik werden von konservativen Politikern und in der Rechtspresse reaktionäre Konzepte der Krisenlösung erörtert. Hier scheinen die eigentlichen Ursprünge der in Intensität und Qualität neuen Hitler-Renaissance zu liegen. Es gilt, diesen Zusammenhang systematisch aufzuarbeiten; der vorliegende Band versteht sich als ein Beitrag dazu.

Denn mit dem Film „Hitler – eine Karriere" von Joachim C. Fest und Christian Herrendoerfer hat die „Hitler-Welle" einen vorläufigen Höhepunkt, sicher aber noch nicht ihr Ende gefunden. Für die unumgängliche Auseinandersetzung mit Rechtsentwicklung und autoritären Tendenzen bieten der Film und die Diskussionen, die er ausgelöst hat, ein Lehrstück. *Dieses Buch will ein Doppeltes leisten:* Es will zum einen den Film selbst und seine öffentliche Resonanz einer kritischen Analyse unterziehen und zum anderen die Auseinandersetzungen um den Fest-Film dokumentieren. Der Beitrag von *Jörg Berlin* untersucht die Verzerrungen und Verfälschungen der historischen Realität durch Fest, indem er die im Filmkommentar vertretenen Positionen mit Ergebnissen der neueren historischen Forschung konfrontiert. *Dierk Joachim* zeigt, daß der Ausklammerung und Entstellung entscheidender Zusammenhänge auf inhaltlicher Ebene die Verwendung der filmisch-ästhetischen Mittel entspricht. In seiner Analyse des Presseechos in der BRD macht *Volker Ullrich* deutlich, welchen politischen Interessen der Hitler-Film dient und wie im Sinne einer wirksamen antifaschistischen Perspektive die Auseinandersetzung mit ihm geführt werden sollte. Im abschließenden Beitrag geht *Bernhard Keller* auf der Grundlage eigener Unterrichtserfahrungen der Frage nach, welche Wirkung der Film bei Schülern und Lehrern hinterläßt und ob er im Geschichtsunterricht eingesetzt werden sollte.

Im dokumentarischen Anhang werden Besprechungen und Stellungnahmen aus den verschiedensten politischen Lagern zu „Hitler-Welle" und Fest-Film sowie Berichte über Aktionen für und gegen den Film abgedruckt. Bei der Auswahl des Materials haben wir uns bemüht, einen repräsentativen Querschnitt der Diskussion zu erfassen. Textkürzungen wurden vorgenommen, wenn Wiederholungen in der Argumentation auftraten oder nebensächliche Punkte berührt wurden. Da der Band vor allem für die Benutzung durch Lehrende und Lernende konzipiert wurde, schließt der Dokumentationsteil ab mit kontroversen Überlegungen zum Einsatz des Films im Unterricht.

Hamburg, im Januar 1978 Die Herausgeber

ANALYSEN

Jörg Berlin

Kein Hitler-Bild für Mündige!
Historische Kritik an Fests Hitler-Film

I.

Jeder Film über Vorgeschichte und Herrschaft des Nationalsozialismus bleibt lückenhaft. Ein Kritiker, der mit hochgezogenen Augenbrauen auf jede Auslassung weist, macht es sich zu leicht. Es kommt vielmehr darauf an, zu untersuchen, ob der Film „Hitler – eine Karriere" von Joachim C. Fest und Christian Herrendoerfer die Elemente, die zur Erklärung der Person Hitlers und des Nationalsozialismus nötig sind, tatsächlich ins Bild rückt und bewußt macht, wie er es verspricht, oder ob der Film verschleiert, verzerrt und unterschlägt.

Fest will mit dem Film „auf eine möglichst nüchterne, rationale Art Einsichten vermitteln", die in der „verständlichen Voreingenommenheit der (ersten) Phase" der Auseinandersetzung mit dem Nationalsozialismus zu einer gewissen „Neigung zur Verdrängung" geführt haben.[1]

Im Kern läuft der Film auf folgende Aussage hinaus: Der Nationalsozialismus ist allein als Hitlerismus zu begreifen; Geschichte wird von „großen" Männern gemacht, die gleichermaßen Bewunderung und Schrecken erregen. Im Filmkommentar heißt es bereits in den ersten Sätzen von Hitler: „An ihm bewahrheitet sich das Wort, daß die Geschichte es bisweilen liebe, sich in einem Menschen zu verdichten."[2]

Daß „materielle Interessen und soziale Phänomene... von aller modernen Geschichtsschreibung als antreibendes Element erkannt und berücksichtigt" werden, weiß zwar auch Fest, doch betrachtet er „diese Trivialität als Trivialität" und will sie nicht als „umwälzende Entdeckung aufspreizen", denn nach wie vor, „allen wohlbegründeten Theorien zum Trotz, interessiert den Menschen nichts so sehr wie der Mensch."[3]

Dieser in der traditionellen Geschichtswissenschaft verbreitete methodische Ansatz richtet sich gegen Erklärungsversuche des Nationalsozialismus, die mit Theorien beweisen wollten, was historisch gar nicht zutreffe – wie ein Gegner abschätzig meinte. Es geht in Wahrheit gegen die wissenschaftliche Untersuchung, ob Hitler nicht im Prinzip

9

eine austauschbare Figur des deutschen Faschismus gewesen ist, ob nicht seine Politik aus den wirtschaftlichen, gesellschaftlichen oder systembedingten Bedürfnissen eines in die Krise geratenen Kapitalismus abgeleitet werden kann.[4]

II.

Die geringe Tragfähigkeit der personalisierenden Geschichtsbetrachtung zeigt sich daran, wie Fest die Entstehung der wesentlichen Versatzstücke der faschistischen Ideologie darstellt.

Die Ursache für das Entstehen von Antimarxismus und Antisemitismus in Hitlers Vorstellungswelt und bei seinen Anhängern wird in dem nur wenig spezifizierten Phänomen der Angst gesehen. ,,Überall sah er Feinde. In den Straßen rote Fahnen. Unter den Bürgern, die beunruhigt die Arbeiterumzüge verfolgten, der junge Hitler. Mit angehaltenem Atem, so hat er berichtet, habe er vom Rande der Straße aus den menschlichen Drachenwurm angestaunt, ehe er in banger Gedrücktheit nach Hause lief." In diesen Sätzen wird immerhin angedeutet, daß es eine bürgerliche Betrachtungsweise war, die Angstreaktionen auf Demonstrationen sozialdemokratischer Arbeiter hervorrief. Es fehlt aber die Erklärung, worin die Ängste des Bürgertums begründet waren und mit welchen Mitteln sie geschürt wurden.

Ein Schlüsselerlebnis Hitlers soll die Revolution 1918/19 gewesen

«So kam ich in das Lazarett Pasewalk in Pommern und dort musste ich die Revolution erleben.» (Seite 221)
«Meine erste Hoffnung war noch immer, dass es sich bei dem Landesverrat nur um eine mehr oder minder örtliche Sache handeln konnte. Ich versuchte auch einige Kameraden in dieser Richtung zu bestärken.» (Seite 222)

«Die nächsten Tage kamen und mit ihnen die entsetzlichste Gewissheit meines Lebens. Immer drückender wurden nun die Gerüchte. Was ich für eine lokale Sache gehalten hatte, sollte eine allgemeine Revolution sein. Dazu kamen die schmachvollen Nachrichten von der Front. Man wollte kapitulieren, ja war so etwas überhaupt auch nur möglich?» (Seite 222)

sein. „Eine Zeitlang war die Macht herrenlos. Sie gehörte der Straße. Bilder, die das öffentliche Bewußtsein tief erschreckten. Meuternde Soldaten, Tumult und Schießereien... München war monatelang das Spielzeug schwärmerischer linker Weltverbesserer."

Hier zeigt der Film ein Zerrbild der Novemberrevolution und der revolutionären Nachkriegsereignisse. Die historische Forschung hat längst belegt, daß 1918/19 in Deutschland nicht „Tumult und Chaos" herrschten. Die Bewegung der Arbeiter- und Soldatenräte führte zwar zum Sturz der Monarchie und der kaiserlichen Regierung sowie zur Abschaffung der Dynastien in den Einzelstaaten, aber die öffentliche Ordnung wurde überall aufrechterhalten. Die Revolutionäre waren zur Bewältigung unmittelbar anstehender Aufgaben zur Kooperation mit Vertretern des alten Exekutivapparates bereit, so daß es zu einer Beeinträchtigung der Verwaltung bei der im einzelnen in Art und Umfang sehr unterschiedlichen Machtausübung äußerst selten kam. Die Novemberrevolution bewirkte die Einführung des allgemeinen Wahlrechts, Koalitions-, Versammlungs- und Pressefreiheit, die Rechte der Betriebsräte, die Einführung verbindlicher Tarifverträge, den Achtstundentag und die Aufhebung der preußischen Gesindeordnung.

Diese Erfolge wurden nahezu ausnahmslos ohne Blutvergießen erreicht. Zu Konflikten und bürgerkriegsähnlichen Unruhen – dies gilt

«— Da hielt ich es nicht mehr aus. — Seit dem Tage, da ich am Grabe der Mutter gestanden, hatte ich nicht mehr geweint.» (Seite 223)

«Ich aber beschloss Politiker zu werden.» (Seite 225)

Clement Moreau: „Mein Kampf" – ein Versuch, mit dem authentischen Text die Entwicklung von Hitler zu zeigen. Aus der Serie von 56 Zeichnungen sind vier weitere auf Seite 40/41 abgebildet. Entstanden 1937–1938 im argentinischen Exil insbesondere für München, den Aufenthaltsort Hitlers – kam es erst, als die bewaffnete Gegenrevolution die Räte beseitigen und die alte Ordnung restaurieren wollte.[5]

Die Sorge im Bürgertum vor einer Beseitigung der alten Macht- und Herrschaftsverhältnisse hatte so einen realen Hintergrund. Die tiefsitzende Angst vor der organisierten Arbeiterschaft resultierte jedoch nicht aus dem wirklichen Ablauf der Ereignisse, sondern aus der Propaganda der Großunternehmer und mit ihnen verbündeter Gruppen, die gewerkschaftliche Forderungen und Sozialisierung mit allen Mitteln abwenden wollten und gezielt Furcht vor angeblich drohender Plünderung und Brandstiftung verbreiteten. Mit ihrer Greuelpropaganda gelang es ihnen, breite Mittelschichten gegen die Arbeiterschaft zu mobilisieren. Betrieben wurde die Propaganda vor 1914 vom „Reichsverband gegen die Sozialdemokratie" und nach 1918 von der „Antibolschewistischen Liga" und ähnlichen Organisationen, die neben industrieller Finanzierung allesamt behördliche Unterstützung erhielten. Um eine Vorstellung von der Dimension antisozialistischer Agitation zu vermitteln, sei erwähnt, daß führende Industrielle im Januar 1919 an nur einem Tag 500 Millionen Mark für Propagandazwecke zusammenbrachten.[6] Weitere Gründe für Abneigung und Haß im Bürgertum waren Kriegsausgang und Reparationen. Deutschnationale und konservative Gruppen hatten bei ihrer Suche nach Verantwortlichen für die Niederlage im Weltkrieg schnell einen Sündenbock gefunden. Im November 1918 sollte die Sozialdemokratie der unbesiegten, kämpfenden Truppe mit einem „Dolchstoß" in den Rücken gefallen sein. Damit war der Mythos über das Verhältnis von Arbeiterbewegung und Niederlage im Weltkrieg geboren. Mit allen Übeln der Republik – Reparationen, „Schmach von Versailles", Inflation – belud man die Arbeiterparteien. Die in diesen Kampagnen geprägte Mentalität war es u. a., die für die Propaganda später einen guten Resonanzboden abgab.

Dieser für die Erklärung der faschistischen Ideologie notwendige sozialgeschichtliche Hintergrund fehlt auch bei der Behandlung des Antisemitismus. Der Film zeigt Wiener Juden in weiten Kaftanen und mit breiten, schwarzen Hüten. Die Erläuterung: „Ihre Erscheinung weckte in der öffentlichen Phantasie blutschänderische Schreckbilder. Rassische Ängste wurden zur Ideologie und in billigen Druckwerken unter das Volk gebracht." Wer mit welchem Interesse „Druckwerke" herausbrachte, wird nicht gesagt. Dabei ist längst bekannt, wie der traditionelle Antisemitismus im Kaiserreich eine neue Qualität erhielt, als konservative Ideologen die ökonomischen und politischen Krisen mit Machenschaften der Juden „erklärten" und der Unzufriedenheit der

Paul Klee: Ein Stammtischler (Hitler), Federzeichnung 1931

um ihre materielle Existenz ringenden Kleinbürger hier ein Ventil und ein Aggressionsobjekt geboten wurde.[7]

Die sozialdarwinistischen Komponenten und der Germanenkult in der nationalsozialistischen Ideologie bleiben ebenfalls unverständlich. Über letzteren heißt es lediglich: ,,Vielmehr kam hier zum Vorschein, wie tief das Regime in finsteren, spukhaften Abgründen wurzelte." Wer so kommentiert, vermittelt keine rationalen Einsichten, sondern trägt seinerseits zur Mystifizierung des von den Nationalsozialisten propagierten Selbstverständnisses bei.

Die Funktion der Lehren von der Überlegenheit der ,,germanischen Rasse", verbunden mit vulgarisierten, auf die menschliche Gesellschaft übertragenen Darwinschen Thesen vom ,,Überleben der Tüchtigsten" im ,,Kampf ums Dasein", war indes eine zusätzliche Rechtfertigung imperialistischer Expansion und kapitalistischer Konkurrenz, die so eine quasi naturgesetzliche Weihe erhielten. Der Sozialdarwinismus wurde außerdem zur Legitimation sowohl der Unterdrückung der Arbeiterschaft als auch später der Beherrschung der sogenannten slawischen Ostvölker eingesetzt.

III.

Durch die Reduktion des Nationalsozialismus auf Hitlers psychische Strukturen, auf sein ,,monströses Weltbild", bleiben auch die gesellschaftlichen Ursachen seines Aufstiegs im Dunkeln.

Über den Beginn seines politischen Aufstiegs heißt es: ,,Eine jener Splittergruppen, die in Münchner Bierkellern zusammenkamen, holte ihn. ,Mensch, der hat a Goschn, den könnt ma brauchen.' " Die neuere Forschung sieht das anders. Hitler ist als Agitator und Spitzel im Auftrag der Reichswehr zur Deutschen Arbeiterpartei gestoßen, aus der dann die NSDAP hervorging.[8]

Diese ,,Splittergruppe" war zudem organisatorisch, ideologisch und personell eng verbunden mit ,,Alldeutschem Verband" und ,,Vaterlandspartei", mitgliederstarken bürgerlichen Sammlungsbewegungen, die seit ihrer Gründung für gewaltsame Annexionen in Europa und Übersee sowie den Kampf gegen Liberalismus und Sozialdemokratie eingetreten waren. Ihre massenwirksame – von Schwerindustrie und Großgrundbesitz geförderte – Agitation wies somit die gleichen imperialistischen, antidemokratischen und antiparlamentarischen Zielsetzungen auf, die sich angeblich allein aus den ,,spukhaften Abgründen" der Weltanschauung Hitlers und des NS-Regimes ergeben haben sollen.

Tatsächlich lag die Empfänglichkeit vieler Menschen für faschistische Parolen nicht allein an Hitlers unbestreitbaren rhetorischen Qualitäten,

14

sondern vor allem an der langen ideologischen Vorarbeit breiter bürgerlicher Kreise.

Zu vermuten, Fest wüßte all dies nicht, wäre falsch; denn in seiner voluminösen Hitler-Biographie spricht er fast alle hier und im folgenden genannten Auslassungen an, die die gesellschaftlichen und politischen Hintergründe der Weltanschauung Hitlers und seiner „Karriere" betreffen. Wenn im Film, der als populäre Umsetzung des Buches gelten kann, diese Aspekte bestenfalls nebenbei berührt werden, ist der Vorwurf verständlich, Fest betätige sich gegenüber dem breiten Publikum als Weißwäscher der bürgerlichen Gesellschaft.[9]

Statt wirklicher Erklärungen erfährt der Zuschauer über Hitler: „Im Kern seines Wesens ist er immer der arme Teufel aus der österreichischen Provinz geblieben. Gewöhnlich, mit erniedrigenden und verhunzten Zügen." Diese scheinbar emotionalen Äußerungen über den „Mann von der Straße", den plebejischen Emporkömmling, der sich „aus dem Männerwohnheim" durch eigene Leistung emporgearbeitet und eine „Karriere" gemacht hat, übernehmen aber eine bestimmte und wichtige Funktion. Sie bereiten vor, was Fest in anderem Zusammenhang unverdeckt ausspricht: Das Großbürgertum hat diese Karriere nicht inszeniert. In ähnlicher Weise wie Hitler werden übrigens auch Himmler und Heydrich beschrieben, „die gefürchteten SS-Führer im Kleinbürgerdreß".

Mit dem Stichwort „Kleinbürger" ist auf die Frage verwiesen, aus welchen sozialen Gruppen der Nationalsozialismus die Masse seiner Anhänger rekrutierte. Im Film kommt in diesem Zusammenhang Goebbels zu Wort: Das Herz des „*ganzen Volkes*", ohne Unterschied gesellschaftlicher Schichten, gelte es zu gewinnen und zu behaupten. Auch der Kommentar differenziert nicht: „Übereinstimmung mit *den* Massen hat ihn getragen... Und *die* Menschen, unwissend, gläubig, viele bis zum Ende, sind ihm gefolgt." „Seine energischen Allgemeinplätze wandten sich an *alle*." Durch die gezeigten Jubelszenen entsteht der Eindruck, als hätte er wirklich *alle* erreicht. Eine statistische Aufgliederung kann man von einem Film zwar nicht erwarten, aber einige erklärende Hinweise wären doch notwendig gewesen.

Zeitgenössische Erhebungen wie neuere Untersuchungen lassen keinen Zweifel, daß in der NSDAP Angehörige der selbständigen wie unselbständigen Mittelschichten über- und Arbeiter unterrepräsentiert waren. Die zahlenmäßig stärkste Gruppe kam aus dem Kleingewerbe (Handwerker, Kaufleute, Kleinunternehmer), dessen Sympathien für die NSDAP sich aus der Abwehrhaltung gegen die existenzbedrohende Konkurrenz durch Warenhäuser und Großbetriebe nährten. Erleichtert wurde die Orientierung auf die Nationalsozialisten durch den gemeinsamen Antisemitismus. Die Anhänger aus der Arbeiterschaft kamen häufig aus konservativen ländlichen Gebieten, Regionen mit Kleinindustrie und Städten, in denen der linke Flügel der NSDAP mit seiner scheinrevolutionären Phraseologie dominierte. Unter der Industriearbeiterschaft hat die NSDAP zu keiner Zeit erheblichen Eindruck hinterlassen, jene blieb im großen und ganzen abweisend. Auch unter den vielzitierten Erwerbslosen hat die KPD erheblich mehr Stimmen gewinnen können als die NSDAP. SPD und KPD zusammen konnten bei der Novemberwahl 1932 einen Stimmenanteil verbuchen, der nur um 3,1 Prozent geringer war als 1928. Die NSDAP wuchs in dieser Zeit von 2,6 auf 37 Prozent an, nahezu ausschließlich auf Kosten der bürgerlichen Parteien, d. h. sie rekrutierte vorwiegend Wähler mit bürgerlicher Mentalität bzw. bürgerlichem Status.[10] Das Anwachsen der Stimmzahlen für die Nationalsozialisten gerade in der Weltwirtschaftskrise demonstriert, daß Hitlers Erfolge (,,Was er war, war er als Redner. Gefolgschaft und Macht hat er vor allem durch seine rhetorische Gewalt erworben.") nicht nur seiner Demagogie und geschickten Propaganda zuzuschreiben sind.

Weltwirtschaftskrise und Arbeitslosigkeit werden im Film zwar erwähnt, können aber bei der schnellen Abfolge der vorgeführten Parteiveranstaltungen und Aufmärsche kaum beachtet, geschweige denn in ihrer überragenden Bedeutung gewürdigt werden. Dem Film zufolge liegt die psychologische Erklärung für Hitlers Erfolg allein in den raffiniert aufgezogenen Massenversammlungen, die immer wieder gezeigt werden. In immer neuen Bildern setzt der Film den redenden ,,Führer" vor und nach 1933 bei Paraden, Fackelzügen, Staatsaktionen und vor der Kulisse begeisterter Zuschauer in Szene. Die Emotionen, die die Auftritte auslösten, werden undifferenziert mit pseudoreligiösen und erotischen Antrieben erklärt. ,,Gewaltige Potenzerwartungen waren auf ihn gerichtet... Nur als Vereinigungserlebnisse sind diese Vorgänge begreiflich." Zu diesem Kommentar kommt ein Zeppelin als überdimensionales Phallussymbol ins Bild. Hier wird deutlich, wie wenig Fest das sozialpsychologische Phänomen der Massenpsychose in den Griff bekommt; er bleibt in Vulgärpsychologie stecken. Auch der Ritualcharakter der NS-Masseninszenierungen, im Rahmen einer kritischen Darstellung ,,faschistischer Öffentlichkeit" durchaus ein wichtiger Gegenstandsbereich, bleibt bei Fest letztlich unerklärt. Die Bilder der Aufmärsche und Massenversammlungen sagen noch nichts über ihre psychologische und politische Funktion. Peter Brückner hat darauf hingewiesen, daß der Bevölkerung durch eine demonstrative, appellato-

16

rische Öffentlichkeit das Gefühl der Beteiligung „am Ganzen" vermittelt wurde, „ein Plebiszit, das freilich nicht als (aktive) Mitwirkung, das nur theologisch ausgedrückt werden kann".[11]

Die Faszination der Propagandaveranstaltungen und Hitlers charismatische Ausstrahlung sind ohne Zweifel außerordentlich gewesen. Die überlieferten Filmstreifen scheinen Fest zu der Annahme verführt zu haben, daß nach 1933 tatsächlich die überwiegende Mehrheit der Bevölkerung fest hinter „Führer und Partei" stand. Gewiß errang Hitler eine beträchtliche Popularität, gleichwohl ist es dem Regime niemals gelungen, das Gros der Industriearbeiterschaft und erhebliche Teile der katholischen Bevölkerung politisch zu integrieren. Dies zeigen bereits die Wahlen zum Reichstag vom März 1933 – die NSDAP erreichte nicht einmal die 50-Prozent-Marge – und die später verbotenen Wahlen zu den Betriebsräten.

Die gezeigten Plesbiszite und Massenauftritte waren nicht Ergebnis einer wachsenden Loyalität der Bevölkerung, sondern sollten diese erst erzeugen und der Legitimation dessen dienen, was das Regime bereits durchgesetzt hatte.

IV.

Eine der zentralen Aussagen des Films über Hitler lautet: „Er war weder käuflich noch im Bunde mit dem Großkapital. Geld nahm er nur, wenn es ohne Bedingungen gegeben wurde." Die gesamte Thematik reduziert sich hier auf die Fragen, ob Hitler persönlich bestechlich gewesen und wieviel Geld aus den Kassen der industriellen Fonds in die der NSDAP geflossen ist. Wobei dann noch verschwiegen wird, daß insbesondere nach 1930 ständig größere Summen geflossen sind.

Der amerikanische Forscher Henry A. Turner macht auf das hier bestehende Problem immerhin noch aufmerksam, wenn er die Relevanz der Beschäftigung mit dem Nationalsozialismus so begründet: „Entspricht die weit verbreitete Ansicht, daß der Faschismus ein Produkt des modernen Kapitalismus ist, den Tatsachen, dann ist dieses System kaum zu verteidigen."[12] Turner leugnet dann zwar strukturelle Zusammenhänge zwischen Kapitalismus und Faschismus, erteilt aber – anders als Fest – nicht von vornherein die Absolution.

Auch interessante Details über die Vorgeschichte der Beziehungen zwischen bürgerlichem Lager und NSDAP erfährt der Zuschauer nicht, etwa daß die Parteizeitung, der „Völkische Beobachter", 1921 nur mit finanzieller Hilfe großbürgerlicher Sympathisanten und der Reichswehr erworben, der erste Reichsparteitag 1923 allein nach politischer Unterstützung durch Reichswehroffiziere abgehalten werden konnte.

Auch über die Bewaffnung der SA aus Reichswehrbeständen kein Wort. Das gleiche gilt für Hitlers Rolle als bayerischer Verbindungsmann zur Putschisten-Regierung in Berlin während des Kapp-Putsches, für die Pläne, die NSDAP als Stoßtrupp bei einem neuen Putsch zu gebrauchen, für Hitlers Kontakte seit Anfang der zwanziger Jahre zu führenden altkonservativen Kreisen aus Schwerindustrie, Großgrundbesitz, Militär, protestantischer Geistlichkeit und Ministerialbürokratie, die die Partei und Hitler früh in Dienst nehmen wollten.[13] Mit der Beschränkung auf den Bereich direkter finanzieller Zuwendungen der Unternehmer und ihrer Organisationen wird von der politischen und wirtschaftlichen Interessenidentität (Expansion, Auftragsbeschaffung durch Aufrüstung, Entmachtung des Parlaments, Zerschlagung der Gewerkschaften) abgelenkt.

Im Film gibt es keinen Hinweis, daß die Partei nicht nur allgemein für die „konservative Rechte", sondern besonders auch für die Industrie ein gesuchter Bündnispartner war, da diese Gruppierungen die als notwendig erachtete Politik ohne Massenbasis nicht durchsetzen konnten. Von der NS-Regierung sollte eine entsprechende Politik gemacht werden, die allerdings im Volk durch Arbeitsbeschaffung (Rüstung), nationale „Großtaten" und Erfolge (ökonomisch-militärische Expansion) verankert sein sollte. An diesem Programm wird im übrigen das Anknüpfen an imperialistische Programme der Kaiserzeit deutlich.[14]

Voraussetzung der Annäherung von Industrie und Nationalsozialisten war die Änderung bzw. „Präzisierung" des Wirtschaftsprogramms der NSDAP. Bis 1930 hatten Schlagworte aus dem Parteiprogramm wie „Schaffung eines Ständestaates", „Brechung der Zinsknechtschaft", „Gemeinnutz geht vor Eigennutz" vorgeherrscht, die bei manchen Vertretern des Großbürgertums den Verdacht nährten, die NSDAP sei eine tendenziell sozialistische Partei. Diese Sorgen hatte besonders Hitler in seinen Reden vor führenden Industriellen beseitigen können.

In direkter Zusammenarbeit mit Vertretern bzw. Vertrauensmännern der Wirtschaft (Keppler, Funk) entstanden nach 1930 neue Leitlinien der Partei für eine Wirtschaftspolitik nach der „Machtübernahme". Ziel der Nationalsozialisten wie ihrer Förderer in der Großindustrie war u. a. die Schaffung eines Großwirtschaftsraumes in Mittel-, Ost- und Südosteuropa unter deutscher Führung.[15]

Die dazu notwendige und versprochene Aufrüstung im großen Stil eröffnete den Unternehmen einen bedeutenden Binnenmarkt und machte sie vom Export unabhängiger. Die damit – wegen sinkender Devisenreserven – einhergehende Senkung von Lebensmitteleinfuhren bedeutete einen Vorteil für die Agrarier.

Im sozialpolitischen Bereich war die NSDAP die einzige Kraft, die willens und in der Lage schien, Achtstundentag, Tarifverträge, Schlichtungswesen, Arbeitslosen- und Sozialversicherung aufzuheben und so eine Senkung der „Produktionskosten" durchzuführen. Den Interessenten dieser Politik war selbstverständlich klar, daß ihr Programm bei einem funktionierenden Parlamentarismus und gegen den Widerstand von Arbeiterparteien und Gewerkschaften nicht durchzusetzen war. Hitlers Berufung zum Reichskanzler durch den widerstrebenden Reichspräsidenten von Hindenburg ist denn auch vor allem auf die Intervention der Großindustrie und Großagrarier zurückzuführen, also jener Gruppen, die bereits bei der Entstehung der „Bewegung" und dem Hitlerputsch 1923 Hilfestellung geleistet hatten.[16]

Der Hamburger Großkaufmann und Bankier Helfferich berichtet in seinen Memoiren, Hindenburg habe sich noch am 30. Januar, dem Tag der Machtübergabe, wiederholt versichern lassen, daß Hitler das Vertrauen breiter Kreise aus Industrie, Banken, Handel und Landwirtschaft besitze. Bereits Ende 1932 hatte der „Keppler-Kreis", in dem Vertreter der Industrie und Nationalsozialisten gemeinsam die Wirtschaftsprogrammatik der Partei abstimmten, Eingaben der Wirtschaft zur Ernennung Hitlers zum Reichskanzler organisiert. Ohne diese Unterstützung hätte aller demagogische Aufwand der Nationalsozialisten wenig genützt. Die Wahl vom 6. November 1932 hatte bereits einen deutlichen Stimmenschwund für die Partei gebracht, und das Tief der Weltwirtschaftskrise war bereits durchschritten.

Die Krise der NSDAP, ihre Geldsorgen erwähnt auch Fest, aber die Helfer in der Not erwähnt er nicht. Bei ihm wird Hitler Kanzler, weil seine Gegner, „müde der ewigen Kämpfe", ihn gewähren ließen.[17]

V.

Gegner scheint der „Faschismus an der Macht" nach 1933 kaum noch gekannt zu haben. Zwar wird im Zusammenhang mit dem breit dokumentierten „Tag von Potsdam" kurz erwähnt, Sozialdemokraten seien nicht eingeladen gewesen und die Kommunisten verhaftet worden. Doch dieser Satz geht in Bildfolge und Musik schnell unter. Später zeigt der Film, wie die SA Gewerkschaftshäuser besetzt. Ursache dieser Maßnahme soll der „Druck der Straße" gewesen sein. Eine Erklärung, warum die Nationalsozialisten so rasch und brutal die Arbeiterorganisationen unterdrückten, scheint nicht nötig zu sein; denn „keine Gruppe blieb verschont. Alle wurden auf die neue Ordnung ausgerichtet. Das nannten sie Gleichschaltung". Ein klassenneutraler NS-Staat scheint nur noch Gleichgeschaltete gekannt zu haben. Die wenigen Bilder über die ersten Konzentrationslager und einige Emigranten stören nicht den Gesamteindruck, Deutschland sei nach 1933 „auf dem Wege zur Volksgemeinschaft" gewesen. Im Kommentar taucht dieser Begriff, verbunden mit entsprechenden Bildern, häufig wieder auf. Die wachsende Popularität des Regimes und die Verwandlung der Gesellschaft in eine „Volksgemeinschaft" gelang scheinbar recht einfach: Winterhilfswerk, Eintopfsonntage und Beseitigung der Arbeitslosigkeit. „Hitler wußte: Alles hing für ihn davon ab, daß er damit (mit der Arbeitslosigkeit) fertig wurde . . . Es war wie eine Mobilmachung. Hitler beim ersten Spatenstich zur Autobahn. Landauf, landab eröffnete er Arbeitsschlachten . . . Eine Welle der Zuversicht ging von ihm aus. Auch große Teile der Arbeiterschaft wurden jetzt davon mitgerissen . . . Diese Dynamik machte das Regime populär."

Die filmischen Belege für die Herausbildung einer nationalsozialistischen „Volksgemeinschaft" müssen skeptisch stimmen, es sind wieder einmal Selbstzeugnisse des Regimes.

Die egalitäre Rhetorik der Nationalsozialisten und die Beifallsstürme für die soziale Realität des „Dritten Reiches" auszugeben, dies ist schon eine methodische Naivität. Empirische Untersuchungen über die Entwicklung der deutschen Gesellschaft zwischen 1933 und 1939 sprechen eindeutig dagegen, gesellschaftspolitische Parolen der NSDAP zum Nennwert zu akzeptieren. Die Abschaffung der Klassengegensätze ist zwar immer wieder laut proklamiert, aber niemals erreicht worden. Gesellschaftliche Widersprüche mußten sich im nationalsozialistischen Deutschland zwar notgedrungen anders artikulieren als in der Weimarer Zeit, aber nichtsdestoweniger waren sie vorhanden und bestimmten maßgeblich die Politik des Regimes.[18]

Im Mittelpunkt der Wirtschaftspolitik stand nach 1933 die Arbeitsbeschaffung. Die Beseitigung der Arbeitslosigkeit sah man als Schlüssel für die Überwindung der Krise und die politische Verankerung des Regimes an. Der Film stellt die Erfolge dieser Politik eindringlich heraus: „Die Autobahnen werden noch heute mit seinem Namen verbunden." Zwar heißt es im Satz vorher, „viele Projekte" der Arbeitsbeschaffung seien „schon lange vor ihm geplant" gewesen. Zu fragen ist aber, ob ein kurzer Satz bei Zuschauern, die Hitler, Autobahn und Beseitigung der Arbeitslosigkeit ohnehin unbesehen gleichsetzen, überhaupt als relativierende Information erkannt wird, zumal wenn hierzu einprägsame Propagandabilder von „Arbeitsschlachten" zu sehen sind.

Der Film verschweigt, daß es 1935 immer noch 1,7 Millionen Arbeitslose gab, die „Dynamik" des Regimes so überwältigend denn doch nicht war. Noch bedenklicher ist die fehlende Aufklärung über die Methoden der Wirtschaftsbelebung und Arbeitsbeschaffung. Gerade für Zuschauer, die selbst eine Wirtschaftskrise erleben, wären Hinweise auf die ab 1934 ständig erhöhten Militärausgaben und später die Einberufungen zum Militär wichtig gewesen. Von den 67 Milliarden Reichsmark, die zur Ankurbelung der Konjunktur von 1933–1939 ausgegeben wurden, waren immerhin 60 Milliarden Militärausgaben.[19]

Die staatlichen Maßnahmen und Rüstungsaufträge beseitigten zwar die Arbeitslosigkeit, führten andrerseits aber zu einer Verschuldung, die 1938 bereits so hoch war, daß sie eingestandenermaßen „im Sinne einer kaufmännischen Abtragung" gar nicht mehr zu begleichen war (Göring).[20] In Ordnung zu bringen war sie nur durch einen erfolgreichen Eroberungskrieg.

Das Ziel einer militärisch-ökonomischen Expansion hatte Hitler niemals verhehlt, weder vor 1933 noch nachher. Bereits am 3. Februar 1933 – am 30. Januar war er Kanzler geworden – stellte er vor den Befehlshabern des Heeres und der Marine seine alten Pläne nochmals dar: „Erkämpfung neuer Exportmöglichkeiten", „Eroberung neuen Lebensraums im Osten und dessen rücksichtslose Germanisierung".[21]

Diese Zusammenhänge deckt der Fest-Film mit seiner Formel von der Etablierung einer „Volksgemeinschaft" ebenso zu wie seinerzeit die NS-Propaganda. Diese bemühte sich in den ersten Jahren der nationalsozialistischen Herrschaft, dem „neuen Staat" die sinkenden Arbeitslosenzahlen gutzuschreiben und die Aufmerksamkeit davon abzulenken, daß die Löhne weit hinter den sprunghaft gestiegenen Unternehmergewinnen zurückblieben und die wachsenden Wochenlöhne allein auf die verlängerte Arbeitszeit zurückgingen.

Nach Erreichen der Vollbeschäftigung Ende 1936 wird die Metapher der „zufriedenen Volksgemeinschaft" noch unzutreffender. Der Bedarf an Arbeitskräften stieg jetzt so hoch, daß zwischen den Unternehmen insbesondere der Rüstungsbranche ein erbitterter Kampf um Arbeitskräfte ausbrach, auf die sie wegen der terminierten Staatsaufträge nicht verzichten konnten. Die Arbeiter ihrerseits gingen immer häufiger bis an die Schwelle des Streiks, um ihren materiellen Forderungen Geltung zu verschaffen. Eine Verlangsamung des Rüstungstempos hätte die relative militärische Überlegenheit gefährdet. Aus der forcierten Rüstung erwuchs so eine Krisenspirale ohne Ende, denn die Vollbeschäftigung gefährdete die Rüstungsziele, da die steigenden Einkommen der Massen es immer schwieriger machten, die Konsumgüterproduktion zurückzustellen. Repressive Maßnahmen zur Einschränkung des Konsums hätten die politische Stabilität des Regimes gefährdet.

Die auf militärische Expansion angelegte Wirtschaftspolitik des Dritten Reiches machte jene damit auch faktisch unvermeidlich. Nur so konnte der deutsche Rohstoff-, Kapital-, Devisen- und Arbeitskräftemangel behoben werden. Die Besetzung und Plünderung kleiner Länder wie der Tschechoslowakei und Polen war nicht nur notwendig, um das weitergesteckte Ziel, die Unterwerfung der Sowjetunion, zu ermöglichen, sondern auch, um ein Zutagetreten wirtschaftlicher Schwierigkeiten zu verhindern.

Bei alledem blieb die „Volksgemeinschaft" ein Mythos. Das Bewußtsein von gegensätzlichen Klasseninteressen war „oben" wie „unten" stets präsent. Da Film und Kommentar sich meist auf die NS-Redner und ihr Publikum beschränken, fallen Informationen dieser Art weg. Selbst bei der durchgängigen Beschränkung auf NS-Material hätten relevante Äußerungen über die Einstellung mancher Bevölkerungsgruppen vermittelt werden können. Die Geheime Staatspolizei-Stelle Braunschweig berichtet z. B. 1938: „Zur Beurteilung der allgemeinen Lage ist folgende Erscheinung bei den Veranstaltungen zum 1. Mai d. J. erwähnenswert. Bei dem Abmarsch der Betriebe zu dem Kundgebungsplatz war zunächst eine einhundertprozentige Teilnahme vorhanden, die aber schon während des Marsches durch die Stadt etwas nachließ. Beim Eintreffen vor dem Festplatz strömte der letzte Teil der einzelnen Marschblocks nach allen Seiten auseinander und gingen ohne den Festplatz betreten zu haben in die Stadt zurück. Es setzte danach ein allgemeines Zurückfluten der Massen vom Kundgebungsplatz ein, so daß zu Beginn der Führerrede etwa nur ein Drittel der gesamten Festteilnehmer auf dem Platz vorhanden war."[22]

VI.

Auch die Behandlung des Widerstandes, der nur im Zusammenhang mit dem 20. Juli Erwähnung findet, bleibt völlig unzureichend. Ohne die Bedeutung des konservativen Widerstandes gering zu schätzen, ist doch darauf zu verweisen, daß ein Hervorheben gerade dieser Gruppe die Funktion hat, die Verantwortung für die Verbrechen der NS-Zeit stärker auf einen kleinen Kreis von „Bonzen" und die Person Hitlers zu beschränken. Staatsapparat, Wirtschaft und Armeeführung werden als Träger einer „preußischen Staatstradition" von allem Verdacht gereinigt und mit dem moralischen Anrecht auf Führung in der Bundesrepublik ausgestattet. Und das, obgleich der „Widerstand von oben" in seiner Mehrheit weder eine demokratische Gesellschaft noch eine Beschränkung deutscher Herrschaft auf das Reichsgebiet anstrebte.[23]

Besonders bedenklich ist die fehlende Behandlung des sozialistischen und kommunistischen Widerstands, weil er im Gegensatz zum 20. Juli weder in der Öffentlichkeit noch in der Schule hinreichend Beachtung findet.[24] Eine realistische Beurteilung der ,,Karriere" Hitlers wäre eher möglich, wenn statt der Trivialszenen vom Obersalzberg einige Angaben über die Opfer des faschistischen Terrors gezeigt würden. So gab es bereits in der Zeit von Anfang 1933 bis Mitte 1935 über 4600 ermordete und über 1800 verurteilte Antifaschisten. In den folgenden Jahren verhafteten die Schergen des Regimes u. a.:

   1936: 11 687 Kommunisten und 1374 Sozialdemoraten
   1937: 8 668 Kommunisten und 735 Sozialdemokraten
   1938: 3 864 Kommunisten und 723 Sozialdemokraten[25]

Die über das gesamte Reich verbreitete antifaschistische Opposition insbesondere aus Arbeiterparteien und Gewerkschaften hätte auch nicht in das vorgezeigte Bild einer zufriedenen ,,Volksgemeinschaft" gepaßt. Zwar stand der Erfolg dieses Widerstandes in keinem Verhältnis zu den Opfern, die die immer vollkommenere Überwachung durch Gestapo und Spitzelsystem forderte, aber gerade diese Repression war es doch, die Hitlers ,,Karriere" überhaupt ermöglichte. Eine Behandlung dieser Widerstandsgruppen hätte dem Publikum auch ihre Analyse des Faschismus bekanntgemacht, die eine wichtige Ergänzung des Films gewesen wäre. Der sozialdemokratische ,,Neue Vorwärts" vom 10. September 1933 schrieb etwa: ,,Was aber bedeutet das alles? Die alte Herrenkaste ist wieder an der Macht. Sie hat in dem grausamsten aller Klassenkämpfe, in einem unerbittlich mörderischen Klassenkampf von oben das arbeitende Volk in den Staub getreten."

Wenn schon bei der Behandlung der politischen Stimmung der deutschen Bevölkerung Verzerrungen nachzuweisen sind, so wird es grotesk, wenn der Film auf die Verhältnisse in der Sowjetunion und Frankreich eingeht. Durch das Präsentieren ukrainischer Bäuerinnen, die einrückende deutsche Truppen segnen, oder französische Bürger, die gefangene alliierte Piloten Spießrutenlaufen lassen, wird der Eindruck hervorgerufen, als sei der Nationalsozialismus in den okkupierten Gebieten zumindest anfänglich willkommen gewesen.[26] Fest ist hier einmal mehr auf die

René Magritte:
Wahlplakat 1939

ÇA JAMAIS!

NS-Propaganda hereingefallen; denn gerade in der Sowjetunion und in Frankreich existierte ein breiter, militärisch organisierter und aktiver Widerstand gegen die Besetzung. Der Kommentar jedoch: „Auch im Westen wurde zum Kreuzzug gegen den Bolschewismus aufgerufen. Wallonen, Flamen, Holländer meldeten sich freiwillig zur SS . . . Skandinavier ließen sich anwerben. Und auch Franzosen." Auch hier folgen dann kurze relativierende Sätze, die aber vom Bildmaterial überdeckt werden.

VII.

Weiter oben steht bereits, daß der Film die politische und soziale Funktion des Antisemitismus nicht erklärt. Auch die wirtschaftliche Funktion der Konzentrationslager wird nicht erwähnt. Kein Hinweis auf die Ausbeutung der billigen Arbeitskraft von Häftlingen, kein Wort von den Nutznießern dieser Arbeit in deutschen Großkonzernen. Statt in den überlieferten Schätzen aus der NS-Propaganda-Küche zu schwelgen, hätte Fest sich einmal mit den Akten der Nürnberger Prozesse gegen die IG-Farben und andere Unternehmen beschäftigen sollen,[27] dann wäre ihm vielleicht klar geworden, daß die Selektion auf der Lagerrampe von Auschwitz nicht irgendeinem Wahnwitz, sondern brutalstem ökonomischen Kalkül folgte, der allein an der Erhaltung einsatzfähiger Arbeitskraft interessiert war. Die 10 bis 20 Prozent der Arbeitsfähigen eines Transports wurden meistens früher oder später nochmals „ausgemustert", und als nicht mehr „verwertbar" überantwortete man auch sie dem Tod.

Die Erklärung Fests, „hinter der Endlösung stand die Mission enthemmter Ordnungsfanatiker", übersieht die Profiteure an der Verwertung der Gefangenen und ihrer Leichen, die Erfinder der Verfahren zur Herstellung von Seife aus menschlichem Fett. Die Dysfunktionalität dieser Verbrechen für das Gesamtsystem bedeutet eben nicht, daß niemand an ihnen profitierte.

VIII.

Fest behauptet: „Alle wurden auf die neue Ordnung ausgerichtet." Die Wirklichkeit sah anders aus, die erhaltenen Aktenbestände ergeben ein klares Bild. Die Vertreter der Wirtschaft waren keineswegs sämtlich „untergeordnet", vielmehr setzte die seit langem bestehende Interessenidentität zwischen Nationalsozialismus und Großkapital sich ungebrochen fort. An den Schalthebeln der ökonomisch wichtigen Ministerien und Planungsbehörden saßen in zunehmendem Maß Konzernvertreter.

Fest sieht das nicht so. Gewährsmann seiner Interpretation ist der Führer selbst, der im Film unwidersprochen diese und ähnliche Sätze äußert: „Eine Revolution vollzieht sich in Deutschland" – „Wir haben eine Revolution machen wollen, und es wurde eine Revolution." Der Kommentar verbürgt die Richtigkeit: „Das war sein Ziel: gesellschaftliche Barrieren niederzureißen. Alle sollten sich aus ihren herkömmlichen Bindungen lösen, um in einer neuen Volksgemeinschaft zu verschmelzen." Und nicht nur dort, wo das System angeblich soziale Umwälzung intendierte, setzte diese sich durch: „Er war ein Revolutionär, auch wo er altfränkisch dachte." In einer dermaßen revolutionierten Gesellschaft war für den Primat der Großindustrie kein Raum mehr.

David Schoenbaum, auf den Fest sich hier stützt, hat die Konsequenz dieser Auffassung so auf den Begriff gebracht: „. . . der Arbeiter teilte seine Versklavung mit früheren Herren, wodurch sie paradoxerweise zu einer Art Gleichheit . . . wurde."[28] Eine Kritik dieser Auffassung darf nicht in das andere Extrem verfallen und „dem Kapitalismus" unbesehen die Verantwortung und Initiative für alle Erscheinungen und Auswirkungen des NS-Systems zuschieben. Sie hat zuerst darauf zu verweisen, daß eine Interpretation in der Festschen Manier den Zugang zu der Frage, wer denn das historische Subjekt von „Machtergreifung", Faschisierung und Expansion tatsächlich gewesen sei, ständig verstellt.

Mit der Stilisierung Hitlers zum Revolutionär wird dieser nebenbei noch als Schöpfer der bundesrepublikanischen Gesellschaft gefeiert. Da er materielle wie ideologische Gegensätze aufgehoben habe, sei die politische und soziale Stabilität der Bundesrepublik erst möglich geworden: „Wenn Sie bedenken, unter welchen Belastungen die Weimarer Republik zu leiden hatte und woran sie zugrunde ging, Belastungen der Sozialstruktur, der Ideologie, des gesellschaftlichen Antagonismus und so weiter – nichts mehr davon ist geblieben." Hitler hat alle „Ideologien . . . auf lange verdächtig gemacht, die Sozialstrukturen zerstört, die Unterschiede eingeebnet, damit aber . . . Deutschland auch den Schritt in die Gegenwart erlaubt".[29] Nebenher kommt dann noch die Klage, das „Bewußtsein einer Klassengesellschaft" gebe es erst wieder seit der Neuen Linken.

Der faschistischen Vergangenheit werden hier einerseits positive Aspekte abgewonnen, andererseits können im gleichen Zuge der Begriff der Revolution sowie die fortschrittlichen Kräfte der Bundesrepublik diffamiert werden, indem man sie im Sinne der Totalitarismusdoktrin mit Faschisten gleichsetzt. Günther Zehm von Springers „Welt" hat dies denn auch gleich offen ausgesprochen: „Auch die Revolutionäre von heute haben bei Hitler gelernt."[30]

Th. Th. Heine: Deutscher Herbst 1944, Federzeichnung 1944

IX.

Der Verzicht auf jeden Ansatz rationaler Erklärung im Film wird bei der Kommentierung der Ereignisse nach 1938 besonders augenfällig. Die gesamte Politik reduzierte sich von jetzt an auf Hitler, seine Einfälle, sein Wollen. „Und dann regnete es Hakenkreuze aus heiterem Himmel auf Österreich ... Hitler war aus seiner Untätigkeit ausgebrochen." Der Dank: „Jubel der Bevölkerung", die „ihm jetzt im Taumel huldigte". Ein Hinweis auf die Bemühungen in der Weimarer Zeit und den gescheiterten faschistischen Putschversuch von 1934 hätten den „Anschluß Österreichs" in einem anderen Licht erscheinen lassen. Auch kann die Begeisterung der österreichischen Bevölkerung über das „Heim ins Reich" so allgemein nicht gewesen sein, warum hätten die Nationalsozialisten sonst massiven Druck auf den österreichischen Kanzler Schuschnigg ausgeübt und ihn zur Absetzung der für den 13. März 1938 verkündeten Volksabstimmung über die Unabhängigkeit Österreichs gezwungen.

Der mit solchen Fakten nicht konfrontierte Zuschauer sieht den „Führer" weiterhin seine „Großtaten" vollbringen. „Europa war auf einen Gegner wie *Hitler* nicht vorbereitet."

„Entgegen allen Zusicherungen zerschlug *Hitler* im Frühjahr 1939 die Tschechoslowakei." „Er erklärte Polen den Krieg." „Anfang April 1940 eroberte *er* . . . Dänemark und Norwegen." „Einige Tage schien die Front zu wanken. Nur *Hitlers* verbissener Durchhaltewillen hielt sie zusammen." Die Reduktion des Nationalsozialismus auf Hitler erreicht hier Ausmaße, die originalgetreu den Personenkult der faschistischen Propaganda widerspiegeln. Der im Film erweckte Eindruck, die Besetzung der europäischen Staaten sei allein auf Hitlers spontane Initiative erfolgt, verdeckt die wirklichen Ursachen und Ziele der Okkupation. Erhaltene Unterlagen der Wehrmachtsführung über die „Zerschlagung" der Tschechoslowakei verdeutlichen z. B. folgende Pläne: „Strategischer Überfall aus heiterem Himmel ohne jeden Anlaß oder Rechtfertigungsmöglichkeit wird abgelehnt. Da Folge: feindliche Weltmeinung, die zu bedenklicher Lage führen kann." Es wurde deshalb festgelegt: „Handeln nach einer Zeit diplomatischer Auseinandersetzungen, die sich allmählich zuspitzen und zum Kriege führen."[31] Vordringliches Ziel war nicht, wie die Propaganda erklärte, die Frage der sudetendeutschen Minderheit, sondern die Sicherung eines strategisch unentbehrlichen Ausfalltores gegen die Sowjetunion, einer Basis für die politische und wirtschaftliche Expansion in den Balkanraum. Die infolge hektischer Rüstungsproduktion durch wachsende Schwierigkeiten und Spannungen im Rohstoff- und Finanzsektor gekennzeichnete ökonomische Situation des Reiches sollte durch die Besetzung vor einer offenen Krise bewahrt werden. Zudem versprachen die hochentwickelte Industrie der Tschechoslowakei, vor allem die Waffenfabriken, die Devisenvorräte sowie die Reserven an qualifizierten Arbeitskräften eine Stärkung des rüstungswirtschaftlichen Potentials. Auch den Überfall auf die Sowjetunion sieht man im Film in der gewohnten personalistisch verkürzten Weise und ohne eine Darstellung der bekannten Motive. Der Grund für den Krieg – nach dem Sieg über Frankreich und während des „Stellungskrieges" gegen Großbritannien –: „*Hitlers* Unrast brauchte jetzt einen Erfolg." Wenig später die weitere Verschleierung der Ursachen: „Dies war der Krieg, den *er* immer gewollt hatte, die militärische Auseinandersetzung mit dem ideologischen Hauptfeind, dem Kommunismus." „Den Krieg gegen Rußland führte *er* nicht als Feldherr und nicht um bloß militärische Ziele. Was *ihn* trieb, war die Wahnidee von einst, der Gedanke, die Welt zu retten." Manch „kalter Krieger" mag bei diesen Kommentaren – nicht nur bei diesen – beifällig nicken und die Pläne so wahnwitzig denn doch nicht finden.

Nun, der Wahnwitz hatte zumindest Methode und war bereits lange vor Hitler Programm des deutschen Imperialismus. Die Kriegszielprogramme 1914–1918 und definitiv der Friede von Brest-Litowsk belegen dies schlagend.[32] Da Fest enthüllende Blicke in die Vergangenheit scheut, hätte er nur einmal den Zeitgenossen Goebbels zitieren sollen, der in einem Artikel in der Wochenzeitung „Das Reich" vom 31. Mai 1942 schrieb, dies „. . . ist ein Krieg für Getreide und Brot, für einen vollgedeckten Frühstücks-, Mittags- und Abendtisch, ein Krieg für die Erringung der materiellen Voraussetzungen zur Lösung der sozialen Frage, der Frage des Wohnungs- und Straßenbaus, des Baus einer Kriegs-, Handels und Reiseflotte, des Baus von Volkswagen und Traktoren, von Theatern und Kinos für das Volk bis ins letzte Dorf hinein, ein Krieg um die Rohstoffe, um Gummi, um Eisen und Erze . . . Wir wollen nun endlich einmal als Volk einkassieren . . . Auf den unübersehbaren Feldern des Ostens das gelbe Getreide, genug und übergenug, um unser Volk . . . zu ernähren . . . Das ist unser Kriegsziel."[33] Selbst wenn man die These vertritt, die NS-Führung habe sich von ihrer ökonomischen Basis, dem Monopolkapital, gelöst und ihre politischen Ziele selbst bestimmt, sei also keinesfalls nur ausführendes Organ oder Befehlsempfänger der „aggressivsten Teile des Finanzkapitals" gewesen, müßte doch vor allem im Kriegszielbereich die weitgehende Übereinstimmung der Interessen aufgezeigt werden. Auch eine auf die Person Hitler beschränkte Darstellung müßte auf die sozialen und politischen Entstehungsbedingungen seiner Weltanschauung eingehen, wenn sie ernst genommen werden und die versprochene „Sachlichkeit und Rationalität" einlösen will. Ein bloßes Vorzeigen, wie ein zwischen Wahnwitz und Genie schwankender „Sonderling" „von der Straße" die Menschheit leidend macht, indem er redend, stolzierend, schreiend Pläne und Kriegszüge macht, ist keine Erklärung. Nicht Objektivität, eher Mitleid wird erreicht, wenn am Filmende ein zitternder, gealterter „Führer" Kinder tätschelt und schnell wieder in seinem Bunker verschwindet. „Mit *seiner* Macht verging auch das Regime."

X.

Die abschließenden Bildfolgen des Films zeigen, wie Hitlerbilder verbrannt und riesige Hakenkreuze durch alliierte Soldaten gesprengt werden. Der Kommentar stellt hier – wohl unfreiwillig – eine entscheidende Frage: „Aber was endete mit den Symbolen?" Nach Kriegsende war großen Teilen der deutschen Bevölkerung klar, daß die Symbole und Repräsentanten des NS-Regimes nicht dessen Wesen ausgemacht hatten. Die SPD schrieb an den Anfang ihrer „Politischen Leitsätze" vom Mai 1946: „In der Periode zwischen den Weltkriegen haben überall die Kräfte des Hochkapitalismus und der Reaktion versucht, den sozialisti-

28

schen Konsequenzen der Demokratie zu entgehen. In Deutschland ist ihnen das auf Grund der ökonomischen, historischen und geistesgeschichtlichen Bedingungen gelungen ... Nicht nur die politischen, sondern auch die ökonomischen Grundlagen müssen geändert werden."[34]

Bereits im September 1945 kamen aus dem christlich-demokratischen Lager ähnliche programmatische Äußerungen: „Die Vorherrschaft des Großkapitals, der privaten Monopole und Konzerne wird beseitigt." Im Ahlener Programm der CDU Nordrhein-Westfalen vom 3. Februar 1947 steht es noch deutlicher: „Das kapitalistische Wirtschaftssystem ist den staatlichen und sozialen Lebensinteressen des deutschen Volkes nicht gerecht geworden." „Die Zeit vor 1933 hat zu große Zusammenballungen industrieller Unternehmungen gebracht ... Die zu dem engen Kreis der Vertreter der Großbanken und der großen industriellen Unternehmungen gehörigen Personen hatten infolgedessen eine zu große wirtschaftliche und damit zu große politische Macht."

In den ersten Nachkriegsjahren saßen die Führungsgruppen aus Staat, Wirtschaft und Militär wegen ihrer Taten vor 1945 vor Gericht und wurden teilweise als Kriegsverbrecher verurteilt. Das Interesse aller direkt und indirekt Angeklagten ging verständlicherweise dahin, Hitler sämtliche Verantwortung und Schuld zuzuschieben, um selbst freigesprochen zu werden bzw. um das eigene Gewissen zu beruhigen. Der Nationalsozialismus wurde zum Werk eines fanatischen, mit dämonischen Fähigkeiten ausgestatteten Diktators, dem alle anderen hilflos ausgeliefert waren. Bereits in der ersten Nachkriegszeit fanden sich auch Historiker, die dieser Legende mit ihren Werken den Anstrich von Wissenschaftlichkeit und Objektivität gaben.

Die im öffentlichen Bewußtsein bekannte und etwa in den Nürnberger Prozessen dokumentierte unmittelbare Beteiligung führender Vertreter der Großindustrie wurde auf die Ebene personeller Beziehungen und individueller Schuld abgebogen. Außerdem stellten diese apologetischen Publikationen die Furcht vor der KPD als entschuldbares Motiv für die Kollaboration mit dem Nationalsozialismus heraus.

Eine zweite, erfolgreichere Methode der Vergangenheitsbewältigung setzte parallel zum kalten Krieg – und von diesem abhängig – ein. Im Ost-West-Konflikt war der US-amerikanischen Administration daran gelegen, die Bundesrepublik möglichst rasch zu einer stabilen antikommunistischen Bastion auszubauen. So fand die Entnazifizierung schnell ein Ende, da die zuverlässig antikommunistischen Helfershelfer und Förderer der Nazis wieder in ihre alten Positionen in Staat, Wirtschaft und Gesellschaft einrückten.

Formal allerdings blieb die Gegnerschaft zum Faschismus bestehen. Die Totalitarismus-Theorie, die das Sowjet-System mit dem Faschismus gleichsetzte, half antifaschistisches Potential in eine gewünschte Richtung zu leiten. In den historischen Darstellungen erschien jetzt ein Bild vom NS-Regime, das sich über Interessen und Notwendigkeiten der Wirtschaft ebenso unbedenklich hinweggesetzt habe wie über Interessen und Bedürfnisse der Bevölkerung. Die Frage nach den gesellschaftlichen Entstehungsbedingungen des Faschismus konnte um so unbedenklicher ausgeklammert werden, als ja angeblich alle Bereiche der Gesellschaft allein vom Willen, von den Plänen Hitlers abhängig gewesen sein sollten. Die antifaschistischen Strömungen in der Bevölkerung konnten so aufgefangen und zum Kampf gegen den Kommunismus offensiv eingesetzt werden. Organisationen, die nicht mitzogen, wurden verboten, diffamiert, mit dem Etikett ,,verfassungsfeindlich'' abgestempelt.

Hier ist nicht der Platz, um die weitere Entwicklung der Faschismus-Deutungen genau nachzuzeichnen.[35] Festzuhalten ist, daß der Zusammenhang von Kapitalismus und Nationalsozialismus durch die von der Studentenbewegung ausgelösten wissenschaftlichen Impulse wieder thematisiert wurde. Seither ist eine Fülle von aus den Quellen gearbeiteten Untersuchungen auch nichtmarxistischer Autoren erschienen, deren Ergebnisse die von Fest wieder aufgenommene Personalisierung des Faschismus – gelinde gesagt – dubios erscheinen lassen, da sie die wesentlichen Bedingungen und gesellschaftlichen Kräfte seiner Konstituierung und Herrschaft nicht erklärt, sondern verdeckt. Nicht von ungefähr blendet Fest das – nach 1945 restaurierte – Wirtschaftssystem und seine sozialen Führungsschichten aus und verhindert mit der Konzentration auf den zudem propagandistisch überhöhten Hitler die Frage, ob der Schoß, aus dem das kroch, noch fruchtbar sei. Ein Hitler-Bild für Mündige hatte Fest versprochen,[36] was er liefert, ist eines für Entmündigte. Das Geschichtsbild, das er vermittelt, läßt die Massen nur noch als Statisten erscheinen und erweckt den Eindruck, als rolle das politische Geschehen unabhängig von ihrer Aktivität ab. Sie werden vom Subjekt der Geschichte zu ihrem Objekt, haben sich in das Unabänderliche zu ergeben. Filme dieser Machart sind vor allem deshalb so gefährlich, weil sie bei den Zuschauern auf Bewußtseinsstrukturen treffen, die dem vermittelten Geschichtsbild entsprechen, also Vorhandenes verstärken.

Der Film erklärt weder Hitlers psychische Struktur und sein Weltbild, noch die sozialen, ökonomischen und politischen Bedingungen, die zum Erfolg des Faschismus in Deutschland führten. Er verzerrt die historische Wirklichkeit nicht nur, sondern stellt sie durch und durch falsch dar. Reinhard Kühnl hat geschrieben, im Kommentar werde kaum ein Satz gesprochen, der wirklich stimme. Von allen wichtigen politischen Entscheidungen könne dokumentarisch bewiesen werden, daß sie auf ganz andere Weise zustande gekommen seien, als der Film glauben machen wolle.[37]

Anmerkungen

1 Vgl. „Hitler – eine Karriere". Interview mit Joachim C. Fest, in: film-echo/FILM-WOCHE, Nr. 35 v. 28. Juni 1977 (Dokument 5).

2 Die im folgenden nicht belegten Zitate geben den Filmkommentar wieder.

3 Vgl. den Aufsatz Joachim Fest, Noch einmal: Abschied von der Geschichte. Gedanken zur Entfremdung von Geschichtswissenschaft und Öffentlichkeit, in: FAZ v. 10. Dezember 1977. Fest zitiert hier den Faschismus-Forscher Ernst Nolte.

4 Vgl. Klaus Hildebrand, Nationalsozialismus oder Hitlerismus, in: Michael Bosch (Hrsg.), Persönlichkeit und Struktur in der Geschichte. Historische Bestandsaufnahme und didaktische Implikationen, Düsseldorf 1977, S. 55 ff. Der Band bringt auch kontroverse Positionen.

5 Vgl. Eberhard Kolb, Die Arbeiterräte in der deutschen Innenpolitik 1918–1919, Düsseldorf 1962.

6 Vgl. u. a. die Erläuterungen und Plakate in Reiner Diederich, Michael Grüblin, Max Bartholl (Hrsg.), Die Rote Gefahr. Antisozialistische Bildpropaganda 1918–1976, Berlin 1976.

7 Vgl. Peter Pulzer, Die Entwicklung des politischen Antisemitismus in Deutschland und Österreich 1867–1914, Gütersloh 1966.

8 Vgl. Gerhard Schulz, Aufstieg des Nationalsozialismus, Frankfurt 1975, S. 200 ff.

9 Vgl. etwa Dieter Bongartz, Eine Geschichtsstunde der Bourgeoisie, in: rote blätter, Nr. 9/1977. Daß Fest die im Buch erwähnten Fakten ebenfalls nicht kritisch wertet, muß wohl nicht besonders belegt werden. Vgl. Reinhard Opitz, Joachim C. Fests Rehabilitation des Faschismus, in: Marxistische Blätter, Heft 1/1978, S. 79–86.

10 Vgl. Heinrich August Winkler, Mittelstandsbewegung oder Volkspartei? Zur sozialen Basis der NSDAP, in: Wolfgang Schieder (Hrsg.), Faschismus als soziale Bewegung, Hamburg 1976, S. 97 ff.

11 Vgl. hierzu das Heft „Faschistische Öffentlichkeit" der Zeitschrift „Ästhetik und Kommunikation", Heft 26/1976, S. 26 ff. Außerdem Klaus Vondung, Magie und Manipulation. Ideologischer Kult und politische Religion des Nationalsozialismus, Göttingen 1971.

12 Henry Ashby Turner, Faschismus und Kapitalismus in Deutschland. Studien zum Verhältnis zwischen Nationalsozialismus und Wirtschaft, Göttingen 1972, S. 7.

13 Vgl. Georg-Franz Willing, Die Ursprünge der Hitler-Bewegung 1919–1922, Preußisch-Oldendorf 1974, und Dirk Stegmann, Zum Verhältnis von Großindustrie und Nationalsozialismus 1930–1933, in: Archiv für Sozialgeschichte, Bd. XIII, 1973, S. 404.

14 Vgl. Dirk Stegmann, Zwischen Repression und Manipulation. Konservative Machteliten und Arbeiter- und Angestelltenbewegung 1910–1918. Ein Beitrag zur Vorgeschichte der DAP/NSDAP, in: Archiv für Sozialgeschichte, Bd. XII, 1972, S. 351 ff.

15 Vgl. u. a. Claus-Dieter Krohn, Zur Krisendebatte der bürgerlichen Nationalökonomie in Deutschland während der Weltwirtschaftskrise, in: Gesellschaft. Beiträge zur Marxschen Theorie 10, Frankfurt 1977, S. 51 ff.

16 Als Einführung immer noch geeignet George W. Hallgarten, Hitler, Reichswehr und Industrie, Frankfurt 1962.

17 Für eine ausführliche Analyse und Darstellung der Beziehungen zwischen Großkapital und Nationalsozialismus ist dieser Aufsatz nicht der geeignete Ort. Die Literatur zum Thema ist beträchtlich. Hier werden nur leicht zu beschaffende Titel genannt, die weitere Literaturhinweise enthalten. Eine zusammenfassende Darstellung Ulrike Hörster-Phillip, Großkapital, Weimarer Republik und Faschismus. Konzeptionen und Aktivitäten des deutschen Industrie- und Bankkapitals zur Zerstörung des bürgerlichen Parlamentarismus und zur Errichtung der faschistischen Diktatur 1918–1933, in: R. Kühnl, Gerd Hardach (Hrsg.), Die Zerstörung der Weimarer Republik, Köln 1977, S. 38 ff. Eine auf eigenem Quellenstudium beruhende Arbeit Dirk Stegmann, Kapitalismus und Faschismus in Deutschland 1929–1934. Thesen und Materialien zur Restituierung des Primats der Großindustrie zwischen Weltwirtschaftskrise und beginnender Rüstungskonjunktur, in: Gesellschaft. Beiträge zur Marxschen Theorie 6, Frankfurt 1976, S. 19 ff.

18 Vgl. Timothy W. Mason, Arbeiterklasse und Volksgemeinschaft. Dokumente und Materialien zur deutschen Arbeiterpolitik 1936–1939, Opladen 1975.

19 Vgl. Friedrich-Wilhelm Henning, Das industrialisierte Deutschland 1914–1972, Paderborn 1974, S. 153.

20 Vgl. Mason, Arbeiterklasse, S. 951.

21 Vgl. Reinhard Kühnl, Der deutsche Faschismus in Quellen und Dokumenten, Köln 1975, S. 207 f.

22 Mason, Arbeiterklasse, S. 650.

23 Zum bürgerlich-konservativen Widerstand, vgl. Peter Hoffmann, Widerstand, Staatsstreich, Attentat. Der Kampf der Opposition gegen Hitler, Frankfurt o. J.

24 Vgl. Otto-Ernst Schüddekopf, Der deutsche Widerstand gegen den Nationalsozialismus. Seine Darstellung in Lehrplänen und Schulbüchern der Fächer Geschichte und Politik in der Bundesrepublik Deutschland, Frankfurt 1977, S. 34 f.

25 Vgl. Klaus Mammach, Die deutsche antifaschistische Widerstandsbewegung 1933–1939, Berlin (Ost) 1974, S. 180. Einen Überblick aus westdeutscher Sicht geben die Sammelbesprechungen von Kurt Klotzbach, in: Archiv für Sozialgeschichte, Bd. X, 1970, S. 500 ff., und Arnold Sywottek, in: ebenda, Bd. XII, 1972, S. 563 ff.

26 In einer Besprechung des Fest-Films in: L'express, Nr. 1363 v. 22. bis 28. August 1977, hat Max Gallo darauf hingewiesen, daß die Szene aus Paris vermutlich gestellt war (Dok. 19, unten S. 147).

27 Einen Einblick bietet Klaus Drobisch (Hrsg.), Juden unterm Hakenkreuz, Verfolgung und Ausrottung deutscher Juden 1933–1945, Frankfurt 1973.

28 David Schoenbaum, Die braune Revolution, Köln/Berlin 1968, S. 150 f. Eine ausführliche Kritik dieser Auffassung gibt Eike Hennig, Thesen zur deutschen Sozial- und Wirtschaftsgeschichte 1933 bis 1938, Frankfurt 1973, S. 24 ff.

29 Interview mit Fest, in: Die Zeit v. 12. Oktober 1973.

30 Zitiert nach Manfred Weissbecker, Entteufelung der braunen Barbarei. Zu einigen neueren Tendenzen in der Geschichtsschreibung der BRD über Faschismus und faschistische Führer, Frankfurt 1975, S. 81.

31 Zitiert nach Wolfgang Schumann, Gerhart Hass (Hrsg.), Deutschland im zweiten Weltkrieg, Bd. I, Köln 1974, S. 115.

32 Vgl. Fritz Fischer, Der Griff nach der Weltmacht, Düsseldorf 1967.

33 Zitiert nach Weltherrschaft im Visier. Dokumente zu den Europa- und Weltherrschaftsplänen des deutschen Imperialismus von der Jahrhundertwende bis Mai 1945. Hrsg. v. Wolfgang Schumann und Ludwig Nestler, Berlin 1975, S. 327.

34 Zitiert nach Rainer Kunz u. a. (Hrsg.), Programme der politischen Parteien in der Bundesrepublik, München 1975, S. 68 ff. In diesem Band sind auch die folgenden Programme abgedruckt.

35 Zu Faschismustheorien vgl. Wolfgang Wippermann, Faschismustheorien. Zum Stand der gegenwärtigen Diskussion, Darmstadt 1976, und Richard Saage, Faschismustheorien. Eine Einführung, München 1976.

36 Vgl. „Hitler – eine Karriere". Interview mit Joachim C. Fest, in: film-echo/FILM-WOCHE, Nr. 35 v. 28. Juni 1977 (Dokument 5).

37 Reinhard Kühnl, „Besonders wertvöll" – Hitler-Film propagiert gereinigten Faschismus, in: Deutsche Volkszeitung, Nr. 29 v. 21. Juli 1977 (Dokument 13).

Karl Weinmair: Aus dem 1000jährigen Reich, Tusche 1944

Dierk Joachim

Propaganda-Optik und Schein-Evidenz.
Zum Einsatz der filmischen Mittel

Mit dem im April 1969 ausgestrahlten Fernsehbeitrag „Adolf Hitler –
Versuch eines Porträts"[1] stellten Joachim C. Fest und Christian Herrendoerfer das erste Ergebnis ihrer Bemühungen vor, den Faschismus
und insbesondere die Person des faschistischen Führers mit den Mitteln
des (Fernseh-)Filmes zu bewältigen. Der Kritiker Karl-Heinz Janßen
gehörte damals noch zu denjenigen, die den Film positiv aufnahmen.
Für ihn war die Sendung „... eine große Stunde des Deutschen Fernsehens. Sie ließ etwas von den noch längst nicht und viel zu selten ausge-
schöpften Möglichkeiten dieses Mediums ahnen, Phänomene der Zeitgeschichte vor einem Massenpublikum (...) zu analysieren".[2] Auszüge
des Filmkommentars[3] und einige Besprechungen machten jedoch deutlich, daß sich in dieser noch bescheiden „Versuch" genannten Fernseh-
dokumentation bereits in den Grundzügen die gleichen Verzerrungen
finden wie in dem 1977 uraufgeführten Kinofilm „Hitler – eine Karriere".[4] Bereits vor neun Jahren wurde auch die Differenz konstatiert zwischen dem subjektiv aufklärerisch gemeinten Anspruch der Filmemacher und dem in genau die entgegengesetzte Richtung weisenden Ergebnis: „Der Film, schreibt Fest, ‚geht von der historischen Größe Hitlers aus, auch wenn diese Größe nicht ohne Empfindung moralischen
Abscheus zur Kenntnis genommen werden kann'. Dabei soll der Film
‚ein rationales Verhältnis zur Hitler herstellen' helfen. Eine so mythi-
sche Kategorie wie ‚historische Größe' ist dazu aber denkbar ungeeig-
net. Die Führerideologie des ‚Dritten Reichs' war eben nur Ideologie,
und ihre noch so plausible Psychologie sagt nichts über die Rolle, die
Hitler und der Nationalsozialismus objektiv gespielt haben. Deshalb
hat dieses Portrait den ideologischen Nebel, der immer wieder über den
Nationalsozialismus verbreitet wird, trotz seiner rationaleren Intention
nicht beseitigt. Moralischer Abscheu: Monster Hitler. Diesmal nicht
der Hölle entsprungen, sondern den Abgründen der menschlichen Seele."[5]

Auch „Hitler – eine Karriere" ist von den Filmemachern als Aufklärung intendiert – oder wird als solche ausgegeben – über die Ursachen
der großen Resonanz Hitlers und soll darüber hinaus sogar noch der aktuellen Frage nachgehen, ob für den Ruf nach „starken Männern" mit

„einfachen Lösungen" auch heute noch Voraussetzungen gegeben sind.[6] Im folgenden wird aufgewiesen, daß die erneute filmische Bearbeitung diese Intention nicht nur nicht einlöst, sondern wiederum in entgegengesetzter Richtung wirkt.

Fast ausschließlich liegt dem Film dokumentarisches Material zugrunde, das aus der Perspektive der Faschisten von NS-Kameraleuten und Regisseuren hergestellt und von der Zensur freigegeben wurde zu dem Zweck, die NS-Ideologie als verwirklichte, jedem sichtbare Realität erscheinen zu lassen. Dokumentarmaterial aus anderen oder gar entgegengesetzten Perspektiven (das in den Archiven insbesondere der Alliierten sicher reichlich vorhanden ist) wurde nicht verwandt. Auch die – von Kameraleuten in SS-Uniformen gedrehten, den Zeitgenossen aber von der Zensur für unzumutbar gehaltenen – Aufnahmen der Massaker an den Juden bei der Vernichtung des Warschauer Gettos im April 1943 mutet Fest seinem Publikum nicht zu.[7] Insgesamt hat das filmische Material auch nicht den von der Produktionsfirma reißerisch versprochenen Novitäten- oder zumindest Seltenheitscharakter.[8] Karsten Witte weist darauf hin, daß die Amateur-Farbaufnahmen vom Obersalzberg bereits durch Lutz Beckers Montagefilm „Swastika" bekannt geworden sind.[9] Sie sind überdies ohne Belang und dienen lediglich dazu, Fests Auffassung von der menschlichen Öde und Leere Hitlers auszumalen. Und Erwin Leiser, als Dokumentarist ausgewiesen durch den 1959 entstandenen Film „Mein Kampf",[10] geht bis an die Grenze des Plagiat-Vorwurfs: „Einige Montagen sind sogar fast unverändert, nur im Kommentar abgeschwächt, aus Arbeiten anderer Filmemacher übernommen."[11]

Nicht die Entdeckung neuen Materials hat Fest/Herrendoerfer die Auszeichnung mit dem Prädikat „besonders wertvoll" durch die Filmbewertungsstelle Wiesbaden eingebracht, sondern „sowohl das Arrangement des Materials in seiner Gliederung und Montage wie die Kommentierung in ihrer Verbindung von Forschungsergebnissen mit filmisch Beleg- und Interpretierbarem sind (...) als überragend zu bezeichnen."[12] Inwiefern also „überragend"?

Die Abfolge der Bilder ist durch Schnitt und Montage – wenn sie nicht ohnehin schon im Ausgangsmaterial sehr schnell war – noch beschleunigt worden. Man kann in den Bildern allein deshalb schon nicht viel mehr als das Wesentliche erkennen, und das ist jedesmal das von der Propaganda-Optik der Nazis Vorbestimmte. Die Bilder und ihr Arrangement leisten keinen Beitrag, Fests „kritische Absicht" einzulösen, „das offizielle Hitlerbild, wie es die Deutsche Wochenschau und NS-Dokumentarfilme vermitteln, zu entmanipulieren und ihm dadurch psychologische und politische Züge abzugewinnen".[13] Dazu hätten die Vorlagen verfremdet werden müssen, den Nazifilmen, die die Ideologie als Realität vorzuführen hatten, andere Szenen gegenübergestellt werden müssen, um so den inszenierten Schein zu durchbrechen.

Wolfram Schütte hat herausgearbeitet, daß die filmische Syntax (die Verknüpfung der einzelnen Sequenzen) sich in der stammelnden Addition von „Und-Sätzen" erschöpft.[14] Wo dennoch der Versuch gemacht wird, mit dem optischen Material zu arbeiten, gelangen die Autoren über äußerliche Effekte nicht hinaus. Dies wird bereits zu Beginn des Films deutlich: die wiederholt zerspringende Glasscheibe hat keine inhaltliche Funktion, sondern muß als bloße Spielerei bezeichnet werden. Zudem wird meist auch noch an derartigen Stellen die Propaganda-Optik und die Erzählhaltung aus der Nazi-Perspektive nicht überwunden, etwa wenn man Hitler nach einer Rede in Zeitlupe zeigt und der Kommentar dazu formuliert, jetzt sei er beseeligt und befriedigt, und man solle ihn in Ruhe lassen: „Der Mann ist fertig!"[15]

Das Filmmaterial behält weitgehend seine ursprüngliche Gestalt; die inszenierten Kulissen und die durch Bildausschnitt, Kameraführung und Montage diese inszenierte Wirklichkeit nochmals in Szene setzenden Propaganda-Filme werden nicht in ihrer Bedeutung analysiert.[16] Dies wirkt sich doppelt verheerend aus: Zum einen, weil sich im Film (ebenso wie im Fernsehen) zunächst das Gezeigte und erst in zweiter Linie das dazu gesprochene Wort repräsentiert.[17] Zum anderen, weil das Gezeigte nur allzuleicht für die gesellschaftliche Realität selber genommen wird und dabei sein interessebestimmter Ausschnittcharakter als Teil, der immer auf ein Ganzes bezogen ist, aus dem Bewußtsein rückt.[18]

Mit den Mitteln der Montage, der Konfrontation etwa von Bildern unterschiedlicher Herkunft oder dem Aufzeigen von – auch auf Zelluloid festgehaltenen – Widersprüchen in der Nazi-Ideologie und -Propaganda, arbeiten Fest/Herrendoerfer so gut wie nicht.

Die Frage, was von den kritischen Intentionen der Autoren noch bleibt, verweist also auf den Kommentar. Die inhaltlich-historiographischen Positionen des Kommentars wurden bereits im vorausgehenden Beitrag ausführlich dargestellt und kritisiert. Aufgrund seiner personalisierenden Geschichtsauffassung ist der Kommentar (wie auch die passend ausgewählten Filmsequenzen) auf die Person Hitlers fixiert. Was auch immer vorgeführt wird, alles wird als allein durch dieses einzelne Individuum in Bewegung gesetzt oder bewirkt aufgefaßt. Die personalisierende Erzählhaltung läßt sich so weit auf ihren Protagonisten ein, daß sie dessen jeweilige Gemütsverfassung nicht nur eindringlich be-

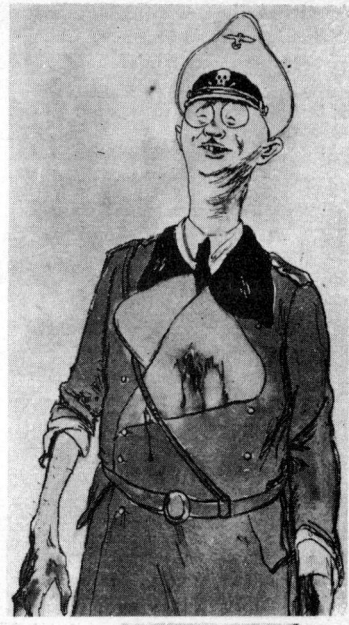

Kukriniksi: Hitler – Himmler – Goebbels, aquarellierte Zeichnungen, 1943

Das sowjetische Zeichner- und Maler-Kollektiv Kukriniksi besteht aus Michail Kuprianow, Porfirij Krilow und Nikolaj Sokolow

37

schreibt, sondern darüber hinaus durch die Stimme des Sprechers (Gerd Westphal) einfühlsam zum Ausdruck bringt.[19]

Völlig distanzlos, nicht nur die Propaganda-Optik übernehmend, sondern auch Propaganda-Sprache und Tonfall der NS-Dokumentationen nachempfindend wird etwa zu Beginn des Films zu Bildern von Juden im Kaftan, bärtig und mit breitkrempigen Hüten schaudernmachend vorgetragen: „Im Vielvölkergemisch der stürmisch wachsenden Metropole (Wien, D. J.) – vor allem Juden. Von ihnen ging der Schauder einer fremdartig anmutenden Welt aus. Ihre Erscheinung weckte in der öffentlichen Phantasie blutschänderische Schreckbilder." Die dann folgende Relativierung: „Rassische Ängste wurden zur Ideologie und in billigen Druckwerken unters Volk gebracht" zeigt nicht die Funktion dieser Ideologie auf und nennt nicht ihre Nutznießer, sondern umgibt ihren Entstehungsprozeß mit einer gleichsam naturwüchsigen Aura, wie wenn die Juden tatsächlich allein durch ihre Erscheinung – wie beim Pawlowschen Reflex – derartige „blutschänderische Schreckbilder" geweckt hätten.

Der Einsatz des Tons wie der Musik vermeidet ebenfalls fast durchgängig alles, was kritische Distanz schaffen könnte. An einigen Stellen ist der Film nachsynchronisiert worden, z. B. bei den alljährlich gefeierten „Totenehrungen" der „Gefallenen" des Putschversuches vom November 1923. Hitler steigt einsam Stufen hinauf und durchschreitet dann ein tempelartiges Bauwerk: Das nachsynchronisierte Klacken seiner Stiefel stilisiert ihn noch stärker zum Monument und unterstützt so gerade die durch Inszenierung und Kameraeinstellungen ohnehin schon erreichte Verklärung.[20] Zu Standfotos über die Einrichtung der ersten KZs spielt ein Xylophon die Melodie „Freut euch des Lebens...". Im Kommentar hatte es davor geheißen, daß damals niemand solche Bilder hatte sehen wollen, aus „Verlegenheit, Angst, Scheu". Doch die wenigen KZ-Fotos sind schnell vorüber, der Kommentar erläutert, daß das Geschehen hinter dem Stacheldraht durch „Volksbelustigungen und allerlei schlichte Gemütlichkeit" überdeckt worden wäre. Man sieht tanzende Paare in ländlichen Trachten, und eine Kapelle spielt zum Tanz „Freut euch des Lebens...". Die möglicherweise ironisch gemeinte Vorwegnahme der Melodie durch das Xylophon ist als Ironie nicht klar zu erkennen, der Kontrast zur folgenden „Volksbelustigung" wird eher eingeebnet, die KZ-Bilder verharmlost und Betroffenheit gar nicht erst erreicht.[21]

Die Verknüpfung von Dokumentarsequenzen und Kommentar offenbart ein zentrales Strukturprinzip der Machart dieses Films: An jeder nur möglichen Stelle unterlegen Fest/Herrendoerfer den konkreten

Zoran Music: Dachau 1945, Federzeichnung 1945

bildlichen Vorgängen metaphorische, symbolische Bedeutungen. Was im Film zu sehen ist, formuliert der Kommentar noch einmal und verleiht dem Bild damit eine – scheinbar – allgemeingültige Bedeutung. So ergibt sich der Schein von Evidenz,[22] des scheinbar offensichtlichen Zutreffens der verbalen Behauptungen, scheinbelegt durch das Bild. Tatsächlich aber belegen die Bilder nicht, was der Kommentar zu sagen hat, sondern der Kommentar gibt allenfalls darüber Aufschluß, daß die Filmautoren bestimmte Methaphern aus den Bildern herausgelesen haben. Der Kommentar hat so keinesfalls analytische Qualitäten, sondern verdoppelt und symbolisiert Bilder, wo nach Begründungen und Zusammenhängen hätte gefragt werden müssen. Um diese Ausführungen zu verdeutlichen, einige Beispiele:

– eilt eine Menge uniformierter Nazis ein Portal hinauf, so heißt es im Kommentar: ,,Geschäftig drängten die Nationalsozialisten nach oben":

– blickt Hitler seitwärts auf einen strammstehenden Militär: ,,Von den Offizieren sah er sich die militärische Haltung ab";

– steigt während einer Parade ein zusehender Uniformierter auf einen Baum: ,,Die Emporkömmlinge bemächtigen sich der Tradition";

39

«Mir selber kamen die damaligen Stunden wie eine Erlösung aus der ägerlichen Empfindung der Jugend vor. Ich schäme mich auch heute nicht es zu sagen, dass ich, überwältigt von stürmischer Begeisterung, in die Knie gesunken war und dem Himmel aus übervollem Herzen dankte, dass er mir das Glück geschenkt hat, in dieser Zeit leben zu dürfen.» (Seite 177)

«In der ewig gleichmässigen Anwendung der Gewalt allein liegt die allererste Voraussetzung zum Erfolg.» (Seite 188)

- überläßt ein General Hitler am Kartentisch den Bleistift: ,,Mehr und mehr nahm er der Generalität die Führung des Krieges aus der Hånd";
- blickt Hitler nach oben, schwebt ein Zeppelin ins Bild, unterlegt mit den Worten: ,,Gewaltige Potenzerwartungen waren auf ihn gerichtet".

Sicher könnte diese Aufzählung beträchtlich verlängert werden. Festzuhalten ist jedoch, daß diese Schein-Evidenz nicht einfach erkennbar ist, daß gerade wegen des ,,offensichtlichen" Zutreffens des Kommentars an diesen Stellen die Zuschauer den Kommentar insgesamt für adäquat halten und so Fests Standpunkte mit allen Verzerrungen übernehmen. Dieser Mechanismus trägt mit dazu bei, die Reputation des Films bei einem Teil des Publikums zu begründen, zumal an bereits vorhandene Vorurteile und Bewußtseinsinhalte umstandslos angeknüpft wird, insbesondere an die Vorstellung, daß große Männer – von Frauen ist dort gar nicht erst die Rede – Geschichte machten. Auch dieses Evidenzverfahren ist also keineswegs geeignet, mit den Mitteln des Films aufzuklären.

«Sie ist der Ausfluss der jeweiligen Energie und der brutalen Entschlossenheit eines Einzelnen.» (Seite 188)

«Jeder Versuch, eine Weltanschauung mit Machtmitteln zu bekämpfen, scheitert am Ende, solange nicht der Kampf die Form des Angriffes für eine neue geistige Einstellung erhält. Nur im Ringen zweier Weltanschauungen miteinander vermag die Waffe der brutalen Gewalt, beharrlich und rücksichtslos eingesetzt, die Entscheidung für die von ihr unterstützten Seite herbeizuführen.» (Seite 189)

Clement Moreau: »Mein Kampf« (vgl. S. 11)

Sollen aufklärerische Intentionen mit filmischen Mitteln tatsächlich eingelöst werden, so setzt dies zum einen eine klare begriffliche Analyse des Gegenstandes voraus und zum anderen die Vermittlung der inhaltlichen Positionen, ohne Konzessionen zu machen. Eine Möglichkeit, wie ein solcher Anspruch realisiert werden kann, deuten Walter Heynowski und Gerhard Scheumann an, wenn sie zur Methode ihres Films „Meiers Nachlaß" resümieren: „Die Aufgabe des Dokumentaristen erschöpft sich nicht darin, authentische Bilder vorzuzeigen. Es gilt vielmehr, Bilder zueinander in Beziehung zu setzen, den inneren Zusammenhang freizulegen, der zwischen Bildern besteht. Letztlich lautet der Auftrag an das Medium Film paradoxerweise wohl, das eigentlich Unsichtbare ‚sichtbar' zu machen."[23] In unserem Fall wäre dieses eigentlich Unsichtbare etwa die Frage gewesen nach dem Wesen des Faschismus, nach seiner Funktion und nach der Rolle der Person Hitlers. Doch von solchen Problemen und Aufgabenstellungen bleibt das auf Schein-Evidenz hinauslaufende Verfahren von Fest/Herrendoerfer unberührt.

Sowohl wegen seiner inhaltlichen Position als auch gerade wegen der suggestiven und subtil wirkenden Art ihrer filmischen Umsetzung ist dieser Film nicht einfach nur mißlungen, sondern gefährlich. Er durchbricht kaum einmal die von den NS-Streifen ausgehende Faszination, im Gegenteil, er erliegt ihr sogar und kann sich nur vom Faschismus distanzieren, indem er auf die angebliche kleinbürgerliche Enge verweist und sich über diese allemal erhaben dünkt. In dieser Situation kann der nun schon bald 20 Jahre alte Dokumentarfilm „Mein Kampf" von Erwin Leiser – trotz mancher Mängel, auf die hier nicht eingegangen werden soll – geradezu als „Anti-Fest" erscheinen. Leisers damalige methodische Anmerkungen können als direkter Angriff auf Fests filmische Personalisierungen verstanden werden: „Zwar trifft das verhängnisvolle Wort ‚Männer machen Geschichte' äußerlich kaum auf eine andere Figur der politischen Weltbühne zu wie auf Adolf Hitler. Jedoch würden wir uns mit dieser Methode einer ungenügenden, leichtfertigen, ja gefährlichen Geschichtsbetrachtung schuldig machen. Den Maßstab ‚Männer machen Geschichte' an Hitler anlegen zu wollen, würde die Hintergründe unaufgedeckt lassen, die Hitler die Möglichkeit gaben, die Geschicke der halben Welt eine grausame Zeit lang zu bestimmen."[24] Eben dessen machen sich Fest und seine Mitarbeiter schuldig, und eben jene Hintergründe lassen sie unaufgedeckt.

Anmerkungen

1 Im Programm der ARD am 9. April 1969.

2 Karl-Heinz Janßen, Das Phänomen Adolf Hitler. Zu einer provozierenden Fernseh-Sendung des Westdeutschen Rundfunks, in: DIE ZEIT Nr. 16 vom 18. April 1969, S. 21 f.

3 Abgedruckt in: ebenda, S. 22.

4 Stabliste: Schwarz-weiß mit Farbteilen; Buch: Joachim C. Fest; Gestaltung: Christian Herrendoerfer, Joachim C. Fest; Recherchen: Christian Herrendoerfer, Dieter Kautzner, Lutz Becker, Werner Rieb; Produktionsleitung: Gerd Beham; Trick: Theo Nischwitz, Ton: Willi Schwadorf; Schnitt: Fritz Schwaiger, Elisabeth Imholte, Karin Haban; Sprecher: Gerhard Westphal; Musik: Hans Posegga; Public Relations: Rolf O. Heider; Gesamtleitung: Werner Rieb. Länge: 4261 m = 155'44", FSK-Freigabe ab 12 Jahre, Feiertagsfrei, FBW – Besonders wertvoll.

5 -ias, Umgedrehter Personenkult, in: epd/Kirche und Fernsehen, Nr. 14 vom 12. April 1969, S. 16; in diesem Sinne auch: Momos, Verfehlt, in: DIE ZEIT Nr. 16 vom 18. April 1969, S. 22.

6 S. Joachim C. Fest, Revision des Hitler-Bildes? in: Frankfurter Allgemeine Zeitung vom 29. Juli 1977 (Dokument 4).

7 Diese Aufnahmen sind z. B. verarbeitet in „Requiem für 500 000" von Jerzy Bossak (Polen 1965), bei den Filmdiensten auszuleihen. Fest unterläßt es ingesamt, den Antisemitismus gebührend zu dokumentieren und läßt entsprechende Wochenschauen, die Hitlerreden dazu enthalten, unbeachtet. Jochen Teichler, Die neue Lüge heißt Objektivität. Wie ein Film „Karriere" macht, in: Vorwärts Nr. 1 vom 5. Januar 1978, S. 15 ff. nennt als Beleg, der hier hätte herangezogen werden müssen, die Wochenschauen: Ufa Nr. 439/1939 und Deulig Tonwoche Nr. 370/1939.

8 „In vielen, bisher nur unvollständig oder gar nicht veröffentlichten Szenen porträtiert dieser Film Aufstieg und Fall des Adolf Hitler" (Werberatschlag).

9 S. Karsten Witte, Weinte sonst niemand? Hitler, Höß & Co, in: medium 8/1977, S. 29.

10 „Mein Kampf" ist auch über die Filmdienste zu entleihen.

11 Erwin Leiser, Der Diktator als Wagnerheld, in: Weltwoche vom 20. Juli 1977 (Dokument 23).

12 Gutachten der Filmbewertungsstelle Wiesbaden (FBW), Prüf-Nr. 15 982 vom 14. Juni 1977 (Dokument 25). Siehe zur Bewertungspraxis: Norman Paech, Die Unsicherheit gegenüber der Geschichte. Zu den Urteilen der Filmbewertungsstelle über „Hitler – eine Karriere" und „Heartfield", in: Deutsche Volkszeitung, Nr. 3 vom 19. 1. 1978, S. 11.

13 Joachim C. Fest/Christian Herrendoerfer, Hitler eine Karriere („Bildband zum großen Dokumentarfilm"), Frankfurt/M, Berlin, Wien 1977, S. 7. Die Ausführungen zur Methode des Buches (ebenda, S. 7 f.), nach denen durch Anhalten des Filmes Momente ungeschminkter Wahrheit dokumentiert werden könnten, Hitler „entzaubert" und dadurch sein und des Faschismus Wesen sichtbar gemacht werden könnten, sind derart naiv oder unverschämt, daß sich darauf nicht mehr sinnvoll eingehen läßt!

14 S. Wolfram Schütte, . . . seine energischen Gemeinplätze, in: Frankfurter Rundschau vom 8. Juli 1977 (Dokument 24).

15 Filmkommentar, abgedruckt in: Kommunistische Volkszeitung, Zentralorgan des KBW, Fest – Hitler, eine Karriere (Sondernummer August 1977). Alle nicht weiter nachgewiesenen Zitate beziehen sich hierauf.

16 Angeboten hätte sich dies in dem von Fest verwandten Material z. B. bei den Sequenzen über das Pflichtjahr für Mädchen, wo es im Original-Text heißt: „Na, Helga, was ist nun schöner: Schulbank oder bei Frau Wienert Wäsche waschen? – Ist ganz gut, wenn's mal schwerfällt. . ." Daß Fest z. T. mit dem Material auch recht unsauber verfährt, macht Karsten Witte, a.a.O., deutlich, wenn er schreibt, daß die Goebbels-Rede über den totalen Krieg von 1943 noch als Beleg für die Situation im Jahre 1945 herhalten muß, und daß das Riefenstahl-Material (im Abspann nicht kenntlich gemacht) von 1934 das Jahr 1939 bebildert. Max Gallo (C'était il y a mille ans, in: L'express Nr. 1363 vom 22./28. August 1977, Dokument 19) weist darauf hin, daß es sich bei den Szenen, in denen die Pariser Bevölkerung alliierte Piloten schlägt, um gestellte Propaganda der Nazis handelt.

17 S. Wim Wenders, That's Entertainment: Hitler, in: DIE ZEIT Nr. 33 vom 5. August 1977.

18 Auf dieses Phänomen hat aufmerksam gemacht: Theodor W. Adorno, Prolog zum Fernsehen, in: Eingriffe, Frankfurt am Main, 1968, S. 69 ff.

19 Siehe dazu und zum Kommentar: Wim Wenders, a.a.O. (Dokument 22).

20 S. Karl-Heinz Janßen, High durch Hitler. Das neue Werk des Führerbiographen Fest entpuppt sich als ein gefährlicher Film, in: DIE ZEIT Nr. 29 vom 8. Juli 1977 (Dokument 9), und Karsten Witte, a.a.O.

21 An späterer Stelle werden dann einige Betroffenheit und Beklemmung auslösende Dokumente der faschistischen Greueltaten in den KZs gebracht: Die Chance aber, von dieser Betroffenheit ausgehend zu Einsichten über den Faschismus zu gelangen, wird gar nicht erst erkannt.

22 Den Hinweis und die Bezeichnung verdanke ich Karsten Witte, a.a.O. Wolfram Schütte, a.a.O., meint den gleichen Sachverhalt, spricht aber etwas flapsig von „Metaphern-& Symbolgeilheit".

23 Progress-Film-Verleih (Hrsg.), Text- und Montagebuch zu „Meiers Nachlaß", Berlin o. J. (1975), Vorwort.

24 Erwin Leiser, „Mein Kampf" – Eine Bilddokumentation, Frankfurt am Main und Hamburg 1962, S. 195.

Volker Ullrich

„Gereinigter Faschismus" als Krisenlösungsstrategie?
Zur öffentlichen Diskussion des Fest-Films
in der Bundesrepublik

Mit dem historisch-wissenschaftlichen Verdikt und der Kritik seiner Machart allein ist der Fest-Film noch nicht abgetan. Seine Herstellung, seine mit enormem Werbeaufwand geförderte Verbreitung, der große Zulauf, den der Film vor allem bei jungen Kinobesuchern gefunden hat und noch findet, die breite öffentliche Diskussion, die er auslöste – all dies hat etwas zu tun mit der gegenwärtigen gesellschaftlichen und politischen Wirklichkeit in der Bundesrepublik. Anhand der Resonanz auf den Film in den publizistischen Medien der Bundesrepublik läßt sich beispielhaft aufzeigen, wie weit sich das politische Spektrum im Zuge der krisenhaften Entwicklung des sozialen Systems nach rechts verschoben hat und welche Gefahren für die Demokratie von den Rechtskräften in diesem Lande drohen. Eine kritische Analyse der Stellungnahmen zum Film muß daher notwendig auch die Frage nach realistischen Gegenstrategien aufwerfen, die nicht nur „hilfloser Antifaschismus" sind.

1.
In einer Untersuchung über „Das Dritte Reich in der Presse der Bundesrepublik" gelangte Reinhard Kühnl 1966 zu dem Ergebnis, daß fast alle bürgerlichen Zeitungen – wenn auch häufig mit fragwürdigen, abstrakt-moralisierenden und psychologisierenden Kategorien – das „Dritte Reich" negativ beurteilten und sich vom Nationalsozialismus distanzierten.[1] Betrachtet man die publizistische Resonanz auf den Fest-Film elf Jahre später, so hat sich eine auffällige Veränderung vollzogen. Die Kommentare eines Teils der großbürgerlichen Presse unterscheiden sich in Inhalt und Sprachregelung – von Nuancen abgesehen – kaum noch vom Tenor neofaschistischer Organe. Der Fest-Film leiste, so lautet hier vielfach übereinstimmend das Urteil, die längst fällige Revision des Hitler-Bildes.

Für die rechtsradikale „Deutsche National-Zeitung" (DNZ) ist der Erfolg des Fest-Films „sichtbarer Ausdruck des Bankrotts der gewohnten ,Vergangenheitsbewältigung', die sich darauf beschränkt, Hitler zur monströsen Hauptfigur einer Horrorstory zu machen": „Jetzt zerbrechen alte Klischeevorstellungen, und erste, wenn auch noch zaghafte Schimmer der Wahrheit erscheinen am Horizont."[2] Worin sich die „Wahrheit" des Films dokumentiert, spricht die DNZ mit wünschenswerter Klarheit aus: „Staunend erfährt der an pure Schwarzmalerei gewöhnte Filmbetrachter, daß es im Dritten Reich Licht- und Schattenseiten gab, daß erhebliches Unrecht geschah, aber auch positive Leistungen des Regimes zu verzeichnen waren, die noch heute beeindruckend und in Teilen sogar nachahmenswert sind."[3] Die „Lichtseiten" des Regimes zeigen sich für die DNZ insbesondere in der von Fest und Herrendoerfer übernommenen Choreographie der NS-Großveranstaltungen: „Minutenlang erlebt der Zuschauer die Faszination gewaltiger Massenaufmärsche, den optischen Reiz nationalsozialistischer Großveranstaltungen, die Welle von Hingabe und Zustimmung, auf der dieser Mann zu unbestreitbaren Erfolgen getragen wurde. ‚Ein Volk, ein Reich, ein Führer!' – Fest setzt diese ‚Dreieinigkeit' mit wenig Hemmung ins Bild um."[4] Störend wirken für die DNZ dabei lediglich die psychoanalytischen Erklärungsversuche Fests, vor allem die Deutung der Beziehung zwischen dem Redner Hitler und den Massen als „erotisches Vereinigungserlebnis": „Solche Mätzchen hätte sich Fest (...) sparen sollen..."[5]

Was die konzedierten „Schattenseiten" betrifft, so zeigt sich die DNZ davon angetan, daß Fest sich gegenüber den „angeblich von deutscher Seite verbrochenen Massenvernichtungen (...) in bemerkenswerter Zurückhaltung" übe. „Er verschweigt begründeterweise nicht das Unrecht der Konzentrationslager und läßt dazu einige grauenerregende Bilder Revue passieren, die nicht unbedingt gefälscht sein müssen, aber er hätschelt wenigstens nicht das Lieblingskind unserer ‚Vergangenheitsbewältiger', die Sechs-Millionen-Lüge."[6] Hier vor allem wird deutlich, wie zwanglos sich die Festsche Optik in das Geschichtsbild der Rechtsradikalen einpassen läßt: Die Distanzierung von den Verbrechen des Nationalsozialismus ist nur eine scheinbare; deren Erwähnung geschieht nur zum Zwecke ihrer Verharmlosung.[7] Nicht zufällig findet sich in den Artikeln der DNZ zum Fest-Film mehrfach der Hinweis auf das neue Buch des britischen Historikers David Irving „Hitler's War", in dem die These verfochten wird, Hitler habe von der Judenvernichtung nichts gewußt.[8]

Vergleicht man die Stellungnahmen der DNZ mit der Besprechung des Films durch Günther Deschner in Springers „Die Welt", so ergeben sich bemerkenswerte Übereinstimmungen bis auf eine Ausnahme. Im Unterschied zur DNZ meint Deschner, daß Fest „keines der nationalsozialistischen Verbrechen beschönigt", gerade dies mache ihm „erst die Kurskorrektur des Hitlerbildes möglich".[9] Der offiziell vertretene Philosemitismus in der Springer-Presse erlaubt es dem Rezensenten der „Welt" nicht, in diesem Punkt in den Tenor der DNZ einzustimmen. Daß die Verbrechen des Faschismus von Fest kaum ins Bild gebracht werden, wird von Deschner unterschlagen. So kann er den Film ebenso enthusiastisch wie die DNZ als einen wesentlichen Beitrag zur historischen Wahrheitsfindung feiern. „Die Denkschablonen antifaschistischer ‚Volkspädagogik' (...) hat er (Fest – V. U.) glaubhaft durchbrochen, ein genaueres Bild der Epoche und ihres Mannes als je zuvor gezeichnet." Den abwertend gebrauchten Begriff „Volkspädagogik" übernimmt Deschner – nur mit Anführungsstrichen versehen – dem Diffamierungsarsenal der rechtsradikalen Presse.[10]

Freilich bemüht sich Deschner um mehr Seriosität. Er sucht den Eindruck zu erwecken, als entspräche der Fest-Film dem derzeitigen Erkenntnisstand der bundesrepublikanischen und anglo-amerikanischen Geschichtswissenschaft. Daß die „ressentimentfreie Forschung", auf die er sich beruft, nicht nur dem Fest-Film, sondern auch schon dessen Hitler-Biographie ein überwiegend negatives Zeugnis ausgestellt hat, stört den Schreiber der „Welt" nicht im geringsten. Wie Harald Neubauer in der DNZ, so hält auch Deschner der „marxistischen Hitler-Verzerrung als eines Handlangers des Monopolkapitals" – als vermeintlicher Exponent einer solchen Deutung wird Reinhard Kühnl genannt – den Fest-Satz entgegen: „Hitler war weder käuflich noch im Bund mit dem Großkapital."[11] Das genaue Gegenteil sei – so Deschner, Fest zitierend – der Fall gewesen: „Sein (Hitlers) Ziel war es, gesellschaftliche Barrieren niederzureißen und die Volksgemeinschaft zu schaffen." Der Film dokumentiere, daß dieses Ziel auch erreicht wurde: „Das deutsche Volk und Hitler, das legt der Film nahe, hatten sich gesucht und gefunden." Im Vorspann zum „Welt"-Artikel heißt es noch deutlicher: „Hitler wird entdeckt, so wie 50 Millionen Deutsche ihn liebten." Wie von den Kommentatoren der neofaschistischen Presse, so wird auch von Deschner das von Fest/Herrendoerfer der faschistischen Propaganda nachempfundene Bild der „Volksgemeinschaft" schlicht als historische Realität ausgegeben.

Die publizistische Resonanz im konservativen bis neofaschistischen Lager macht deutlich, daß der Fest-Film keineswegs nur unter historischen Gesichtspunkten betrachtet, sondern vielmehr in Zusammenhang gebracht wird mit der aktuellen Situation in der Bundesrepublik. Im positiven Urteil über den Film wird zugleich der politische Zweck sichtbar, dem er zugeführt werden kann. Zustimmend zitiert „Die Welt" den Kommentar des Filmautors Fest: „In den Augen der Deutschen gab

George Grosz: Nach dem Verhör, Aquarell 1934

er ihnen zurück, was sie ersehnten: ,Autorität, Ordnung, Ziele, Selbstbewußtsein.' Ihm traute man die Lösung der damaligen Grundfragen des deutschen Volkes zu: ,Er besiegte die Arbeitslosigkeit...'"[12] Ordnung, Autorität, nationales Selbstbewußtsein – das ist es, was nach Ansicht der „Welt" auch heute gebraucht wird. Offensichtlich fand der Fest-Film in der reaktionären Presse gerade deshalb eine so begeisterte Aufnahme, weil aus ihm Rezepte entnommen werden können, wie den gesellschaftlichen Krisenerscheinungen in der BRD zu begegnen wäre. Seine berechnete Wirkung besteht in der Förderung von Tendenzen, die darauf zielen, das im Gefolge der strukturellen ökonomischen Krise gewachsene Unzufriedenheitspotential in der Bevölkerung umzulenken in den Wunsch nach einer „starken Führung", die für alle Probleme der Gegenwart scheinbar eine Lösung bereithält. Am offensten formuliert wiederum die DNZ diese „Botschaft" des Films: „Der Beschauer des Films zieht zwangsläufig Parallelen zur heutigen Situation: über eine Million Erwerbslose, eine Regierung, die kein Vertrauen mehr genießt, eine Wirtschaft mit wenig Hoffnung."[13]

Man kann Fest freilich kaum unterstellen, daß er sich zum Fürsprecher eines neuen Faschismus in Deutschland macht. Folgt man seinen eigenen Aussagen, so ging es ihm mit seinem Film darum, „nach den Ursachen zu fragen, die Hitler soviel Anhang und Resonanz verschafften, sich zu vergewissern, ob die Voraussetzungen, unter denen er groß werden konnte, tatsächlich beseitigt worden sind; ob es in einer krisenhaft sich verändernden Welt nicht noch immer den Ruf nach den starken Männern mit ihren einfachen Lösungen gibt, die Sehnsucht nach der triumphierenden Ordnung gegenüber dem ‚Chaos'."[14] Fest möchte also gegen eine Neuauflage faschistischer Herrschaft als Mittel der Krisenlösung Stellung beziehen. Das subjektiv vielleicht ehrliche Wollen des Filmautors ist eines, die Umsetzung seiner Absichten und die vom Film ausgehenden Wirkungen jedoch ein anderes. Indem der Film eine Teilrehabilitierung Hitlers vornimmt und – zumindest unterschwellig – die Vorstellung einer alle sozialen Widersprüche harmonisierenden „Volksgemeinschaft" transportiert, kann er selbst dazu beitragen, den Mechanismus der Wunschidentifikation mit einem „starken Mann" und dessen „einfachen Lösungen" in Gang zu setzen, gegen den Fest gerade immunisieren will.

Von der enthusiastischen Aufnahme des Films in der großbürgerlichen „Welt" unterscheidet sich die Resonanz in den Boulevardblättern des Springer-Konzerns in bezeichnender Weise. Scheinbar besorgt fragte „Bild": „Hat Adolf Hitler bei den Deutschen plötzlich wieder eine Zukunft?" Wogegen sich das Blatt wendet, ist freilich weniger der Film selbst („Der Film stellt eindrucksvolles Material zur Schau... Der Text des Films ist in Ordnung. Er analysiert. Er urteilt sicher.") als vielmehr die Tatsache, daß es „böse Mißverständnisse" geben könnte. Einem Mißverständnis scheint „Bild" selbst erlegen zu sein. Entgegen der deutlich erkennbaren Tendenz des Films, das Hitler-Bild zu „entdämonisieren", meint „Bild": „Das Böse und Verlogene dieses Mannes kommt im Film zum Ausdruck. Aber sieht es jeder? Spüren es alle? Wir leben in einer gefährdeten Zeit mit gefährdeten Menschen. Man verschone uns mit einer ‚Hitler-Welle'." Welches die „Gefährdungen" sind, die „uns" bedrohen, woher sie kommen – darüber schweigt sich „Bild" aus. So kann von der Frage nach den Interessen, die sich hinter der „Hitler-Welle" verbergen, abgelenkt und die mögliche Anfälligkeit für die im Film gezeigten Propagandabilder auf die labile psychische Konstitution des einzelnen Kinobesuchers zurückgeführt werden: „Es sind die Schwachen, die verführbar sind. Starke gehen aus dem Kino und sagen: unglaublich."[15]

Noch deutlicher wird der irrationale Grundzug dieser Pseudokritik in einem Kommentar von Peter Boenisch in „Bild am Sonntag". Einerseits mokiert dieser sich über Hitler: „Kleiner Mann, großdeutsch", „ein schrecklicher Clown", „pathetischer Kleindarsteller". Andererseits finden sich aber neben karikierenden Tendenzen solche der Dämonisierung: „Der größte Führer aller Zeiten als größter Brandstifter aller Zeiten. Ein größenwahnsinniger Despot." Die Satanifizierung Hitlers ist – das belegt dieser Satz – nur die spiegelbildliche Verkehrung seiner Heroisierung. Ihre für die am Faschismus interessierten gesellschaftlichen Kräfte entlastende Funktion ist wiederholt analysiert worden: „Statt des Bauplans der Gesellschaft wird der Teufel an die Wand gemalt."[16] Während „Die Welt" den Fest-Film gerade wegen seiner jede Verbindung des Nationalsozialismus mit der Großindustrie negierenden Tendenz lobt, gibt Boenisch immerhin zu bedenken: „Aber ohne Hilfe des Großkapitals und der Militärs wäre er (Hitler – V. U.) nicht geworden, was er wurde." Sollte Boenisch hier – darin die intendierte Wirkung der NS-Ideologie kopierend – auf latente antikapitalistische Gefühle der kleinbürgerlichen bis proletarischen Leserschaft von „Bild am Sonntag" spekulieren? Der Hinweis aufs „Großkapital" bleibt jedenfalls folgenlos. Denn Boenisch entläßt den Leser mit dem Trost: „So einer kommt so schnell nicht wieder."[17] Indem die Möglichkeit eines neuen Faschismus an die historische Einmaligkeit der Erscheinung Hitlers gebunden und damit verworfen wird, braucht die Frage nach den gesellschaftlichen Bedingungen, die den Faschismus möglicherweise wieder auf die Tagesordnung setzen, nicht mehr gestellt zu werden. – Können in der „Welt" im Zusammenhang mit dem Fest-Film mehr oder weniger unverhüllt reaktionäre Konzepte der Krisenbewältigung im Interesse der ökonomisch Mächtigen diskutiert werden, geht es den Massenblättern des Springer-Konzerns darum, bei den Lohnabhängigen Bewußtseinsprozesse zu blockieren, aus denen Widerstandsbereitschaft eben gegen die Durchsetzung solcher Konzepte erwachsen könnte.

Da ein wesentlicher Aspekt des Fest-Films darin besteht, die Teilhaberrolle der Großindustrie an der Machtergreifung und Herrschaft des Faschismus zu verdrängen, verwundert es nicht, daß dieser Film in der Presse der industriellen Spitzenorganisationen sehr beifällig aufgenommen wurde. Im „Arbeitgeber", dem offiziellen Organ der Bundesvereinigung der Deutschen Arbeitgeberverbände, attestiert Jürgen Heinrichsbauer dem Film, er sei „dank seiner Authentizität unangreifbar". Allein der „Ansturm" gerade von Jugendlichen auf die Kinos beweise, „daß Fest nicht rechts, sondern richtig liegt".[18] Der Film holt nach Ansicht Heichrichsbauers versäumte Lektionen im Geschichtsun-

49

terricht nach, denn „Aufklärung – vor allem der Jugend – über Ursachen und Verlauf dieses Dramas deutscher Geschichte" habe vielfach nur insoweit stattgefunden, „als sie bei Rosa Luxemburg endet und bei Willy Brandt wieder anfängt". Was Rosa Luxemburg mit Willy Brandt und was beide gemeinsam mit dem „Drama deutscher Geschichte", als das Heinrichsbauer den Nationalsozialismus begreift, zu tun haben, sagt der Sprecher des „Arbeitgeber" nicht direkt; vielmehr überläßt er es dem Leser, die von der Totalitarismusdoktrin suggerierte Gleichsetzung von Faschismus und Sozialismus/Kommunismus zu vollziehen, die bekanntlich vor allem dazu dient, den strukturellen Zusammenhang von Kapitalismus und Faschismus zuzudecken.[19] Eben dieser Zusammenhang ist Gegenstand marxistischer Faschismusanalysen. So unterschiedlich diese auch im einzelnen die Akzente setzen, ihr gemeinsamer theoretischer Bezugspunkt ist die Frage nach den gesellschaftlichen Grundlagen, die den Faschismus hervorbringen, und der sozialen Funktion, die er ausübt.[20] Hingegen zielen die auf die „Dämonie" Hitlers angelegten personalisierenden Deutungen darauf ab, den „Nationalsozialismus" als schicksalhaften Betriebsunfall erscheinen zu lassen, für den die Gesellschaftsordnung nicht verantwortlich gemacht werden kann.

Im „Arbeitgeber" wird dieser Zusammenhang einfach ins Gegenteil verkehrt, indem der marxistischen Faschismusinterpretation unterstellt wird, sie habe „Hitler ausschließlich als kriminelles Monstrum" dargestellt, „um ihn um so bequemer in den Verliesen der Geschichte vergessen zu lassen". Die Methode ist durchsichtig: die eigene schlechte Praxis des Verdrängens und Vergessenmachens wird der Seite, die sich um kritische „Aufarbeitung der Vergangenheit" (Adorno) bemüht, in die Schuhe geschoben, um sie danach unter dem Mantel der Distanzierung fortsetzen zu können. „Hitler war ein Verbrecher", räumt Heinrichsbauer ein, der Faschismus aber anscheinend kein Verbrechen. Brüchig wird für ihn die Legitimationsgrundlage des faschistischen Regimes erst, als es seit „den mit dem Rußlandfeldzug beginnenden Rückschlägen mehr und mehr durch Drohung, Terror und Mord aufrechterhalten werden mußte". Ein von solchen terroristischen Praktiken gereinigter Faschismus ist – so kann man folgern – für Vertreter der Großindustrie unter bestimmten Bedingungen auch heute noch diskutabel oder – in der Sprache Heinrichsbauers – „nicht vollkommen unwiederholbar".

2.
Unterschiedlich war das Echo auf den Fest-Film in der liberalen Presse. Zustimmung und Kritik hielten sich in etwa die Waage. Positiv äußerte

sich z. B. Armin v. Manikowsky im „Stern": „Noch kein Film hat Massenverführung und Massenrausch so überzeugend und eindringlich demonstriert... Er hilft klarer sehen, vor allem seinen Hauptdarsteller."[21] Manikowsky vergaß nicht, daran zu erinnern, daß Fests „große Hitler-Biographie" seinerzeit im „Stern" in 29 Folgen vorabgedruckt wurde. Da das Hamburger Magazin selbst kräftig mit auf der „Hitler-Welle" geschwommen ist, liegt es nahe, daß auch in der Kommentierung des Fest-Films die liberalen redaktionellen Grundsätze dem Profitinteresse nachgeordnet werden. Schließlich sollte nicht unerwähnt bleiben, daß der Jahr-Verlag seit Jahren die Zeitschrift „Das III. Reich" auf den Markt bringt und keine Skrupel hat, für seine Produkte auch in der rechtsradikalen Presse zu werben.[22]

Noch weiter als Manikowsky ging Heinz Höhne im „Spiegel": „Zum ersten Mal befreien bundesdeutsche Filmer den zum Zelluloid-Monster degenerierten Führer von den Denkschablonen antifaschistischer Aufklärungsfilme und entwerfen ein glaubwürdiges, auch historiographisch zuverlässiges Bild von Hitler und seiner Epoche."[23] Daß dieser Passus fast wörtlich im „Welt"-Artikel von Deschner aufgenommen werden konnte, ist ein schlagendes Beispiel dafür, wie sehr der „Spiegel" in den letzten Jahren im Zuge der gesellschaftlichen Rechtsentwicklung in der Bundesrepublik an kritisch-liberaler Substanz eingebüßt hat. Immerhin räumt Höhne ein, daß die gezeigten Bilder Fest „zuweilen zu manch hastiger, ja irriger Formulierung" verlocken, und bedenklich stimmt ihn auch „die von Fest nolens volens betriebene Personalisierung des Dritten Reiches in der Figur Hitlers".

Finden sich bei Höhne immerhin noch bescheidene Ansätze zu einer rationalen Kritik am Film, so ist bei Augstein davon nichts mehr zu entdecken. Der „Spiegel"-Herausgeber, der sich in den sechziger Jahren bei der Verteidigung der Forschungsergebnisse Fritz Fischers gegen die konservative Historikerzunft in der BRD durchaus Meriten erworben hatte,[24] leistete sich in einem zweiseitigen Essay „Zu Hitler fällt uns nichts mehr ein" eine intellektuelle Bankrotterklärung. Augsteins Kritik an Fest richtet sich nicht gegen dessen personalisierenden Ansatz und einfühlenden Psychologismus. Im Gegenteil: auch er glaubt, daß „ohne die Schlüsselfigur Hitler (...) alles blaß und haltlos" bleiben müsse. Den Schlüssel zum Verständnis Hitlers sucht er allerdings woanders. „Fest, der so viel von seinem Helden weiß, hat ihn nicht wirklich begriffen. Er hält ihn für schlicht unvernünftig, hielte ihn gar, hätte man ihm die Unvernunft austreiben können, für einen großen Mann. Nur gibt es hier nichts auszutreiben. Hitler war nicht auf Vernunft und Erfolg, sondern auf Zerstörung und Untergang abonniert."[25] Die Dä-

Diego Rivera: Hitler, Fresko 1933. Paneel der Fresken in New School of Social Research
New York

monisierung Hitlers erreicht bei Augstein Dimensionen, die ins Apokalyptische hinüberspielen. Hitler sei von seiner Konstitution darauf „programmiert" gewesen, „sich und die Welt in die Luft zu sprengen. Vor ihm waren 1000 Jahre wie ein Tag". Diese Sätze könnten dem ersten Song jener im Sog der Hitler-Welle produzierten Rock-Oper über das „Dritte Reich" entnommen sein, in dem auf einer spiritistischen Sitzung Satan Besitz von Hitler ergreift und ihn als willenloses Werkzeug singen läßt: „Ich habe deine Botschaft erhalten, Meister!"[26]

Augsteins Untergangsphantasien sind offenbar Projektionen eigener Ängste. Darauf hat Michael Charlier in einer Rezension des Augstein-Artikels in der „Deutschen Volkszeitung" zu Recht hingewiesen: „Auf die Person Hitlers konzentriert er sein ganzes Entsetzen gegenüber bedrohlichen Erscheinungen der Gegenwart: Arbeitslosigkeit und Autoritätsschwund, Kriminalität und Terrorismus, Seveso und Vietnam. Mit Logik hat das alles nichts mehr zu tun, oder doch nur mit einer sehr verdrehten: Analysierte man die Funktion Hitlers in der Gesellschaft seiner Zeit auf rationale Weise, untersuchte man gesellschaftliche Bedingungen und Ursachen der faschistischen Herrschaft, dann könnte man der Erkenntnis kaum entgehen, daß Hitler und seine grausige Karriere ebenso aus der kapitalistischen Gesellschaftsordnung hervorgehen wie die von Augstein in der Gegenwart so sehr als Vorboten künftigen Unheils empfundenen ‚untergründigen Strömungen'."[27] Augstein tut genau das, was der Sprecher des „Arbeitgeber" glaubt, marxistischen Faschismusdeutungen ankreiden zu können. Er stilisiert Hitler zum Inbegriff des Unheimlich-Bedrohlichen, zur Verkörperung eines „kollektiven Todestriebs" der Menschheit, um ihn um so leichter dem historischen Vergessen anheimgeben zu können. „Hitler als einzelne, als vorerst nicht typische Person macht es schwer, wenn nicht unmöglich, ihn denen zu vermitteln, die ihn nicht mehr erlebt haben. Geschichte, wie er sie betrieben hat (und andere vor ihm), gibt es nicht mehr." Wieder hantiert Augstein mit einem Zitat, diesmal nicht aus der Bibel, sondern von Marx: „Somit hat es eine Geschichte gegeben, aber es gibt keine mehr."[28] Marx kritisierte damit die Versuche bürgerlicher Ideologen, die gerade etablierten bürgerlich-kapitalistischen Produktionsverhältnisse als „natürliche" und damit als unveränderliche auszugeben. Diese Kritik trifft auch auf Augstein zu. Sein Verzicht auf einen rationalen Umgang mit der Geschichte läuft „unter den konkreten Bedingungen in der Bundesrepublik auf eine bedingungslose Apologie der gesellschaftlichen Situation mit all ihren Tendenzen hinaus, auch mit denen, die Angst einjagen".[29]

Auf kritische Resonanz stieß der Fest-Film in der Hamburger Wochenzeitschrift „Die Zeit": „Wer so ungeschützt den Geist Hitlers aus den Filmbüchsen entweichen läßt, wer nur die Psyche Hitlers erklärt, nicht aber sein Programm und seine Bewegung, nicht aber die gesellschaftlichen, geistesgeschichtlichen und politischen Voraussetzungen seines Erfolges, nicht aber die Prädisposition und Mitverantwortung fast des ganzen Volkes, der macht sich (wenn auch guten Willens) der exkulpierenden Mythen- und Legendenbildung schuldig."[30] Der Rezensent, Karl-Heinz Janßen – sonst eher einer seinem konservativen historischen Lehrmeister Gerhard Ritter folgenden Sichtweise verpflichtet – sah sich wegen dieser Zeilen vom „Arbeitgeber" flugs zum „linken Jung-Kritiker" gestempelt.[31] Schaut man sich Janßens Kritik genauer an, so zeigt sich, daß er selbst nicht geschützt ist vor der personalisierenden Tendenz, die er Fest vorhält. „Wo wird jemals der Ort Hitlers in der Geschichte des preußisch-deutschen Nationalstaates ausgelotet? ... Wo jemals aufgezeigt, daß die Großspurigkeit und Blutrünstigkeit des Bierkeller-Demagogen in einer Tradition steht, die bis in die Paulskirche reicht? Wo dringt ins Bewußtsein, daß fast alle radikalen Ideen Hitlers (...) schon von anderen vor ihm gedacht wurden?" So wichtig der Hinweis auf die Kontinuität ist, in der der Faschismus in Deutschland anzusiedeln ist, durch die Ausklammerung sozioökonomischer Bezüge und die Beschränkung auf die Figur Hitlers verbleibt Janßen selbst in einer bestimmten historiographischen Tradition: der personengebundenen Geistes- und Ideengeschichte. Der Begriff Faschismus wird von Janßen geradezu ängstlich umgangen, es ist die Rede vom „Unrechtsstaat" oder vom „Tausendjährigen Reich". Unklar bleibt so auch in der Kritik, welchen objektiven Interessen der Faschismus in Deutschland seinen Sieg verdankte. In bezug auf das Verhältnis der sozial herrschenden Klassen zur NSDAP argumentiert Janßen im Sinne einer umgekehrten „Handlanger"-Theorie: es sind „die Banker, Fabrikanten, Großgrundbesitzer, die sich willig vor den Hitlerschen Rüstungswagen spannen ließen und die Kassen seiner Partei auffüllten."

In der liberalen Kritik am Fest-Film treten gehäuft jene Elemente auf, die W. F. Haug als konstitutiv für den „hilflosen Antifaschismus" beschrieben hat.[32] So schreibt Albrecht Roeseler in der „Süddeutschen Zeitung": „Der unheilige Prediger und seine Millionen frenetisch glückstaumelnder Narren waren doch nicht die einzigen Akteure auf dieser Volksbühne der Verzückung."[33] Die Sprache der Kritik paßt sich soweit dem kritisierten Gegenstand an, daß sie sich kaum noch von diesem abhebt. Friedrich Weigend spricht in der „Stuttgarter Zeitung" im Hinblick auf das „unbegreifliche Wechselspiel" zwischen Hitler und den Massen von einem „Dauerprozeß gegenseitiger Verblendung und

54

Besoffenmachens".[34] Hier gilt Haugs Feststellung: „Die mimetisch verstehende Diktion versperrt sich der begrifflichen Durchdringung des Gegenstands und verurteilt die Kritik dazu, ihre Existenz als Phraseologie zu führen."[35] Irrationale Reizwörter ersetzen analytische Begriffe, die den sozialen Inhalt und die Funktion faschistischer Herrschaft erst begreiflich machen könnten. Roeseler sieht den Film als „sichtbares Psychogramm eines monströsen Rattenfängers". Es wird gesprochen von der „irrwitzigen Organisation" der Nationalsozialisten und von einer „bösartigen Regierungsmaschinerie". Getadelt wird, daß „die öde Leere in Hitlers Umgebung (...) minutenlang sichtbar" wird, „das Böse – weswegen ihn ein Jahrhundert verflucht – nicht".[36] Wo soviel „Irrwitz" und „Bösartigkeit" herrschen, bleibt die Frage, „wie Derartiges eine nach Millionen zählende Massenbasis und eine gleichfalls nach Millionen zählende Finanzierung von Großindustriellen und Bankiers erhalten konnte".[37] Verstöße gegen moralische Normen, die als Motiv der Ablehnung des Faschismus dominieren, werden auch als Maßstab der Kritik an den Fest-Film angelegt. Im „Vorwärts" richtet Hans Lamm einen Appell an Fest und die Film-Produzenten: Hätten diese „Verantwortungsgefühl und Selbstkritik – sie zögen diesen ‚Hitler' zurück. Ohne Rücksicht auf (finanzielle) Verluste".[38]

3.

Die linke Kritik am Fest-Film zeichnet sich, jedenfalls in ihren ernstzunehmenden Vertretern, gegenüber der liberalen Kritik dadurch aus, daß sie erstens die Verzerrungen und Fälschungen in Fests Geschichtsbild auf einer wissenschaftlichen Ebene nachweist, indem sie dieses den Erfordernissen eines sozialanalytisch gefaßten Faschismus-Begriffs unterwirft, und zweitens nach der politisch-gesellschaftlichen Funktion fragt, die dem Fest-Film als dem vorläufigen Höhepunkt der Hitler-Welle in der Bundesrepublik zukommt. Für das eine wie für das andere ist die Besprechung von Reinhard Kühnl in der „Deutschen Volkszeitung" von besonderer Wichtigkeit. Kühnl weist im einzelnen nach, daß im Fest-Film „wissenschaftlich längst erledigte Ideologien wieder aufgelegt werden". Sein Fazit: „Die gänzliche Unterschlagung der wesentlichen Seiten des Faschismus und die totale Reduktion der gesamten faschistischen Politik auf die psychischen Strukturen Hitlers zwingt zu dem Urteil, daß dieser Film die Wirklichkeit nicht nur verzerrt, sondern in der Substanz falsch darstellt".[39] Die politisch-ideologische Funktion des Films läuft – laut Kühnl – darauf hinaus, ein „von Irrationalismen gereinigtes Modell faschistischer Herrschaft" als bedenkenswerte Krisenlösungsstrategie wieder ins Gespräch zu bringen. Ruft man sich den

Kommentar des „Arbeitgeber" und der „Welt" in Erinnerung, so scheint diese Interpretation einiges für sich zu haben. Allerdings meint Kühnl einschränkend, daß der Film nicht „direkt auf die Etablierung faschistischer Herrschaftsverhältnisse zielt"; diese seien besonders wegen der internationalen Kräfteverhältnisse in Europa zur Zeit nicht aktuell. „Wohl aber zielt er darauf, den Boden für autoritäre Herrschaft ideologisch vorzubereiten und die begeisterte Unterwerfung unter die Autorität einer starken Führung als Befreiung von Angst und Not und als Lusterlebnis darzustellen."[40]

Bei prinzipieller Zustimmung zu Kühnls Position erscheinen seine Ausführungen in zwei Punkten diskussionswürdig: So wäre zunächst zu fragen, ob zwischen den subjektiven Intentionen Fests und der objektiven Funktion des Films klar genug unterschieden wurde. Kühnl verweist darauf, daß Fest „das faschistische Modell der Volksgemeinschaft (...) in einem Interview ausdrücklich als wünschenswert bezeichnet" hat, wofür sich allerdings kein Beleg finden läßt. Weiterhin wäre zu überlegen, ob die Begriffe faschistische und autoritäre Herrschaft nicht deutlicher voneinander abgegrenzt werden müßten. Gerade im Blick auf aktuelle Entwicklungstendenzen in der BRD stellt sich die Frage, ob eine Neuauflage des Faschismus, der zwar „eine allzu riskante Expansionsorientierung meidet", andererseits aber auf die „terroristische Unterdrückung aller demokratischen Kräfte" nicht verzichten kann, möglich und notwendig ist oder ob durch die unter dem Schleier der Legalität sich vollziehende Aushöhlung des demokratischen Systems (bei formeller Wahrung der bürgerlich-demokratischen Institutionen) in Richtung auf einen autoritären Polizeistaat mit einer breiten Palette repressiver Steuerungsmechanismen der „traditionelle" Faschismus „sozusagen links überholt und überflüssig" gemacht wird.[41]

W. F. Haug ist zuzustimmen, wenn er die Tauglichkeit von Faschismusanalysen daran mißt, wieweit sich aus ihnen wirksame Strategien zur Verhinderung von Faschismus ableiten lassen. „Wenn es das Kriterium für die Realitätstauglichkeit einer Faschismus-Theorie sein soll, die neuerliche Etablierung des Faschismus zu verhindern, dann folgt daraus, daß sie sich auf der Objektebene konzentrieren muß auf seine Entstehung."[42] Dieser Aufgabe wird man kaum gerecht, wenn man – wie z. B. Eberhard Schmidt in „Unsere Zeit" – bestimmte faschismusanalytische Definitionen kanonisiert, d. h. nicht mehr auf den historischen Kontext, in dem sie entstanden sind, bezieht und auf ihren Erklärungswert für die aktuelle Faschismusdiskussion befragt. Schmidt zitiert – leicht verändert – die Dimitroff-Formel aus dem Jahre 1935:

„Der ‚Nationalsozialismus' war die offene terroristische Diktatur der aggressivsten Teile des deutschen Monopolkapitals", und kommentiert sie dann so: „Diese lautere und unverrückbare Wahrheit paßt den Herren, die sich Hitler holten, bis zum heutigen Tage nicht."[43]

Wird hier offenbar von einem zu eng gefaßten Erklärungsansatz zur Entstehung des Faschismus ausgegangen, so liegt andererseits in Stellungnahmen von ultralinken Gruppen, in denen der Fest-Film als ideologischer Ausdruck einer akut drohenden faschistischen Gefahr interpretiert wird, ein extensiv ausgeweiteter Faschismus-Begriff zugrunde, der jede reaktionäre Erscheinungsform bürgerlicher Herrschaft bereits als faschistisch oder präfaschistisch bezeichnet. Durch einen solchen inflationären Gebrauch des Faschismus-Begriffs wird dieser faktisch ins Beliebige entwertet und jeder analytischen Substanz beraubt.

Die Erarbeitung einer theoretisch klaren und konsistenten Faschismus-Analyse jenseits scholastisierender Begrifflichkeit ist – das zeigt auch die Kritik am Fest-Film innerhalb der Linken – keine akademische Frage, sondern von unmittelbar praktisch-politischer Relevanz. Davon hängt unter anderem ab, wieweit es gelingt, realitätsgerechte politische Strategien zur Abwehr einer tatsächlichen faschistischen Gefahr, wann und wo immer sie droht, zu entwickeln. Von zentraler Bedeutung ist dabei der bündnispolitische Aspekt kritischer Faschismus-Theorie, vor allem im Hinblick auf die Einschätzung der Rolle der Sozialdemokratie und der Gewerkschaften. Denn soviel zumindest haben die historischen Erfahrungen gelehrt, daß nur durch ein breites Bündnis aller demokratischen Kräfte der Faschismus wirksam bekämpft und verhindert werden kann.

Anmerkungen

1 Reinhard Kühnl, Das Dritte Reich in der Presse der Bundesrepublik. Kritik eines Geschichtsbildes, Frankfurt/Main 1966, S. 177.

2 Deutsche National-Zeitung, Nr. 32, v. 5. August 1977: Wie groß war Hitler?

3 Ebenda.

4 Harald Neubauer, Hitlers wahre Größe. Das neue Hitler-Bild, in: Deutsche National-Zeitung, Nr. 29, v. 15. Juli 1977 (Dokument 2).

5 Ebenda.

6 Ebenda.

7 Vgl. Reinhard Kühnl/Rainer Rilling/Christine Sager, Die NPD. Struktur, Ideologie und Funktion einer neofaschistischen Partei, Frankfurt/Main 1969, S. 133.

8 Siehe Deutsche National-Zeitung, Nr. 28, v. 8. Juli 1977: Gerechtigkeit für Hitler (Dokument 1). – Vgl. auch den Artikel des amerikanischen Professors Austin J. App, Hitler – Teufel oder Messias? Neue Erkenntnisse über den „Führer", in: Deutsche National-Zeitung, Nr. 36, v. 2. September 1977.

9 Siehe auch für die folg. Zitate: Günther Deschner, Versuch einer Revision: Fests Hitler-Film, in: Die Welt v. 1. Juli 1977 (Dokument 3).

10 Vgl. Deutsche National-Zeitung, Nr. 29, v. 15. Juli 1977: „In den Kinos der Bundesrepublik ist ein Film angelaufen, auf den unsere Vergangenheitsbewältiger und selbsternannten Volkspädagogen reagiert haben wie der Stier aufs rote Tuch."

11 In der „Deutschen National-Zeitung" (Nr. 29, v. 15. Juli 1977) heißt es dazu: „In der ersten (. . .) Hälfte des Films macht Fest eine Aussage, die so gar nicht ins marxistische Weltbild paßt und deshalb besonders angegriffen wurde. Weder käuflich noch im Bunde mit dem Großkapital sei Hitler gewesen."

12 Günther Deschner, a. a. O.

13 Harald Neubauer, a. a. O.

14 Joachim C. Fest, Revision des Hitler-Bildes?, in: Frankfurter Allgemeine Zeitung v. 29. Juli 1977 (Dokument 4).

15 Hans P. Neuhaus, Hat Adolf Hitler bei den Deutschen plötzlich wieder eine Zukunft?, in: Bild v. 6. Juli 1977 (Dokument 8).

16 Siehe W. F. Haug u. a., Ideologische Komponenten in den Theorien über den Faschismus, in: Das Argument, H. 33 (1965), S. 15. – Vgl. auch: Eike Henning, Bürgerliche Gesellschaft und Faschismus in Deutschland. Ein Forschungsbericht, Frankfurt/Main 1977, S. 64 f.

17 Peter Boenisch sah den neuen Hitler-Film: Ein Diktator des Radio-Zeitalters, in: Bild am Sonntag v. 3. Juli 1977 (Dokument 7).

18 Jürgen Heinrichsbauer, Adolf Hitler. Geschichtsunterricht, in: Der Arbeitgeber, Nr. 15–16/1977 (Dokument 6).

19 Vgl. zur Kritik der Totalitarismusdoktrin: Martin Greiffenhagen/Reinhard Kühnl/Johann Baptist Müller, Totalitarismus – Zur Problematik eines politischen Begriffs, München 1972.

20 Vgl. Reinhard Kühnl (Hg.), Texte zur Faschismusdiskussion I. Positionen und Kontroversen, Reinbek 1974.

21 Armin v. Manikowsky, Wenn das der Führer wüßte, in: Stern v. 7. Juli 1977.

22 Vgl. Hermann L. Gremliza, Grüß Gott, Herr Hitler, da sind Sie ja wieder!, in: konkret, Nr. 9/1977.

23 Heinz Höhne, Faszination des Demagogen, in: Der Spiegel v. 27. Juli 1977 (auch für die folg. Zitate) (Dokument 11).

24 Vgl. Imanuel Geiss, Die Fischer-Kontroverse. Ein kritischer Beitrag zum Verhältnis zwischen Historiographie und Politik in der Bundesrepublik, in: ders., Studien über Geschichte und Geschichtswissenschaft, Frankfurt/Main 1972, S. 108 ff.

25 Rudolf Augstein, Zu Hitler fällt uns nichts mehr ein, in: Der Spiegel, Nr. 34 v. 15. August 1977 (Dokument 12).

26 Frankfurter Rundschau v. 16. August 1977: Adolf Hitler als Rock-Opern-Star.

27 Michael Charlier, Die Kapitulation vor der Geschichte oder: Warum Rudolf Augstein nichts mehr einfällt, in: Deutsche Volkszeitung, Nr. 36 v. 8. September 1977.

28 Karl Marx, Das Elend der Philosophie, in: MEW, Bd. 4, S. 139.

29 Michael Charlier, a. a. O.

30 Karl-Heinz Janßen, High durch Hitler. Das neue Werk des Führer-Biographen Fest entpuppt sich als gefährlicher Film, in: Die Zeit, Nr. 29 v. 8. Juli 1977 (Dokument 9).

31 Jürgen Heinrichsbauer, a. a. O.

32 Wolfgang Fritz Haug u. a., Der hilflose Antifaschismus. Zur Kritik der Vorlesungsreihen über Wissenschaft und NS an deutschen Universitäten, 4. Aufl., Köln 1977.

33 Albrecht Roeseler, Opfer einer Karriere, in: Süddeutsche Zeitung v. 9. Juli 1977.

34 Friedrich Weigend und Gerhard Stadelmaier, Wie wird man mit dem „Führer" fertig?, in: Stuttgarter Zeitung v. 23. Juli 1977 (Dokument 10).

35 W. F. Haug, Der hilflose Antifaschismus, a. a. O., S. 20.

36 Albrecht Roeseler, a. a. O.

37 W. F. Haug, Der hilflose Antifaschismus, a. a. O., S. 41.

38 Hans Lamm, Ein Fest für Hitler. Joachim Fests filmische Geschichtsklitterung, in: Vorwärts v. 28. Juli 1977. – Gegenüber diesem Artikel zeichnet sich der nach Fertigstellung des Manuskripts erschienene Beitrag von Jochen Teichler, Die neue Lüge heißt Objektivität, in: Vorwärts, Nr. 1, v. 5. Januar 1978, durch eine fundierte Kritik am Fest-Film aus.

39 Reinhard Kühnl, ,,Besonders wertvoll" – Hitler-Film propagiert gereinigten Faschismus, in: Deutsche Volkszeitung, Nr. 29, v. 21. Juli 1977 (Dokument 13). Vgl. auch Dieter Bongartz, Eine Geschichtsstunde der Bourgeoisie. Joachim C. Fests Hitler-Film, in: rote blätter, Nr. 9/1977.

40 Reinhard Kuhnl, a. a. O. – Vgl. auch das Interview mit Kühnl: Die Hitler-Welle und der Ruf nach dem starken Mann, in: Welt der Arbeit v. 27. Juli 1977 (Dokument 14).

41 Manfred Clemenz, ,,Alter" und ,,Neuer" Faschismus, in: Abendroth-Forum. Marburger Gespräche aus Anlaß des 70. Geburtstages von Wolfgang Abendroth, Marburg 1977, S. 391.

42 Wolfgang Fritz Haug, Faschismustheorie in antifaschistischer Perspektive, in: Das Argument, H. 87 (1974), S. 539.

43 Eberhard Schmidt, Die Erblindung eines Einäugigen, in: Unsere Zeit v. 8. Juli 1977.

Karl Weinmair: Aus dem 1000jährigen Reich, Tusche 1944

Bernhard Keller

Ein Beitrag zum Geschichtsunterricht?
Fests Hitler-Film im Urteil von Schülern und Lehrern

Die bildungspolitische Brisanz des Hitler-Films von Joachim C. Fest liegt darin, daß dieser Film – von einflußreichen politischen und publizistischen Kräften ausdrücklich gefordert[1] – in den Schulen als Unterrichtsmaterial eingesetzt werden soll. Wie weit derartige Bestrebungen schon realisiert sind, läßt sich noch nicht vollständig übersehen. Entgegen früheren Meldungen hat die Bundeszentrale für politische Bildung bisher nicht in Erwägung gezogen, den Film anzukaufen und den Landesbildstellen zur Verfügung zu stellen. In den Ländern selbst reagieren die Verantwortlichen unterschiedlich: Einige Bildstellen haben den Film gekauft (z. B. Bayern), andere haben sich gegen eine Anschaffung ausgesprochen (z. B. Hamburg). Unabhängig davon wurde der Film in den letzten Monaten von zahlreichen Jugendlichen in privaten Filmtheatern gesehen, zumal diese mit Sondervorstellungen für Schulklassen werben.[2]

Die in den vorangegangenen Beiträgen ausgeführte historische, filmästhetische und politische Kritik zeigt, daß dieser Film in mehrfacher Hinsicht ein unzureichendes Bild der faschistischen Wirklichkeit vermittelt. Schon deshalb ist er als Unterrichtsmaterial nicht geeignet. Sein Einsatz in den Schulen muß um so bedenklicher erscheinen, als ein großer Teil der bundesdeutschen Jugend – wie Umfragen und Studien wiederholt bestätigen – nur ein lückenhaftes und verzerrtes Bild von der faschistischen Vergangenheit besitzt. Jüngstes Beispiel dafür ist die von Dieter Boßmann durchgeführte Auswertung von über 3000 Aufsätzen von Schülern aller Schularten im Alter von 10 bis 23 Jahren zu dem Thema: ,,Was ich über Adolf Hitler gehört habe." Diese vielzitierte Untersuchung liegt inzwischen vollständig und systematisiert als Taschenbuch vor.[3] Das Ergebnis ist niederschmetternd: Unkenntnis und gravierende Fehlurteile kennzeichnen das Hitler- und Faschismusbild vieler Schüler – ,,ein einziger Wissensfriedhof", wie Boßmann selbst drastisch resümiert.[4]

Die Untersuchung offenbart einmal mehr, daß zahlreiche Schüler in der Erklärung des deutschen Faschismus auf die Person Hitlers fixiert bleiben, der Nazidiktatur häufig auch ,,positive" Seiten abgewinnen und die Dimensionen der faschistischen Verbrechen in der Regel bei weitem unterschätzen. Soweit kritische Äußerungen vorhanden sind, verbleiben diese oft auf der Ebene einer vulgär-psychologischen Verurteilung Hitlers.

Fests Hitler-Film stößt somit bei jugendlichen Zuschauern auf eine geschichtliche Vorstellungswelt, die vielfach von Halb- und Unwahrheiten geprägt ist. Es liegt auf der Hand, daß diese Jugendlichen den Film nicht selbständig prüfen und seine Implikationen durchschauen können.

„...hat der Film sehr dazu beigetragen, mein Wissen über Hitler zu erweitern"[5]

Bisher liegen keine systematischen Untersuchungen darüber vor, wie der Film von Jugendlichen rezipiert wird. Die einzigen Hinweise liefern Interviews, durchgeführt von Zeitungsredaktionen, die den Film vor Schülern zeigten und diese anschließend dazu befragten. So veranstaltete die „Münchner Abendzeitung" eine Diskussion mit 35 Realschülern im Alter von 15 bis 18 Jahren, und die „Zeit" sprach in Berlin mit Schülern einer 10. Oberschulklasse und einigen Primanern.[6] Die Interviews sollten klären helfen, ob der Film durch die Hervorhebung der Person Hitlers und die zahlreichen Jubelszenen noch „einen Zauber ausüben", ob er die heutige Generation „wirklich noch verführen" könne.

Die Äußerungen der Schüler ergeben ein zwiespältiges Bild. Ein großer Teil lobte die „Objektivität" des Films, da er die „Vor- und Nachteile" der Politik Hitlers zeige. Mehrfach wurde auch gesagt, daß man nun besser verstehen könne, warum dieser Mann so „angekommen" sei. Andere Schüler bemängelten dagegen die Oberflächlichkeit des Films. So wurde kritisiert, daß der Film „zuviel mit Psychologie" erkläre, daß er Hitler als „Mensch" zeige und deshalb „gefährlich" sei und daß wichtige Informationen z. B. über den Widerstand und die Verfolgung von Sozialdemokraten und Kommunisten verschwiegen würden. Insgesamt dokumentieren die Äußerungen jedoch eine Tendenz zur Bestätigung und Rechtfertigung des Films.

Die Interviews vermitteln eine Vielzahl von Eindrücken und Meinungen, erlauben aber keine genaue (meßbare) Aussage darüber, wie der Film von Schülern aufgenommen und beurteilt wird. Deshalb führte ich mit Hilfe von Kollegen eine Umfrage unter 173 Schülern von 9. und 10. Klassen verschiedener Gymnasien im Westen Hamburgs durch. Die Grundlage bildete ein Fragebogen, der eine einheitliche und quantifizierbare Auswertung gestattete.[7] Leider war es nicht möglich, zusätzlich mit allen Schülern eine Diskussion zu führen, um z. B. nähere Begründungen für ihre Antworten zu erfahren.

Die befragten Schüler hatten den Film kurz vorher gesehen, allerdings hatte nur ein Teil von ihnen das Thema Nationalsozialismus schon im Geschichtsunterricht behandelt. Diese ungleichen Voraussetzungen waren für die Umfrage jedoch insofern recht nützlich, als diese nunmehr auch Aufschluß darüber geben konnte, ob Schüler mit geschichtlichen Vorkenntnissen zu einer anderen Beurteilung des Films gelangen würden. Wenngleich die Umfrage statistisch nicht repräsentativ ist, bietet sie doch wertvolle Anhaltspunkte für die weitere Diskussion.

Wie die Auswertung zeigt, wurde der Film von der Mehrzahl der Schüler positiv aufgenommen:

– So vertraten 81 Prozent die Ansicht, daß der Film dazu beitrage, Hitler und den Nationalsozialismus besser zu erklären.

– 74 Prozent der befragten Schüler empfanden den Film als Anregung, sich weiter mit dem Thema zu beschäftigen.

– Trotz verschiedener Einzelkritiken sprachen sich 60 Prozent dafür aus, den Film für die Schulen zu kaufen, damit er als Unterrichtsmaterial eingesetzt werden könne.

Was den Informationswert des Films betrifft, nahmen die Schüler eine deutliche Differenzierung vor. Sie vertraten ganz überwiegend die Ansicht, daß der Film über den „Aufstieg Hitlers" und die „Machtergreifung und Gleichschaltung" richtig und vollständig informiere, während der Widerstand und die Judenverfolgung falsch oder lückenhaft dargestellt würden. Letzteres wurde auch, obgleich nicht so eindeutig, für die Wirtschafts- und Außenpolitik erklärt. Daß die Schüler ihre Beurteilung differenzierten, kann aber nicht als kritische Distanz gewertet werden. Die verkürzte Darstellung der Judenverfolgung und des Widerstandes im Film ist so evident, daß dieser Mangel von den Schülern leicht bemerkt werden konnte. Der Aufstieg Hitlers dagegen wird im Film breit dargestellt, ohne daß jedoch die für die Errichtung der Diktatur letztlich verantwortlichen Ereignisse und Hintergründe wie die Weltwirtschaftskrise, Massenarbeitslosigkeit, Notverordnungspolitik und Einflußnahme des Großkapitals berücksichtigt werden. Wenn die große Mehrzahl der Schüler (84 Prozent) dennoch meint, der Film würde über den Aufstieg Hitlers hinreichend informieren, ist das ein alarmierendes Ergebnis – wird hier doch die von Fest aufgestellte und im Film optisch wirkungsvoll unterstützte These vom „Alleingang" Hitlers[8] unkritisch hingenommen.

So kann es auch nicht verwundern, wenn die Aussagen des Films über Hitler und das Verhalten der Bevölkerung von den Schülern bestätigt werden. Folgende Zitate aus dem Filmkommentar wurden ganz überwiegend für zutreffend erklärt:

„Die Gefühle, die Hitlers Erscheinen auslöste, sind mit politischen Motiven allein nicht zu erklären. Dahinter stecken religiöse Antriebe, wenn nicht erotische" (73 Prozent).

„Diese Dynamik (der Arbeitsbeschaffung) machte das Regime populär. Die Menschen glaubten, daß es wieder aufwärts gehe" (98 Prozent).

„Die Deutschen waren im ganzen nicht unglücklich. Zwar blieben Besorgnisse. Aber die Phase der Unruhe im Innern wie nach außen schien vorüber" (72 Prozent).

Die breite Zustimmung zu diesen Filmaussagen ist insoweit unbedenklich, als die Popularität Hitlers tatsächlich ein wesentlicher Faktor für die relative Stabilität der NS-Diktatur war. Überhaupt vermag der Film auf der Erscheinungsebene durchaus zutreffende Eindrücke von der Massenbegeisterung um Hitler zu vermitteln. Bedenklich ist jedoch, daß die Schüler die Aussagen über die Popularität Hitlers akzeptieren, ohne zureichende historische und sozialpsychologische Erklärungen für dieses Phänomen zu besitzen. Im Film jedenfalls werden sie nicht angeboten, im Gegenteil: hier wird die Massenbegeisterung durch eine fragwürdige psychologisierende und biologisierende Betrachtung gedeutet.

Etwa die Hälfte der Schüler hatte bereits einzelne Aspekte des Nationalsozialismus im Unterricht besprochen, insbesondere den Aufstieg und Machtantritt Hitlers. Es war anzunehmen, daß diese Schüler aufgrund ihrer Vorkenntnisse den Film genauer und auch kritischer beurteilen würden. Die Auswertung ergab jedoch in dieser Hinsicht *meist keine signifikanten Unterschiede.* Die Gründe lassen sich nur vermuten. Denkbar wäre zunächst, daß die historischen Kenntnisse unzulänglich waren. Soweit ich einen Einblick in den Unterricht der betreffenden Schüler hatte, kann dies jedoch weitgehend ausgeschlossen werden. Deshalb ist zu vermuten, daß der Film durch seine suggestive Kraft die Unterrichtsergebnisse relativiert und somit auch informierte Schüler in ihrem Urteil beeinflußt hat.

In einer wichtigen Frage allerdings nahmen die Schüler, die bereits gewisse Vorkenntnisse besaßen, eine andere Wertung vor. Diese Frage betraf die im Film aufgestellte, durch neuere Forschungsergebnisse jedoch widerlegte Behauptung, daß Hitler „weder käuflich noch im Bund mit dem Großkapital (war)". Die Schüler ohne unterrichtliche Kenntnisse hielten diese Aussage zu 50 Prozent für unzutreffend. Diejenigen hingegen, die bereits über den Aufstieg Hitlers informiert waren, wie-

Pablo Picasso: Traum und Lüge Francos, Aquatinta, 8. 1. 1937. Zwei weitere der insgesamt 18 Bildfelder auf Seite 66/67

sen die Behauptung zu 57 Prozent zurück. Einige dieser Schüler begründeten ihre Ablehnung noch durch Randbemerkungen wie: ,,Seit 1930 bekam Hitler Geld von Industriellen." Wenngleich diese abweichende Beurteilung statistisch nicht besonders deutlich ausfällt, kann sie doch als Beleg dafür gelten, daß informierte Schüler zu einer kritischen Betrachtung des Films eher in der Lage sind.

Unterstützt wird diese Annahme durch Äußerungen, die die Schüler in dem freien Raum für ,,sonstige Bemerkungen" machen konnten. Hier wurden mehrfach konkrete Informationsdefizite genannt (z. B. Reichstagsbrand, Ermächtigungsgesetz, Polizeiapparat und SS, Konzentrationslager, Reichskristallnacht). Auffällig war weiterhin, daß zahlreiche Schüler die Darstellung Hitlers als zu ,,freundlich", ,,positiv" oder gar ,,verherrlichend" kennzeichneten und vor ,,gefährlichen" Wirkungen des Films warnten. Es ist sicher kein Zufall, daß diese Äußerungen überwiegend von solchen Schülern stammten, die bereits Kenntnisse über den Nationalsozialismus im Unterricht erworben hatten.

Zusammenfassend ist festzustellen:

– Fests Hitler-Film wird von der Mehrzahl der befragten Schüler positiv aufgenommen und weiterempfohlen.

– Trotz mancher Kritik im einzelnen werden die wesentlichen Aussagen des Films über Hitler und das Leben im „Dritten Reich" von den meisten akzeptiert und für die historische Wahrheit gehalten.

– Die vorherige Auseinandersetzung mit dem Nationalsozialismus im Unterricht kann den Schülern zu einer kritischeren Beurteilung verhelfen, vermag jedoch eine affirmative Betrachtung nicht vollständig zu verhindern.

Die bisherigen Beobachtungen bestätigen, was zu befürchten war: Fests Hitler-Film übt auf jugendliche Zuschauer einen gefährlichen Einfluß aus. Die befragten Schüler waren nicht etwa „fasziniert" (wie zuweilen behauptet wird), sie waren aber überwiegend bereit, die Kernaussagen des Films zu akzeptieren. Angesichts der historischen Verkürzungen und Verfälschungen des Films und seiner politischen Implikationen wie die Fixierung auf „große Männer" und die Bekräftigung der Totalitarismusdoktrin muß diese Feststellung alarmieren. Es stellt sich nachdrücklich die Frage, ob der Einsatz des Films in den Schulen zu verantworten ist.

Wie verhalten sich die Lehrer?

In der gewerkschaftlich organisierten Lehrerschaft hat ein Diskussionsprozeß darüber eingesetzt, wie dem Hitler-Film und seinen Befürwortern zu begegnen sei. Am Beispiel einer Kontroverse in der ,,Hamburger Lehrerzeitung" der Gewerkschaft Erziehung und Wissenschaft (GEW) sollen hierzu zwei grundlegende Positionen erörtert werden.

Die erste Position geht davon aus, daß der Film ohnehin von vielen Jugendlichen gesehen wird. Deshalb wäre es sinnlos, den Film unbedingt aus den Schulen heraushalten zu wollen, zumal die Tabuisierung eines Problems bekanntlich erst Neugier und Interesse weckt. Nach Ansicht von J. Berlin und V. Ullrich kann eine kritische Besprechung des Films vielmehr dazu beitragen, die Schüler gegen die um sich greifende Hitler-Nostalgie zu immunisieren. ,,Der Film sollte deshalb auch in Schulen gezeigt werden – im Rahmen einer sachkundigen, rationalen Beschäftigung mit Ursprüngen und Wesen der faschistischen Herrschaft in Deutschland –, damit seine gefährlichen Tendenzen von den Schülern aufgearbeitet und in ihren politischen Implikationen durchschaut werden können."[9]

Der Gedanke scheint verlockend und ließe sich zu einem Unter-

richtsprojekt über Ziele und Formen der Hitler-Welle erweitern. Dabei wären dann auch Bücher, Zeitschriften, Theater- und Musikstücke zu analysieren. Möglich wäre auch, neben dem Fest-Film andere (alternative) filmische Dokumentationen zur NS-Zeit vorzuführen. Durch den kritischen Vergleich könnten die Schüler die historischen Verkürzungen und die fragwürdige filmische Gestaltung des Fest-Films besser erkennen.

Gegen diese Position lassen sich jedoch verschiedene Einwände erheben:

– Die kritische Auseinandersetzung mit dem Fest-Film kann nur auf einer entwickelten theoretischen Ebene stattfinden, wie sie allenfalls in leistungsstarken Oberstufenkursen zu erreichen ist. Die für alle Schüler verbindliche Unterrichtung über den Faschismus erfolgt jedoch laut Lehrplan schon in der 9. oder 10. Klasse.

– Fests Hitler-Film wird von manchen Lehrern durchaus begrüßt, so daß auch von dieser Seite die Gefahr einer affirmativen Betrachtung besteht. Völlig richtig bemerkte ein Schüler zu der Frage, ob er für den Einsatz des Films in der Schule sei: ,,Es kommt ganz darauf an, wie ein Lehrer den Film behandelt.'' In jedem Fall setzt die kritische Aufarbeitung beim Lehrer umfangreiche Kenntnisse sowohl über den Faschismus als auch über Methoden der Filmanalyse voraus.

– Angesichts der affirmativen Wirkung, die der Film auch bei geschichtlich informierten Schülern hinterläßt (siehe o. e. Umfrage), kann die intendierte „Immunisierung" scheitern oder gar ins Gegenteil verkehrt werden.

Darüber hinaus stellt sich für gewerkschaftlich organisierte Lehrer grundsätzlich die Aufgabe, gegen die Aufnahme eines Films als Unterrichtsmaterial einzutreten, der allen fachlichen und didaktischen Anforderungen zuwiderläuft und allein von der Hitler-Welle hochgespült worden ist. Dazu bedarf es der Aufstellung gewerkschaftlicher Forderungen und ihrer Durchsetzung gegenüber den zuständigen Institutionen wie der Bundeszentrale für politische Bildung und den Landesbildstellen bzw. -filmdiensten. Denn: „Ist dieser Film erst einmal als Unterrichtsmittel eingeführt, dann entfaltet er eine unkontrollierbare langfristige Wirkung, die – so steht zu vermuten – nicht im Sinne einer Immunisierungsstrategie, sondern ihr entgegenwirken wird."[10]

Gewiß wäre es unsinnig, Lehrern Vorhaltungen zu machen, weil sie den Film jetzt – da er allenthalben diskutiert wird – mit ihren Schülern besuchen und im Unterricht kritisch besprechen. Aus der augenblicklichen Notwendigkeit, auf den Film einzugehen, läßt sich jedoch keine generelle gewerkschaftliche Position ableiten. Diese kann nur auf der Ebene der offensiven politischen Auseinandersetzung gefunden werden. Die meisten bisherigen gewerkschaftlichen Stellungnahmen und Beschlüsse sprechen sich deutlich gegen die Aufnahme des Films als Unterrichtsmaterial aus. Sie fordern darüber hinaus die Aberkennung des mit erheblichen Subventionen verbundenen Prädikates „besonders wertvoll".[11]

Angesichts der anhaltenden Hitler-Nostalgie, die mit Fests Film nur einen neuen Höhepunkt erreicht hat, und angesichts der erschreckenden Unkenntnis vieler Schüler über die wirklichen Zusammenhänge der NS-Herrschaft tragen besonders die Geschichts- und Gemeinschaftskundelehrer eine erhöhte Verantwortung. In dem Brief eines Lehrers an Dieter Boßmann heißt es: „Die Durchsicht der Aufsätze über Adolf Hitler hat mich doch nachdenklich gestimmt. Mir ist aufgegangen, daß es auch für mich als Lehrer noch einiges aufzuarbeiten gilt."[12] Was können Lehrer tun, um ihre Schüler über Ursprung und Wesen der Hitlerdiktatur aufzuklären? Mit welchen Schwierigkeiten müssen sie rechnen?

In einem Artikel für die „Zeit" wehrt sich Werner Klose gegen den Versuch, die Schule und ihre Geschichtslehrer für die Unwissenheit vieler Schüler verantwortlich zu machen.[13] Er macht geltend, daß das Fach Geschichte wegen seiner besonderen Schwierigkeiten (z. B. sich in

Epochen „einzuleben") entmutige, daß die Schüler der Mittelstufe aus entwicklungspsychologischen Gründen nicht lernen wollten und daß im übrigen kein Lehrer absichtlich die NS-Zeit aus der geschichtlichen Betrachtung ausspare. Die Kritik am Geschichtsunterricht sei nur für die fünfziger Jahre berechtigt, als die teilweise persönlich in die Schuldproblematik des nationalsozialistischen Systems verstrickte ältere Lehrergeneration die Vergangenheit weniger fachwissenschaftlich als moralisch zu bewältigen suchte. Inzwischen sei jedoch eine rege wissenschaftliche Diskussion in Gang gekommen, die sich auch positiv auf den Lernmittelmarkt ausgewirkt habe, wo eher ein „Überangebot zum Thema Nationalsozialismus" bestehe. Pauschale Vorwürfe gegen Geschichtslehrer seien deshalb bereits für die sechziger Jahre nicht mehr zutreffend.

Klose geht davon aus, daß eine fundierte historische Bildung erst in der „Geschichtlichkeit des eigenen Lebenslaufs" erworben wird, in der Schule jedoch immer nur ansatzweise und nur für eine Minderheit erreicht werden kann. Dieser individualistische und elitäre Bildungs- und Begabungsbegriff negiert von vornherein die Möglichkeit, allen Schülern historische Kenntnisse und ein kritisches Urteilsvermögen zu vermitteln. Die genannten fachlichen und lernpsychologischen Schwierigkeiten mögen teilweise zutreffen; sie können aber nicht als Entschuldigung gelten, sondern nur als Aufforderung verstanden werden, neue und bessere Wege im Geschichtsunterricht zu suchen. Klose ignoriert die didaktischen und politischen Restriktionen, unter denen Geschichte immer noch gelehrt wird. So kann die Fülle von Unterrichtsmaterialien zum Thema Nationalsozialismus nicht darüber hinwegtäuschen, daß diese häufig nur lückenhafte und einseitige Informationen enthalten.[14] In den meisten Geschichts- und Sozialkundebüchern herrscht zudem noch eine personalisierende Betrachtung vor, die bei Schülern – wie verschiedene Untersuchungen feststellen[15] – politisches Desinteresse und/oder ein autoritätsgebundenes, undemokratisches Verhalten fördert. In diesem Zusammenhang darf nicht übersehen werden, daß manche Lehrer besonders der älteren Generation die personalisierende Auffassung der Geschichte durchaus noch teilen.[16] Diejenigen Lehrer, die sich bemühen, in den Geschichtsunterricht auch ökonomische und soziologische Fragestellungen einzubeziehen und so zu einer umfassenden historischen Analyse zu gelangen, geraten dagegen nicht selten in den Verdacht einer „Emanzipationsideologie". Sie haben es schwer, gegen den Widerstand konservativer Kräfte etwa um den „Bund Freiheit der Wissenschaft", bestimmte Presseorgane und auch Elternverbände zu bestehen.[17]

Von erheblicher Bedeutung für die Entwicklung des Geschichtsbewußtseins bei Jugendlichen ist nicht zuletzt die Art, wie in unserem Land politische Konflikte ausgetragen werden. Klose kritisiert in diesem Zusammenhang die Anwendung der Begriffe „faschistoid" und „Faschismus" auf die Opfer des Terrorismus oder die Bundesrepublik. Daß durch solche Begriffsverwirrung die geschichtliche Realität des Nationalsozialismus für Jugendliche nur schwer faßbar wird, soll nicht bestritten werden. Wird die Jugend aber nur von dieser Seite irritiert? Muß es nicht auch bedenklich stimmen, wenn Politiker und Publizisten auf Vorgänge wie die Verbreitung nazistischer Gewaltliteratur, die Mitgliederwerbung der „Wiking-Jugend" oder das Erzählen von Judenwitzen oft mit einer erschreckenden Gleichgültigkeit reagieren? Hier wird deutlich, daß die Förderung historischer Bildung nicht nur eine Frage der Schule und des Geschichtsunterrichts ist.

Folgerungen für den Unterricht

Ein demokratisch und antifaschistisch orientierter Geschichtsunterricht sollte ein realitätsgerechtes Abbild des Faschismus vermitteln und auch Orientierungen für die aktuelle politische Verantwortung bieten. Dazu gehört schwerpunktmäßig die Ermittlung der sozialökonomischen Bedingungen des Faschismus, die historisch angemessene Einordnung der Person Hitlers, die Konfrontation der NS-Ideologie mit der Realität des „Dritten Reiches", die umfassende Darstellung und Würdigung des Widerstandes und die Beschäftigung mit den antifaschistischen Forderungen des Grundgesetzes.[18]

Als Konsequenz aus der Diskussion um Fests Hitler-Film sollten in stärkerem Maße filmische Dokumentationen im Geschichtsunterricht eingesetzt werden. Sie können ein wichtiges Mittel sein, bestimmte Seiten des Faschismus wie die Massenbegeisterung, aber auch die faschistischen Verbrechen konkret vor Augen zu führen. Bedenkenswert ist in diesem Zusammenhang, daß die Schüler sich durch filmische Darstellungen häufig besser informiert fühlen als durch andere Unterrichtsformen. Bei der von mir durchgeführten Umfrage zum Fest-Film unterstützten 81 Prozent die Ansicht der 16jährigen Susanne aus dem „Zeit"-Interview·

„Allein durch den Geschichtsunterricht bekommt man nur . . . den Verlauf der Karriere von Hitler mit . . . Nach dem Film kann man verstehen, warum die Menschen den Mann sozusagen vergöttert haben."

Deshalb sollte der Lehrer gerade beim Thema Nationalsozialismus nicht darauf verzichten, das Medium Film einzusetzen. Bei den Filmdiensten kann man z. B. eine filmische Gesamtdarstellung des Faschismus entleihen, die gegenwärtig geradezu als „Anti-Fest" erscheint: Erwin Leisers 1959 in Schweden entstandener Film „Mein Kampf". Wenngleich auch dieser Film einige Mängel aufweist – die Rolle der Großindustrie bei der Errichtung und Durchführung der Hitler-Diktatur etwa wird nicht klar herausgearbeitet –, gewährt er doch wesentliche historische Einblicke. Im Vergleich zu Fest bietet Leiser wirtschaftliche, politische und soziale Hintergrundinformationen, vermeidet eine übermäßige Betonung der Person Hitlers, zeigt schonungslos die faschistischen Verbrechen auf (erschütternd besonders die Bilder aus dem Warschauer Getto) und trennt für den Zuschauer deutlich zwischen offiziellem Propagandaton und eigenem Kommentar.

Besonders geeignet für die Darstellung des Antisemitismus und der KZ-Greuel sind die Filme „Nacht und Nebel" von Alain Resnais (Frankreich 1960) und „Requiem für 500 000" von Jerzy Bossak (Polen 1965), die ebenfalls bei den Filmdiensten entliehen werden können.

Soweit einzelne Klassen doch den Fest-Film besuchen, sollte der Lehrer dafür Sorge tragen, daß die Schüler *vorher* ausreichend über Ursprung und Wesen des Nationalsozialismus informiert werden, um dem Film kritisch begegnen zu können. Bei einer späteren Behandlung des Themas könnte u. U. eine schwierige und für die Schüler wenig überzeugende Unterrichtssituation entstehen, wenn nämlich durch den Film provozierte Fehlurteile korrigiert werden müßten. In jedem Fall ist es jedoch erforderlich, Inhalt und Machart des Films in einer Nachbesprechung kritisch zu erörtern.

Eine wichtige Aufgabe besteht darin, die in Schulgeschichtsbüchern verbreitete[19] und auch im Fest-Film angelegte Totalitarismusdoktrin mit der Gleichsetzung von Faschismus und Kommunismus kritisch aufzubrechen.[20] Obschon wissenschaftlich längst widerlegt, wird im Film die Behauptung aufgestellt, „Radikale" von rechts und links hätten im Wechselspiel die Weimarer Republik zerstört. „Internationale" und „Horst-Wessel-Lied" werden akustisch, Thälmann und Hitler optisch parallelisiert. Welche Konfusion die Totalitarismusdoktrin in den Köpfen von Jugendlichen bewirkt, zeigt die eingangs erwähnte Umfrage von Boßmann, bei der Hitler von zahlreichen Schülern als „Kommunist" gekennzeichnet wurde.[21] Wie Peter Altmann hierzu ausführt, ist der Vorgang vermutlich so zu erklären: „Schüler, die so antworten, ahnen ganz vage, daß Hitler wohl irgend etwas Schlimmes sein muß, etwas negativ Einzuschätzendes – und da dieser Nation seit Jahrzehnten eingebleut wird, daß politisch Schlechtes allemal identisch sei mit kommunistisch/sozialistisch, muß Hitler wohl ein Kommunist,

Lorenzo Vespigniani: Das Bankett geht weiter, Federzeichnung 1945

ein ,strenger Sozi', ,ein Roter' gewesen sein."[22] Die Einschätzung, daß Hitler ein Faschist war, kommt in den Schülerantworten bezeichnenderweise nicht vor.

Neben dem Geschichtsunterricht sollte die Faschismusbewältigung verstärkt auch im Deutsch- und Kunstunterricht geleistet werden. Durch die Betrachtung von Kunstwerken aus dem Exil bzw. Widerstand werden die Schüler mit historischen Ereignissen und Zusammenhängen konfrontiert, durch die künstlerische Gestaltung gesellschaftlicher und persönlicher Konflikte gewinnen sie einen tieferen Einblick in die Lebensbedingungen und Verhaltensmöglichkeiten unter dem Faschismus. Im Bereich der bildenden Kunst etwa könnten die antifaschistischen Bilder bzw. Fotomontagen von A. Paul Weber, Pablo Picasso, Renzo Vespignani und John Heartfield behandelt werden.[23] Zur Erläuterung von Werk und Arbeitsweise dieser Künstler können auch Filme eingesetzt werden, z. B. von Alain Resnais über Picassos ,,Guernica" oder von Helmut Herbst über die Montagetechnik Heartfields. Die Interpretation literarischer Texte kann ebenfalls zur Auseinandersetzung mit dem Faschismus beitragen. Aus der Fülle zeitgenössischer und neuerer Werke sei hier auf die Dramen von Brecht, Zuckmayer, Weiss, Hochhuth und Kipphardt sowie auf die Romane von Th. Mann, A. Seghers, Grass, Böll und Andersch hingewiesen. Die verschiedenen Motive, Darstellungsweisen und Wertungen lassen sich am besten durch den Vergleich mehrerer Werke herausarbeiten. Anzustreben sind fächerübergreifende Projekte etwa zum Thema ,,Widerstand", um eine wechselseitige Anregung zu vermitteln und einen größeren Lernerfolg zu erzielen.

Anmerkungen

1 Siehe z. B. die Stellungnahme der Kultusministerin von Rheinland-Pfalz, Hanna-Renate Laurien (Dokument 38).

2 Siehe z. B. das Schreiben des Blankeneser Filmtheaters an das Gymnasium Blankenese (Dokument 39).

3 Dieter Boßmann (Hrsg.), ,,Was ich über Adolf Hitler gehört habe..." Folgen eines Tabus: Auszüge aus Schüler-Aufsätzen von heute, Frankfurt a. M. 1977 (Fischer Taschenbuch Nr. 1935).

4 Dieter Boßmann, Wissensfriedhof Nationalsozialismus, in: Erziehung und Wissenschaft 11/1977, S. 7 (siehe Dokument 43).

5 Aussage eines von mir befragten Schülers nach dem Filmbesuch.

6 Münchner Abendzeitung vom 29. Juli 1977: Anfangs ist mir Hitler sogar fast sympathisch geworden! Münchner Realschüler sahen für die AZ den Hitler-Film; Die Zeit, Nr. 35 vom 19. August 1977: ,,So viele auf einem Fleck, für einen Hitler..." Berliner Schüler loben die Objektivität des Fest-Films und bemängeln seine Oberflächlichkeit (Dokumente 40, 41).

7 Siehe den Abdruck im Dokumentationsteil (Dokument 47).

8 Joachim C. Fest, Hitler – Eine Biographie, Frankfurt a. M./Wien/Berlin 1973, S. 17.

9 Jörg Berlin/Volker Ullrich, Anmerkungen zur Diskussion um den Hitlerfilm, in: Hamburger Lehrerzeitung 15/1977, S. 10.

10 Gerhard Grotz/Dierk Joachim/Bernhard Keller/Uwe Naumann, Noch einmal: Hitler-Film. Kein Unterrichtsmaterial!, in: Hamburger Lehrerzeitung 16/1977, S. 15.

11 Siehe z. B. die im Dokumentationsteil abgedruckten Resolutionen der Hamburger GEW-Betriebsgruppe GS Steilshoop, der Landesvertreterversammlung der GEW in West-Berlin und der IG Metall Peine (Dokumente 46, 45 und 35).

12 „Was ich über Adolf Hitler gehört habe...", Anhang, S. 357.

13 Werner Klose, Hitler in der Schule. Erfahrungsbericht eines Geschichtslehrers, in: Die Zeit, Nr. 51 vom 9. Dezember 1977 (Dokument 42).

14 Zu dieser Problematik sind in den letzten Jahren mehrere Analysen erschienen. Siehe z. B. Jürgen Redhardt, NS-Zeit im Spiegel des Schulbuches. Konzeptionen und Fehlkonzeptionen für westdeutsche Schüler, dargestellt am hessischen Beispiel, Frankfurt a. M. 1970; Reinhard Kühnl (Hrsg.), Geschichte und Ideologie. Kritische Analyse bundesdeutscher Geschichtsbücher, Reinbek bei Hamburg 1973.

Mit welch subtilen sprachlichen und grafischen Mitteln in Geschichtsbüchern noch heute (z. T. ungewollt) ein naives und falsches Faschismusbild provoziert wird, hat Boßmann an einigen Beispielen eindrucksvoll belegt – „Was ich über Adolf Hitler gehört habe...", Fragen an den Herausgeber, S. 18–21.

15 Vgl. Ludwig von Friedeburg/Peter Hübner, Das Geschichtsbild der Jugend. Überblick zur wissenschaftlichen Jugendkunde, Bd. 17, München 1964; Manfred Teschner, Politik und Gesellschaft im Unterricht. Eine soziologische Analyse der politischen Bildung an hessischen Gymnasien, Frankfurt a. M. 1968.

16 Siehe z. B. Egon Becker/Sebastian Herkommer/Joachim Bergmann, Erziehung zur Anpassung? Eine soziologische Untersuchung der politischen Bildung in den Schulen, Schwalbach bei Frankfurt a. M. 1967, bes. S. 163.

17 Vgl. Gerd Köhler, Harmloser Hitlerismus? Folgerungen für den Unterricht, in: Erziehung und Wissenschaft 11/1977, S. 11

18 Siehe hierzu ausführlicher die im Dokumentationsteil abgedruckten „Vorschläge für einen demokratischen Unterricht", aus: Gerhard Grotz/Dierk Joachim/Bernhard Keller/Uwe Naumann, Wider die Legende vom „Alleingänger" Hitler. Gedanken zur Behandlung des Faschismus im Unterricht anläßlich Joachim C. Fests Hitler-Film, in: Demokratische Erziehung 6/1977 (Dokument 44).

19 Siehe hierzu Werner Gestigkeit, Die Totalitarismus-Legende von der Zerstörung der Weimarer Republik in den bundesdeutschen Schulgeschichtsbüchern, in: Reinhard Kühnl/Gerd Hardach (Hrsg.), Die Zerstörung der Weimarer Republik, Köln 1977, S. 253 ff.

20 Vgl. zur Kritik: Martin Greiffenhagen/Reinhard Kühnl/Johann Baptist Müller, Totalitarismus – Zur Problematik eines politischen Begriffs, München 1972.

21 „Was ich über Adolf Hitler gehört habe...", S. 108–110.

22 „Hitler kam irgendwie an die Macht und zog Deutschland aus dem Dreck." Alarmzeichen mit Dringlichkeitsstufe 1: Was Schüler heute über Hitler sagen, in: die tat Nr. 52/53 vom 23. Dezember 1977.

23 Zu empfehlen sind die in der Elefanten Press GmbH erschienenen Material- und Bildbände z. B. von Eckhard Siepmann, Montage: John Heartfield. Vom Club Dada zur Arbeiter-Illustrierten Zeitung, 3. Aufl. Berlin (West) 1977; Neue Gesellschaft für Bildende Kunst und Kunstamt Kreuzberg (Hrsg.), Faschismus – Renzo Vespignani, 4. Aufl. Berlin (West) 1977.

DOKUMENTATION

A
Das Presseecho in der Bundesrepublik

Das Echo in der rechtsradikalen und konservativen Presse

1.
DEUTSCHE NATIONAL-ZEITUNG

Gerechtigkeit für Hitler.
Die Wahrheit setzt sich durch

Die Revision des von den Siegern verordneten und ihren Trabanten gepflegten Hitler-Bildes in der veröffentlichten Meinung hat sich beinahe über Nacht durchgesetzt. Sie kommt am deutlichsten in der auf den Berliner Filmfestspielen vergangene Woche erstaufgeführten Filmdokumentation „Hitler – eine Karriere" des Mitherausgebers der „Frankfurter Allgemeine Zeitung" (FAZ), Joachim Fest, zum Ausdruck. (...)

„Als Verbrecher wäre er nie populär geworden"

Fest selbst erklärt die Wende so: „Hitler ist nicht einseitig zu sehen, sondern immer nur komplex. Wir haben es uns alle vielleicht über viele Jahre hinweg mit ihm zu leicht gemacht. Als Verbrecher wäre er nie populär geworden."

Der kommunistischen Propagandathese, Hitler sei ein Agent des Großkapitals gewesen, hält Fest entgegen: „Hitler war weder käuflich noch im Bund mit dem Großkapital... Sein Ziel war es, gesellschaftliche Barrieren niederzureißen und die Volksgemeinschaft zu schaffen." Hitlers erste Mobilmachung sei „eine Mobilmachung der Arbeit" gewesen. „Eine Welle der Zustimmung ging von ihr aus, und auch große Teile der Arbeiterschaft wurden mitgerissen."

Gefallen ist jetzt endlich die von Anfang an lächerliche antideutsche Propagandabehauptung, Hitler habe Weltkrieg und Welteroberung oder auch nur einen europäischen Krieg jemals angestrebt. Dieser These hatte der Gesandte Dr. Paul Schmidt bereits in seinem 1949 erschienenen Buch „Statist auf diplomatischer Bühne" den Todesstoß gegeben. (...)

Alleinschuld-Lüge zusammengebrochen

Damit ist die Alleinschuld als Grundlage endloser „moralischer", politischer, territorialer und finanzieller Erpressungen Deutschlands gefallen.

Was bleibt, ist das Unrecht der Verfolgung von Juden und politisch Andersdenkenden, die Errichtung von Konzentrationslagern, „Reichskristallnacht", Slawenpolitik, Diktatur usw. Doch „Die Welt" fürchtet: „Historiographen werden es fertigbringen, auch Hitler als einen demokratisch Legitimierten darzustellen, da er nach seinem Machtantritt und den Anfangserfolgen zweifellos von einer erdrückenden Mehrheit der Deutschen (und vielen Nichtdeutschen) akzeptiert wurde." Fest: Hitler repräsentierte Deutschland und die Epoche... Er sah sich selbst nicht als der Vernichter, sondern als der Erretter einer bedrohten Welt... Er besiegte die Arbeitslosigkeit, und er ließ die Deutschen die außenpolitische Demütigung des Vertrages von Versailles vergessen."

Als Hauptbelastungspunkt wird weiterhin die Judenpolitik ins Feld gerückt. Aber zwischen dem gewiß schrecklichen Unrecht der Deportation von Juden nach dem Osten, wie wir sie in zahlreichen NS-Anordnungen bestätigt finden, und einer „Vergasung von sechs Millionen Juden" besteht ein gewaltiger Unterschied. Der britische Historiker David Irving hat jetzt in seinem Buch „Hitler's War" darauf hingewiesen, daß kein einziger Hitler-Befehl für Judenliquidierungen existiere, jedoch eine Eintragung Himmlers, aus der sich eine Weisung Hitlers ergebe: „Keine Liquidierung". Irving sagt als Ergebnis seiner Forschungen: Hitler hat von einer Judenausrottung nichts gewußt (...).

8. 7. 1977

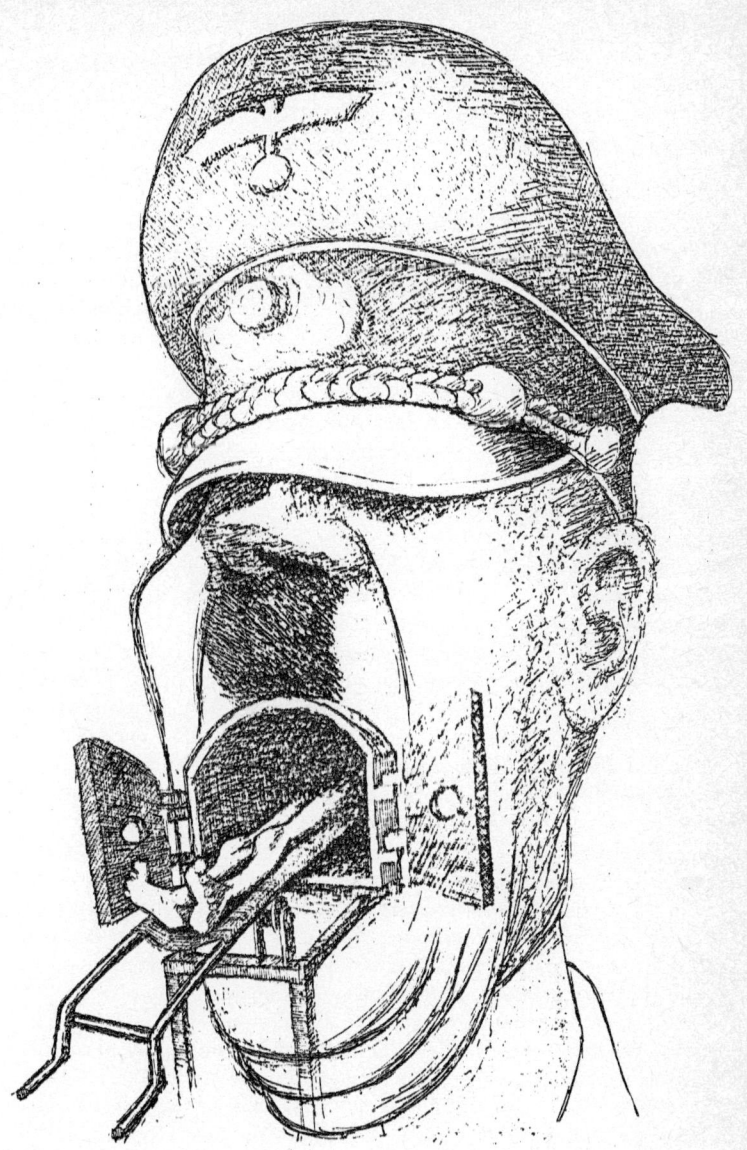

Karikatur von TIM aus L'Express N°1363, 22.–28. August 1977

DEUTSCHE NATIONAL-ZEITUNG

Hitlers wahre Größe. Das neue Hitler-Bild
Von Harald Neubauer

In den Kinos der Bundesrepublik ist ein Film angelaufen, auf den unsere Vergangenheitsbewältiger und selbsternannten Volkspädagogen reagiert haben wie der Stier aufs rote Tuch. „Hitler – eine Karriere" heißt der mit dem Prädikat „besonders wertvoll" ausgezeichnete Streifen, der in zweieinhalbstündiger Vorführdauer dem Zuschauer ein Hitler-Bild vermittelt, das zwar keineswegs der Zeitgeschichtsforschung letzter Schluß ist, aber doch der Wahrheit einige Schritte nähertritt als das bisher auf diesem Sektor Dargebotene, besser: Zugemutete. (...)

Die Faszination der Massenaufmärsche

Der Ablehnungsschrei der Massenjournaille versucht dieses Vorhaben freilich im Keim zu ersticken. Als besonders übel kreidet man es Fest an, daß weite Strecken seines Filmes den ungeheuren Jubel, die überschäumende Begeisterung wiedergeben, die Hitler seinerzeit fast überall entgegenschlug. Minutenlang erlebt der Zuschauer die Faszination gewaltiger Massenaufmärsche, den optischen Reiz nationalsozialistischer Großveranstaltungen, die Welle von Hingabe und Zustimmung, auf der dieser Mann zu unbestreitbaren Erfolgen getragen wurde. „Ein Volk, ein Reich, ein Führer!" – Fest setzt diese „Dreieinigkeit" mit wenig Hemmung ins Bild um. (...)

Mit dieser nüchternen Anschauungsweise verstößt Fest schon gegen gängige Tabus. Hitler als faszinierende Persönlichkeit, als erfolgreicher Politiker, als populärer Herrscher – das stimmt nicht überein mit der üblichen Teppichbeißer-Karikatur, mit dem Zerrporträt eines Blutsäufers. Im Film sieht man Hunderttausende, Millionen von Menschen – in Berlin, Nürnberg, Wien, Prag –, erkennbar nur von einem Gedanken beseelt: Hitler zu sehen und ihm ungeteilte Zuneigung zu demonstrieren. Ein Diktator? Sicher. Aber einer mit weitgehender demokratischer Legitimation. Gegenüber fragestellenden Journalisten verweist Fest auf die Tatsache, daß Hitler im deutschen Volk eine siebzig- bis neunzigprozentige Anhängerschaft hatte – zumindest auf dem Höhepunkt seiner Macht. Amerikanische Präsidenten, von vielen für Verkörperungen der Demokratie gehalten, müssen aufwendig vor Attentätern geschützt werden; Hitler badete in der Menge. (...)

Interessant ist auch die von Fest vertretene Anschauung, daß Hitlers erstaunliche Erfolge im wirtschaftlichen Bereich, so die Beseitigung der Arbeitslosigkeit, nicht zuletzt auf eine Mobilisierung des Optimismus zurückzuführen waren. Die Menschen hätten nach 1933 wieder Vertrauen in die Staatsführung gewonnen, was ihre Kräfte beflügelt habe. Hinzu sei eine moderne Wirtschaftspolitik mit großzügigen Arbeitsbeschaffungsprogrammen gekommen, der überzeugende Sozialreformen zur Seite standen. Überall im Reich wurde gebaut, ein Volk in Arbeit, angetrieben durch den Glauben an Hitler, der seinerseits eine mitreißende Energie ausstrahlte. (Der Beschauer des Films zieht zwangsläufig Parallelen zur heutigen Situation: über eine Million Erwerbslose, eine Regierung, die kein Vertrauen mehr genießt, eine Wirtschaft mit wenig Hoffnung.) (...)

Die unterschlagenen Untaten

Was die angeblich von deutscher Seite verbrochenen Massenvernichtungen betrifft, übt sich Fest in bemerkenswerter Zurückhaltung. Er verschweigt begründeterweise nicht das Unrecht der Konzentrationslager und läßt dazu einige grauenerregende Bilder Revue passieren, die nicht unbedingt gefälscht sein müssen, aber er hätschelt wenigstens nicht das Lieblingskind unserer „Vergangenheitsbewältiger", die Sechs-Millionen-Lüge. Freilich wäre es der Objektivität zuträglicher gewesen, hätte Fest den Bildern aus deutschen KZs Darstellungen der alliierten Untaten an Deutschen zugeordnet. Die Verbrechen der Roten Armee, ihre Todesorgien im Osten Deutschlands, oder westalliierte Schandbarkeiten à la Freudenstadt fehlen im Film. Statt dessen sieht das Publikum die abstoßende Szene einer deutschen Erschießungsaktion in der Sowjetunion, wobei unangenehmste Gefühle wachgerufen werden, jedoch nicht die Frage geklärt wird, ob es sich bei den Opfern um unschuldige Zivilisten oder um kriegsverbrecherische Partisanen handelte.

Trotz mancher, oft erheblicher Bedenken gegen den Kommentar des Filmes kann man Fest zugestehen, daß ihm alles in allem ein Werk gelungen ist, das in wichtigen Bereichen mehr dokumentarischen Abstand zur schon viel zu lange ertragenen Schwarzweißmalerei schafft – ein nicht unwesentlicher Schritt auf dem Wege zur historischen Wahrheitsfindung, die alle Licht- und Schattenseiten, ohne Hinzufügungen und Abstriche, erfassen sollte. (...)   15. 7. 1977

Versuch einer Revision: Fests Hitler-Film
Von Günther Deschner

Ein neues Hitlerbild ist von nächster Woche an in den deutschen Kinos zu bestaunen. Nicht nur auf der Leinwand, sondern auch vor den Augen wird es den meisten Zuschauern flimmern; denn was sie in dem 150-Minuten-Streifen des Autors Joachim C. Fest und des Hamburger Regisseurs Christian Herrendoerfer „Hitler – eine Karriere" sehen werden, läßt sie in filmisch meisterhaft in Szene gesetzten Abläufen die Faszination nachempfinden, die wenigstens 50 Millionen Deutsche beim Umgang mit dem Originalton in den Jahren nach 1933 empfanden.

Was sie dazu an Kommentar aus der Feder Fests hören werden, verschlägt manchem die Sprache. „Hitler repräsentierte Deutschland und die Epoche" erläutert Fest, „er sah sich selbst nicht als der Vernichter, sondern als der Erretter einer bedrohten Welt." In den Augen der Deutschen gab er ihnen zurück, was sie ersehnten: „Autorität, Ordnung, Ziele, Selbstbewußtsein." Ihm traute man die Lösung der damaligen Grundfragen des deutschen Volkes zu: „Er besiegte die Arbeitslosigkeit, und er ließ die Deutschen die außenpolitische Demütigung des Vertrages von Versailles vergessen."

Das deutsche Volk und Hitler, das legt der Film nahe, hatten sich gesucht und gefunden. „Die Geschichte liebt es bisweilen", so Fest, „sich in einem Menschen zu verdichten."

Gewiß will Fest nicht mißverstanden werden. Ihm geht es nicht um eine Reinwaschung Hitlers, aber: „Hitler ist nicht einseitig zu sehen, sondern immer nur komplex. Wir haben es uns alle vielleicht über viele Jahre hinweg mit ihm zu leicht gemacht. Als Verbrecher wäre er nie populär geworden."

Eintritt in eine neue Phase

In diesem Sinne betreibt Fest Revision: Sein Film markiert deutlicher noch als seine Bücher vorher, daß wir in eine neue Phase unseres Bildes von Hitler eingetreten sind.

Hitler, der Teppichbeißer, der brüllende Diktator mit Schaum vor dem Mund, vor dem alles und jeder kuschen mußte, Hitler der Wahnsinnige, der „GaGa-Hitler" – das war das Hitlerbild Nummer eins. Im und nach dem Krieg aus dem aufsteigenden Dunst von Blut und Zerstörung entstanden, war es das einzige Bild, das die Welt sich von der Gestalt des deutschen Führers machte – gespeist von vielen seiner Auftritte, aber auch von dubiosen Zeugen, von agitatorischen Lesarten, die noch vor dem Krieg von verjagten Hitlergegnern entworfen, dann im totalen Völkerbrand von der alliierten Propaganda verbreitet worden waren und unter den speziellen Bedingungen des Nachkrieges sich in den Köpfen auch der Deutschen festsetzten.

Indes, je mehr die Schrecken des Krieges verblaßten, desto weniger konnte dieser „Verbrecher-Hanswurst-Hitler" befriedigen. Nicht nur wahnsinniges Verbrechertum durfte Hitler inspiriert haben, wollte das Volk Furtwänglers und Oberths, Guderians und Rommels und immerhin auch Albert Speers und nicht zuletzt auch eine ganze Politikergeneration des Westens, die mit ihm verhandelt und die ihn zuweilen – wie Churchill – auch bewundert hatte, nicht auch am eigenen Verstande zweifeln.

Langsam reift das andere Bild

Ein neues Bild – diesmal schon wissenschaftlichen Ansprüchen sich stellend, freilich noch nicht genügend – reifte heran. Der beredteste Ausdruck dafür war jene für Jahrzehnte zum Standardwerk gewordene erste große Biographie, die 1952 (ein Jahr später in deutscher Übersetzung) aus der Feder des Oxford-Historikers Alan Bullock erschien. Ihm dünkte als Triebfeder des Politikers Adolf Hitler seine sich Zug um Zug steigernde Verfallenheit an die Macht. Der „Hunger nach Macht", so Bullock, habe Hitler zu immer weiteren bedenkenlosen Schritten fortgerissen, habe zu Radikalisierung nach innen und Expansion nach außen zwangsläufig geführt und den Keim zu Hitlers Untergang und der Zerstörung Europas bereits in sich gehabt.

Nach diesem Werk, das bis heute das Hitler-Bewußtsein der Deutschen, vor allem der Jugend, am nachhaltigsten prägt, ließ die nächste Zäsur zunächst auf sich warten. Das Dritte Reich wurde mühsam „aufgearbeitet", wie es hieß. Ehemalige Hitler-Helfer memorierten, wenn auch mit einem unterschiedlichen Grad von Verklärung – einmal Hitlers, ein anderes Mal des Memoirenschreibers selbst – ihre Beziehung zu dem Diktator. Immer näher, und durch die zunehmende Distanz zu

Karl Rössing: Mit Volldampf zurück, Holzstich 1930

1945 auch immer unbefangener, arbeiteten sich Zeithistoriker an den Kern der Zeit, der Hitler hieß, heran.

In Einzeldarstellungen und nüchtern-rationalen Untersuchungen wurden die Mosaiksteine für ein differenzierteres Bild geschaffen: Der amerikanische Historiker David Schönbaum veröffentlichte 1962 sein Werk „Hitlers Social Revolution", das der deutsche Verlag bezeichnenderweise nur unter dem Titel „Die braune Revolution" herauszubringen wagte, der Soziologe Ralf Dahrendorf brachte die Sache 1965 auf den Punkt: In seiner Analyse „Gesellschaft und Demokratie in Deutschland" stellte er fest, in Hitler habe sich die deutsche soziale Revolution offenbart, und er habe sie selbst geschaffen.

Auch die „Verschwörungstheorie", die noch den ganzen Nürnberger Prozeß und selbst noch den Eichmann-Prozeß in Jerusalem bestimmt hatte, wich einer differenzierten Betrachtungsweise. Klar wurde, beispielsweise mit den Forschungen des Tübinger Zeithistorikers Uwe-Dietrich Adam (Judenpolitik im Dritten Reich, 1972), daß von einer Verschwörung Hitlers zur Vernichtung der Juden, einem Plan von Anfang an, nicht die Rede sein könne, sondern daß sich das den Juden zugefügte Schicksal aus dem machthybriden Hohlraum der Führerdiktatur und dem Hitler gleich seinem Nationalsozialismus eigenen konstitutiven Element der Dynamik, zusammen mit dem schrittweisen Scheitern seiner Pläne, erst Zug um Zug entwickelte. Ähnliches gilt von der Theorie einer „Verschwörung" Hitlers, mit Vorbedacht und Fanatismus einen Krieg zu entfesseln und ihn mit Fleiß so weit wie möglich über den Erdball zu verbreiten. Gerade den Krieg gegen Frankreich und England, so weiß man inzwischen, wollte Hitler nicht. Er hatte auch nie ernsthaft mit der Möglichkeit gerechnet, daß ihn sein polnisches Abenteuer tatsächlich in einen europäischen Krieg verwickeln könnte.

Handeln ohne sittliche Norm

Alles in allem, so zeigt sich, haben gerade die letzten zehn, fünfzehn Jahre das Bild von Hitler gewandelt, zu seinen Gunsten ohne Zweifel, aber dies alles im verschwiegenen Freiraum der Wissenschaft, im Ghetto der Nichtöffentlichkeit. Positive Züge des Hitlerbildes, sein partiell modernes, ja geradezu futuristisches Denken, das von einer ressentimentfreien Forschung bloßgelegt worden war, stand im diametralen Gegensatz zum landläufigen, für alle Zukunft anscheinend feststehenden Bild, in dem sich der „Führer" bis dato vermittelte.

Freilich ließ auch die neuere Forschung unbestritten, was Hitler ebenso und vielleicht vor allem ausgezeichnet hat: Seine Rigorosität bei der Verfolgung seiner Gegner, die ihn in neuester Zeit nur noch mit Stalin in eine Reihe stellt; seine moralische Leere, die seinem ganz auf Zweckgerichtetheit orientierten Denken kaum jemals den Verantwortungszwang sittlicher Normen auferlegte; der Haß auf die Juden, der ihn nicht vor derer Vernichtung zurückschrecken ließ. Kurz: Das bisherige Bild des Verbrechers Hitler wurde von der Forschung nicht demoliert, es wurde nur differenzierter gesehen.

Wie ein Konzentrat aus diesem historischen Prozeß mutet nun jener Film an, den Joachim C. Fest am Mittwoch abend in Berlin einem faszinierten Premierenpublikum vorgestellt hat. Die Popularisierung jener zweiten Dimension des Hitler-Bildes hat durch die zeitliche Raffung und vor allen durch die vorgeführten Entsprechungen im Bild noch weiter an Schärfe gewonnen. Fast apodiktisch, manchmal Hitler reinwaschend, klingen da die Sätze, die wissenschaftlich jedoch voll zu decken sind.

Die Irrtümer sind beachtlich

Der marxistischen Hitler-Verzerrung als eines Handlangers des Monopolkapitals, etwa durch den Marburger Professor Reinhard Kühnl vertreten, hält Fest in seinem Film den Satz entgegen: „Hitler war weder käuflich noch im Bund mit dem Großkapital." Das genaue Gegenteil war, laut Fest, der Fall: „Sein Ziel war es, gesellschaftliche Barrieren niederzureißen und die Volksgemeinschaft zu schaffen." Seine erste Mobilmachung war „eine Mobilmachung der Arbeit". „Eine Welle der Zustimmung ging von ihr aus, und auch große Teile der Arbeiterschaft wurden mitgerissen."

Auch die Hinwendung des Diktators zur Moderne, zur Technik, seine prophetische Vorausschau der Zukunftsprobleme, etwa des Umweltschutzes, der Energieverknappung und der Über-Urbanisierung, zeigen einen Hitler, der die Vorstellung vom „Radaubruder der Münchner Bierkeller" überlagert.

Daß Fest auch andererseits keines der nationalsozialistischen Verbrechen beschönigt, macht ihm erst die Kurskorrektur des Hitlerbildes möglich. Die Denkschablonen antifaschistischer „Volkspädagogik" aber hat er glaubhaft durchbrochen, ein genaueres Bild der Epoche und ihres Mannes als je zuvor gezeichnet.

Daß es gewiß schwer ist, sich von überkommenen Vorstellungen zu lösen, zeigt dennoch nicht zuletzt sein eigener Film. Die Reihe seiner Irrtümer ist beachtlich, seine Fehlinterpretation an manchen Stellen peinlich. Wer würde ihm schon abnehmen, daß Heydrichs Einsatztruppen erstmals in Prag und nicht schon in Wien Hitler begleiteten? Wer könnte Fests Unterton hinnehmen, Hitler habe den Anschluß Österreichs aus Langeweile beschlossen, und wer dürfte glauben, „allein Hitlers Durchhaltewille" habe im Moskauer Winter 1941 die deutsche Ostfront gerettet? Das Verdienst Fests können solche Fehler freilich nur geringfügig trüben. Fest selbst schränkt ein, der Film sei „lediglich der Ansatz, der Versuch, auf eine möglichst nüchterne, rationale, sachliche Art Einsichten zu vermitteln". Der Revisionsprozeß ist also mit Sicherheit noch nicht an seinem Ende angelangt.

1. 7. 1977

Aldo Finzi: Am Ende, Zeichnung 1944

Revision des Hitler-Bildes?

Von Joachim C. Fest

Das gebrochene Verhältnis der Deutschen zu ihrer Geschichte wird nirgends so offenbar wie im unsicheren Urteil über Hitler. Seit einiger Zeit ist vielfach von einer ,,Revision des Hitler-Bildes'' die Rede. Gemeint ist, wie eine Tageszeitung unlängst schrieb, eine Revision ,,zugunsten Hitlers''.

Kann man tatsächlich von einem solchen Prozeß sprechen? Treten Hitlers Verbrechen für eine breite Öffentlichkeit allen Ernstes moralisch in die Unschärfe – sei es durch bloßen Zeitablauf, sei es, weil diese Untaten durch die Erfahrung anderer mörderischer Exzesse in nahezu allen Weltgegenden allmählich gleichsam konsumiert wurden und nun dem Schrecklichen zugeschlagen werden, das Menschen allezeit dem Menschen antaten?

In der Beurteilung Hitlers und seines Regimes muß man zwei Ansatzpunkte unterscheiden. Der eine ist moralischer Natur und gänzlich unumstritten. Danach ist Hitler eine der ordinären Verbrecherfiguren der Geschichte, von einer persönlichen Minderwertigkeit ohne Beispiel. Sein Regime muß man sicherlich zu den monströsesten politischen Gebilden seit Menschengedenken rechnen; das schnöde Aufrechnungsgerede über die Autobahnen und die Beseitigung der Arbeitslosigkeit vermag ihm keinerlei moralische Kompensation zu geben. Wer die überlieferten Dokumente aus dem innersten Führungskreis über Eroberung, Ausbeutung und Massenmord, das zynische Geschwätz über Kinderraubzüge oder die neue, nationalsozialistische Ehegesetzgebung je zur Kenntnis genommen hat, wird im moralischen Urteil nicht schwanken können.

Hier wird es denn auch nie eine ,,Revision'' geben – selbst in hundert Jahren nicht. Sieht man von dem kürzlich erschienenen Werk eines englischen Historikers ab, den subalterne Aktengläubigkeit und Ressentiment weit eher als der Wille zu geschichtlicher Erkenntnis leiten, gibt es auch nichts Nennenswertes, was einer solchen Rechtfertigung Hitlers das Wort redete.

Unter moralischem Aspekt hat Hitler für das intakte Bewußtsein denn auch niemals irgendwelche Fragen aufgeworfen. Die Probleme beginnen jenseits davon. Erst wenn man die verbrecherische Erscheinung wirklich ernst nimmt, wird die Frage doch beunruhigend, wie Hitler es gleichwohl verstanden hat, so viele Menschen für sich zu gewinnen und seinen Absichten dienstbar zu machen; wie er die Zeitgenossen überredet, zermürbt, korrumpiert und die Verbindlichkeit ihrer Wertsysteme außer Kraft gesetzt hat; wie er bei alledem einen Staat überwältigen, ein weltweites Friedenssystem aus den Angeln heben und Deutschland, neben der Sowjetunion, immerhin zu dem anderen großen ideologischen Suggestionszentrum der dreißiger Jahre machen konnte.

Dies sind einige der Fragen, auf die man eine zutreffende Antwort nur erhält, sofern man sich ihnen emotionslos, mit einer fast naturwissenschaftlichen Nüchternheit nähert. Alle moralische Irritation über das Versagen der Zeitgenossen wird in der Beantwortung der Fragen nicht entscheidend weiterhelfen, welche Kräfte durch Hitler historisch wirksam wurden; inwieweit er machtvolle Strömungen der Epoche authentischer zum Ausdruck brachte als seine Gegenspieler; und ob es jenes Energiepotential, auf das er so effektsicher baute, noch heute gibt.

Die Wissenschaft hat diese und viele vergleichbare Fragen lange gestellt. Aber der breiten Öffentlichkeit wird noch immer ein Hitler-Bild vorgewiesen, das im Vorfeld der moralischen Entrüstung innehält und nicht weiterfragt. Es ist ein Hitler-Bild für Entmündigte. Die selbsternannten Pädagogen der Nation halten alle Konfrontation mit den wirklichen Fragen für „gefährlich". Auf diese Weise schafft man zwar starke Antigefühle; doch diese sind wie alle Gefühle umkehrbar.

Es sind aber nicht nur borniert Pädagogen, die den von Hitler aufgeworfenen Fragen ausweichen; es gibt, mit ihnen stillschweigend verbündet, eine breite Schicht von Interessenten, denen die ungestellten Fragen eine Art Alibi verschaffen. Denn die Probe, die Hitler allen abverlangte, hat kaum irgendwer bestanden: die Unternehmer sowenig wie die Generalität, die Bürokratie und die Kirchen; die Gewerkschaften nicht und nicht die mächtig organisierte deutsche Arbeiterschaft, weder die europäischen Mächte noch schließlich Stalin, der Hitler eine Art Signal zur Entfesselung des Zweiten Weltkriegs gab und geheime Beuteabsprachen mit ihm traf.

Die Diskussionen, deren Zeugen wir gegenwärtig sind, spiegeln diesen unterschiedlich motivierten, aber jahrelang geübten Verdrängungsvorgang wider. Wir könnten beruhigt sein, wenn Hitler nur das aus dem Nirgendwo aufgetauchte moralische Ungeheuer gewesen wäre, das viele in ihm sehen: einer, der eigentlich gar nicht zur menschlichen Rasse gehört, wie Otto Hintze 1939 zu Friedrich Meinecke sagte.

Besser aber wäre es sicherlich, nach den Ursachen zu fragen, die Hitler soviel Anhang und Resonanz verschafften; sich zu vergewissern, ob die Voraussetzungen, unter denen er groß werden konnte, tatsächlich beseitigt worden sind; ob es in einer krisenhaft sich verändernden Welt nicht noch immer den Ruf nach den starken Männern mit ihren einfachen Lösungen gibt; die Sehnsucht nach der triumphierenden Ordnung gegenüber dem „Chaos", den Eskapismus vor der Wirklichkeit, das Heimweh nach dem Irrationalen: alle diese Bedürfnisse, die, wenn nicht Hitler, so doch diesem Typus zum Aufstieg verholfen haben. Die Verachtung für den historischen Hitler sichert niemanden vor dem, der, unter gewiß anderen Vorzeichen, kommen mag; die Erkenntnis jedoch vielleicht.

29. 7. 1977

5.

Interview mit Joachim C. Fest

„Hitler – eine Karriere". Interview mit Joachim C. Fest, Buchautor und Mitregisseur, in: film-echo/FILMWOCHE

Warum und für wen haben Sie diesen Film gemacht?

Nun, das hat ähnliche Beweggründe, wie sie mich leiteten bei der Abfassung des Buches. Hitler ist immer noch die große moralische und intellektuelle Herausforderung für die Angehörigen meiner Generation. Ich ging und gehe davon aus, daß Hitler zwar in der Wissenschaft inzwischen hinreichend erörtert und auf hinreichendem Niveau auch erörtert wird, aber daß die öffentliche Diskussion über Hitler doch immer noch im Vorfeld verharrt, wo man sich den Problemen nicht wirklich stellt, und ich meine, es muß jetzt, 30 Jahre nach all diesen Ereignissen, an der Zeit sein, sich den Fragen, die Hitler aufgeworfen hat, in aller Sachlichkeit und Rationalität und nicht mehr in der Voreingenommenheit, der verständlichen Voreingenommenheit der ersten Phase zu stellen.

Schichtet sich die Diskussion in der Öffentlichkeit nach Altersgraden oder Generationen, oder ist sie in einer gleichen Ebene für alle von jung bis alt entbrannt und im Gange?

Natürlich ist das Verhältnis der verschiedenen Generationen zu dieser Zeit auch ganz verschieden. Die ältere Generation, die diese Zeit noch miterlebt hat oder sogar hineinverwickelt war in die Geschehnisse, wird sich selbstverständlich anders dazu verhalten als die, sagen wir heute Zwanzigjährigen, für die Hitler doch nur eine sehr indirekte vermittelte Erfahrung ist, für die das lediglich noch historischen Charakter besitzt. Gemeinsam ist den einen wie den anderen eine gewisse Neigung zur Verdrängung dessen, was Hitler und das Dritte Reich bedeutet haben. Das hat z. T. mit den immer wieder von den gleichen Ansätzen ausgehenden, von den gleichen Ansätzen her geführten Diskussionen über Hitler zu tun, und dieser Auseinandersetzung, dieser Art der Auseinandersetzung sind einige viele überdrüssig geworden.

Man sagt der Gestalt Hitlers eine starke Wirkung, gewissermaßen eine Suggestion nach. Besteht nicht gerade in unseren Tagen, da die Jugend nach einem Leitbild suchen könnte, die Gefahr, daß Hitler-Auftritte im Film auch heute noch eine Faszination ausüben?

Ja natürlich besteht diese Gefahr, aber ich meine, der Film hat geradezu die Aufgabe, diese Gefahr sichtbar zu machen. Er soll sich auch gegen die falsche Überheblichkeit der jungen Leute wenden, die sich mitunter gar nicht vorstellen können, wieso denn die Älteren auf Hitler hereinfallen konnten. Eine Ablehnung Hitlers oder eine Ablehnung dessen, was damals geschehen ist, kann ja nicht aus der Verheimlichung des historischen Materials kommen, sondern nur aus dessen Kenntnis. Bisher ist zuviel, wie ich finde, auf das bloße Gegengefühl gebaut worden, und ich meine, man sollte eben die Faszination durchaus zeigen, verständlich machen, daß es eine Faszination für viele gab, und auf diese Weise versuchen, die Leute etwas immuner gegen ähnliche Reaktionen zu machen, wie sie unsere Eltern und Großeltern gezeigt haben.

Wie weit wird in diesem Film auch auf die Verbrechen eingegangen, die Hitler verübt hat? Beispielsweise die Einleitung und Anzettelung des Krieges, die Bombenangriffe, die Konzentrationslager und dergleichen?

Ja natürlich kann man das nicht verschweigen. Hitler ist nicht einseitig zu sehen, sondern natürlich immer nur komplex. Dies ist meiner Ansicht nach auch der Fehler, der zum Teil verständliche Fehler der bisherigen Betrachtungsweisen gewesen. Entweder hat man Hitler gelobt oder doch mindestens die sehr starken positiven Aspekte betont, vor allen dies von den Seiten der ehemaligen Parteigänger des Regimes, indem man also beispielsweise die Beseitigung der Arbeitslosigkeit herausstellte, die Wiederherstellung von Recht und Ordnung, die Autobahn; oder man hat ihn als den amoralischen Politiker verdammt, der er ja tatsächlich war. Aber man muß, glaube ich, beides ineinander sehen, man kann das eine vom anderen nicht trennen. Hitler ist etwas schwieriger, und wir haben es uns alle vielleicht über viele Jahre hin mit ihm zu leicht gemacht. Als Verbrecher wäre er nie populär geworden, und wenn er nur der harmlose Autobahnbauer gewesen wäre, hätte er zweifellos nicht diese außerordentliche Popularität und nicht diese Erfolge erringen können, die er zweifellos doch errungen hat, und nicht über diese Resonanz verfügt, über die er jedenfalls über lange Strecken seiner Herrschaft hin gebot.   Nr. 35 v. 28. 6. 1977

Adolf Hitler. Geschichtsunterricht

Von Jürgen Heinrichsbauer

Das Dritte Reich, den Krieg, den Zusammenbruch und – natürlich – Adolf Hitler haben etwa 30 Millionen heute in der Bundesrepublik lebende Deutsche nicht mehr erlebt. Sie erleben, ohne sich dessen letztlich bewußt zu sein, nur noch das, was Hitler hinterlassen hat: Ein verstümmeltes Deutschland, dessen blutende „Grenze" auch nach 32 Jahren immer wieder Schlagzeilen liefert, die aus unterschiedlicher Sicht unterschiedliche Empörung verbreiten. Wer von 1933 bis 1945 nicht dabei war, weiß über Hitler so gut wie nichts. Diejenigen, die überlebten, haben versucht, das Grauen im Glanz des Wiederaufbaus – jeder auf seine Weise – schnell zu vergessen, oder Hitler, von wenigen Ausnahmen abgesehen, in eine Art Büchse der Pandora zu pressen, aus der nur Böses entweicht. Aufklärung – vor allem der Jugend – über Ursachen und Verlauf dieses Dramas deutscher Geschichte fand und findet kaum, oft sogar nur insoweit statt, als sie bei Rosa Luxemburg endet und bei Willy Brandt wieder anfängt.

Somit stößt Joachim Fests und Christian Herrendoerfers jetzt in der Bundesrepublik laufender Film „Adolf Hitler – eine Karriere" teilweise in ein geistiges Vakuum, teilweise auf marxistisch vorgeformte Klischees, deren Hersteller Hitler ausschließlich als kriminelles Monstrum charakterisieren, um ihn so um so bequemer in den Verliesen der Geschichte vergessen zu lassen. Sie übersehen dabei, daß Hitler für die Deutschen eine unvergeßliche Prüfung gewesen ist, die nicht viele bestanden haben, und nicht vollkommen unwiederholbar erscheint.

Kein Zweifel: Hitler war ein Verbrecher, ein Verbrecher sui generis. Das erlaubt in aller Zukunft keinen Widerspruch. Was Fest und Herrendoerfer mit ihrem inzwischen zum Selbstläufer gewordenen Film bezwecken, ist, das bis heute nicht erklärte Phänomen zu erklären, wie es möglich war, daß ein intelligentes Volk sich einem solchen Mann dennoch nahezu rauschhaft und über Jahre hingeben konnte. Denn: Irgend etwas muß es an Hitler gegeben haben, was sein zunehmend Tod und Entsetzen verbreitendes Handeln verklären konnte. Von den wenigen mit Hochachtung abgesehen, die, nicht wie viele heute, ihre „Kritik" am „System" mit Hilfe dubioser Literaturpreise risikolos „vermarkten", sondern ihren Widerstand mit dem Tode bezahlten, ist auch hieran kein Zweifel. Mit einer Zeit, in der 18jährige „mündig" genug sind, darauf zu bestehen, daß ihr Bauch ihnen gehört, die wählen oder den Wehrdienst verweigern können, glaubt Fest auch die Zeit gekommen, daß sie mündig genug sind, den „anderen" Hitler kennenzulernen, ohne Schaden an ihrer Seele zu nehmen. Der Ansturm gerade der Jugend auf die Theater, diese Lücke im deutschen Geschichtsunterricht, wenn schon nicht von ihren Eltern und Lehrern, so doch von der Leinwand „mit Leben erfüllt" zu sehen, beweist, daß Fest nicht rechts, sondern richtig liegt. Allerdings: Diesem mißtrauischen Publikum die unbegreifliche Symbiose von Führer und Verbrecher in einer Person und ihre ebenso unbegreifliche Faszination verständlich zu machen gebietet, das moralisierende, manipulierende, emotionale Element aus der bisherigen Verhaltensforschung über Hitler total zu entfernen. Also tat Fest, was noch keiner tat: Er zeigt Hitler so „live", wie er sich seinen Zeitgenossen gezeigt hat. Zweieinhalb Stunden sprechen Ausschnitte aus Originalfilmen nationalsozialistischer, ausländischer und privater Herkunft für sich: Hitler und die Massen, Hitler in den Massen, über den Massen und ohne die Massen. Der Anonyme, der Aufsteiger, der Unterlegene, der Kämpfer, der Linkische, der Sieger, der Faszinierende, der Demagoge, der Fanatische, der Verführerische, der Apathische, der Geschlagene. Das alles vor dem Hintergrund der Folgen des Versailler Diktats, der Weltwirtschaftskrise, der Massenarbeitslosigkeit, der bürgerkriegsähnlichen Zustände während der Weimarer Republik, der „Machtübernahme", der Wiederherstellung von Ruhe und Ordnung, der Arbeitsbeschaffung, der brausenden Massenaufmärsche, der Paraden, der Wiederaufrüstung, der weltweiten Anerkennung anläßlich der Berliner Olympischen Spiele, der „Heimholung" Österreichs und des Sudetenlandes, der Resignation der westlichen Demokratien, der jeden inneren Widerspruch, jeden äußeren Widerstand brechenden Erfolge der ersten Feldzüge – bis zum Salonwagen im Wald von Compiègne, in dem Frankreich kapitulierte. Das alles eine von allen erlebte und ins Bild gesetzte Orgie aus Pomp, Choreographie, Heilserwartung, Hysterie, Gigantomanie, Arbeitswut, Selbstbewußtsein, Opferbereitschaft und Solidarität, eine Vorführung der perfekt gekonnten kultischen Ästhetisierung Hitlerschen Erlöserwahns mit dem Ergebnis der totalen Identifizierung von Führer und Volk, Partei und Staat. Eine Identifizierung, die dank aller damals bekannten Mittel der Massenpsychologie weitgehend auf Freiwilligkeit beruhte und erst ab den mit dem Rußlandfeldzug beginnenden Rückschlägen mehr und mehr durch Drohung, Terror und Mord aufrechterhalten werden mußte.

Diesem letzteren, den Niedergang Hitlers und des Reiches dokumentierenden Teil des Films ist entgegenzuhalten, daß er vor allem das Grauen der Judenvernichtung nicht eindringlich genug wiedergibt wie auch nicht gezeigt wird, nicht gezeigt werden kann, daß Hitler die Ideale, die „Zielvorstellungen" einer ganzen Generation in einmaliger Weise mobilisierte, um sie brutal zu mißbrauchen. Auch die später um sich greifende, durch Terror und Denunziantentum erzeugte Angst aller vor allen mußte mangels filmischer Darstellungsmöglichkeiten undargestellt bleiben. Der deshalb dem Film unterlegte Kommentar versucht zwar das, was in dieser Zeit an Unerhörtem geschah, hörbar zu machen, fällt aber teilweise hinter das hämmernde Stakkato der Bilder zurück und läßt infolgedessen einiges „im Raum", was zu einer Relativierung des Triumphators Hitler doch hätte erläutert werden sollen.

Da der Film dank seiner Authentizität unangreifbar ist, konzentriert sich denn auch die ohnmächtige Wut zahlreicher linker Jung-Kritiker über den „Unfilm" (DIE ZEIT) auf diesen Kommentar, dessen „Chance und Pflicht gewesen wäre, dieses Material zu verfremden" (!), um – davon ist auszugehen – die mündigen Frager nach dem „Wie war es möglich?" weiter in der linksintellektuell gesteuerten Vorstellung zu belassen, Hitler sei lediglich ein verbrecherischer Spießer unter gewöhnlichen Spießern gewesen. Nur dann wäre das Fest-Spiel von Hitlers Aufstieg und Sturz (das Wort „Karriere" im Filmtitel ist unangebracht) tatsächlich „gefährlich" (DIE ZEIT) zu nennen. So ist der Film, wie 18jährige im Fernsehen geurteilt haben, „der beste Geschichtsunterricht, den wir je hatten".   Nr. 15–16/1977

Karl Weinmair: Aus dem 1000jährigen Reich, Tusche 1944

Peter Boenisch sah den neuen Hitler-Film: Ein Diktator des Radio-Zeitalters

„Geh ins Kino, und du wirst verstehen, warum sie ihm nachgelaufen sind, ihn umjubelt, ihn geliebt haben." Das sagten mir Freunde. Also ging ich ins Kino: „Hitler – eine Karriere."

☆

Olympia 1936 in Berlin. Einmarsch der Nationen. Die Franzosen kommen, reißen die Arme hoch zum Hitlergruß vor Hitler.

41 Jahre später lachen die Leute. Im Kino. Ein bißchen schadenfroh: Seht, ihr, ihr auch.

Ich verstehe: Das Ausland hat auch nicht genug gegen den Diktator getan. Aber warum wir ihn so umjubelt haben, verstehe ich noch immer nicht.

☆

Der Film, und das ist sein bester Teil, zeigt Hitler in seinen Anfängen. Vor der Machtergreifung. In Uniform und mit Peitsche. In Hosen, aufgeblasen wie ein Ballon. Mit Stiefeln, Koppel und Schulterriemen. In Leder männlicher wirken. Vielleicht auch deshalb der Bart. Er übt grüßen. Er übt Gesten. Hier übt ein Führer.

Kleiner Mann, großdeutsch

Mit der Fliegerhaube auf dem Kopf. Ohne Hitlersträhne im Gesicht wird der Führer zur Karikatur. Oder auch dann, wenn er sich die stramme Haltung, das martialische Gehabe, den pflasterfressenden Schritt von den Offizieren der Reichswehr abguckt.

Enthüllende Kamera:

Braunau am Inn in Welteroberer-Pose. Adolf der Große. Dabei sieht er lächerlicher aus als Charlie Chaplin.

Nur nicht so liebenswert. Ein schrecklicher Clown. Man versteht, warum so viel ihn am Anfang nicht ernst genommen haben.

☆

Und immer wieder Hitler als Redner. Am nächsten Tage lese ich in der Zeitung: „Der 150-Minuten-Film läßt die Faszination nachempfinden, die wenigstens 50 Millionen Deutsche beim Umgang mit dem Original empfanden." Die Posen Hitlers können damit nicht gemeint gewesen sein. Oder ich war in einem anderen Kino.

Schrecklich primitiv ist dieses gutturale Gurgeln um Deutschlands Größe. Man möchte ihm einen Hustenbonbon in den Mund stecken, damit er nicht so schreit.

Auch jede Handbewegung ist übertrieben. Dieser Mann brauchte die Massenkundgebung, die Ferne der unten und hinten Stehenden. Die Nähe, die Großaufnahme der Fernsehkamera, hätten den großdeutschen Führer als pathetischen Kleindarsteller entlarvt.

Ich mache die Augen zu. Es ist die Stimme. Es muß die Stimme gewesen sein. Das ist ein Diktator des Radio-Zeitalters. Der Führer der Volksgenossen am Volksempfänger.

Er redete einfach, beschwörend, drohend, verheißend, autoritär und vulgär. Mit suggestiver Kraft. Und immer unterschwellig heiser.

Man versteht, warum die einen ihn fürchteten und die anderen an ihn glaubten.

☆

Hitler war kein Knecht des Großkapitals, sagt der Film. Das ist sicher richtig. Aber ohne Hilfe des Großkapitals und der Militärs wäre er nicht geworden, was er wurde, der Vernichter des Abendlandes, das er meinte retten zu müssen. Als Verbrecher wäre er nie populär geworden, sagt der Film. Aber was hilft's?

Er entschuldigt den Irrtum der Väter, aber es macht die Opfer nicht wieder lebendig.

,,Nüchtern, rational und sachlich!" wollten die Filmmacher Einsichten über Hitler vermitteln. Das geht wohl nicht. Nüchtern, rational und sachlich wurde unter Hitler auch gemordet. Vergast. Millionenfach.

Dieser grauenvolle Herrenmenschenwahn, dieser Rassenirrsinn. Da steht Hitler vor Warschau und schaut behaglich auf die brennende Stadt. Wie in ein Kaminfeuer.

Der größte Führer aller Zeiten als größter Brandstifter aller Zeiten. Ein größenwahnsinniger Despot.

Nach 150 Minuten dieser Blut-und-Boden-Karriere verlasse ich das Kino mit nur einem Trost: So einer kommt so schnell nicht wieder.

3. 7. 1977

Hat Adolf Hitler bei den Deutschen plötzlich wieder eine Zukunft?

Von Hans P. Neuhaus

Plötzlich wird bundesweit von einer ,,Hitler-Welle`` gesprochen. Manche fragen sich: Wird sie zur Flucht? Das fehlte diesem Land gerade noch – nostalgischer Führerkult.

Vor allem Joachim C. Fests Festival-Film ,,Hitler, eine Karriere`` scheint schlafende Hunde geweckt zu haben. Liegt's an der Liebe des Führers zu seinen Schäferhunden, daß er damals schon für viele kein schlechter Mensch sein konnte?

Der Film stellt eindrucksvolles Material zur Schau. Über zwei Stunden kann das Publikum diesen Mann beobachten, an dessen zerstörerischem Wahn 50 Millionen Menschen starben. Man sieht den Verwüster Europas als linkischen, bayerischen Lokal-Agitator – eine Karikatur. Im Kinosaal wird gelacht.

Zu lachen gibt es nichts mehr, wenn der Film den Dämon zeigt, wie er mit bellender Stimme Massen-Hysterien auslöst, wie er triumphiert.

Daß ein Tyrann in der Pose des Schmierentheaters als nationaler Erlöser aufbricht, ist noch kein Grund zur Fassungslosigkeit. Aber daß Millionen in einem solchen ,,Führer`` den Verführer nicht erkennen und sich hündisch zu seinen Füßen winden – das ist so entsetzlich wie er selbst.

Der Text des Films ist in Ordnung. Er analysiert. Er urteilt sicher. Aber wer etwas von Dokumentarfilmen versteht, weiß: Der Text hat immer weniger Kraft als das Bild.

Drohende Macht, Massen, die eines Mannes Wille eint – und nichts als blinder, lustvoller Gehorsam schlägt diesem Mann entgegen.

Schwache Gemüter könnten sich fragen, ob es das nicht sei, was uns heute fehlt.

Anfällige begeistert

Joachim C. Fests Text bleibt nüchtern: Der Vielzahl zerstrittener Parteien, der Arbeitslosigkeit, der Not schien Hitler Ordnung entgegengestellt zu haben. Ordnung vor dem Massenmord.

Dringt das durch? Drüben, im Osten, herrscht ja auch diese Massenordnung, der eine Wille der einen Partei, das Fahnenrauschen auf den Kundgebungsplätzen – und eine Anzahl Anfälliger bei uns ist fasziniert.

Es sind die Schwachen, die verführbar sind. Starke gehen aus dem Kino und sagen: unglaublich.

Der Film sagt auch: Nur als Schwerverbrecher hätte Hitler diese unglaubliche Karriere nicht machen können. Es muß mehr mitgewirkt haben.

Vieles ist ihm gelungen. Vieles hat er richtig vorausgesehen – das Entscheidende aber nicht.

Das Böse und Verlogene dieses Mannes kommt im Film zum Ausdruck. Aber sieht es jeder? Spüren es alle? Wir leben in einer gefährdeten Zeit mit gefährdeten Menschen. Man verschone uns mit einer „Hitler-Welle".

6. 7. 1977

Karl Weinmair: Aus dem 1000jährigen Reich, Tusche 1944

9.
DIE ZEIT

High durch Hitler
NS-Nostalgie auf Großleinwand mit Stereoeffekt
Von Karl-Heinz Janßen

Ein neuer Hitler-Film ist noch kein neues Hitler-Bild. Einige Kommentatoren haben vor und nach der Premiere des abendfüllenden Dokumentationsfilmes von Joachim C. Fest und Christian Herrendoerfer „Hitler – eine Karriere" ihrem Publikum den Mund wäßrig gemacht: Es werde demnächst in den Kinos einen Hitler bestaunen können, wie ihn nach 1945 noch niemand zu zeigen gewagt habe. Wer so etwas schreiben kann, kennt entweder nicht den Fest-Fernsehfilm aus dem April 1969, oder er hat die fast 1200 Seiten starke Hitler-Biographie desselben Autors ungenau gelesen. Oder aber er ist schlicht auf die Werbung des Verleihs hereingefallen. „Es ist uns gelungen, das filmische Standardwerk über Hitler zu schaffen" – so der Münchner Produzent Werner Rieb.

Was uns indes vorgeführt wird, ist lediglich eine überdimensionale Neuauflage jener ARD-Sendung (*DIE ZEIT* damals: „eine große Stunde des Deutschen Fernsehens"), aufgeputzt mit einigen inzwischen entdeckten oder erworbenen Farbfilmen (darunter Eva Brauns Obersalzberg-Idylle), seltenen Aufnahmen aus der Frühzeit der nationalsozialistischen Bewegung und anderen Privatstücken, kurzum: das alte, in Bild und Ton gesetzte Psychogramm eines genialen Demagogen, zum Teil mit fast wörtlich den gleichen Texten wie damals. Nur diesmal auf Großleinwand mit Stereoeffekt. Die Produktionsfirma hat es sich viel Geld kosten lassen, um alte, verschlissene Kopien auf Hochglanz zu bringen. Den Reichstag hat man noch nie so leuchtend brennen, das Dunkel der Potsdamer Garnisonkirche noch nie so aufgehellt gesehen.

Wo keine Sendezentrale mit dem Zeitmesser droht, kann Fest den Jubel der Massen fast unbegrenzt laufen, seinen Hitler ungestört reden lassen. Minutenlang sind wir voyeuristische Zeugen der halb pseudoreligiösen, halb erotischen Vereinigung zwischen Ver-Führer und Verführten, der verzückten Hingabe einer zu allem bereiten Masse, vor allem der Mädchen und Frauen (Plakataufforderung an „Jungmädel" im Dritten Reich: „Auch Du gehörst dem Führer"). Zeitgenossen der Hitler-Zeit werden sich in die berauschend-rauschhaften Parteitagsfilme Leni Riefenstahls zurückversetzt fühlen (deren Name übrigens unter den Quellen nicht genannt wird): *high* durch Hitler.

„Man sollte die Faszination durchaus zeigen", verteidigt sich Autor Fest, „verständlich machen, daß es eine Faszination für viele gab und damit auf diese Weise versuchen, die Leute etwas immuner gegen ähnliche Reaktionen zu machen." Was er erreicht, ist eher die Faszination durch die Faszination. Regie, Schnitt und Tontechnik helfen eifrig mit, die bühnenreifen Inszenierungen der Nazi-Feiern in ihrer Wirkung noch zu übersteigern. Wenn Hitler auf dem Münchner Königsplatz allein zu den „Toten der Bewegung" in die Tempel steigt, knallen seine Stiefel über die Marmorfliesen. Und während wir wieder einmal aus nächster Nähe die Ersatzbefriedigung miterleben dürfen, die der Kontaktgestörte Hitler beim „Bad in der Menge" genoß, schiebt sich ein Zeppelin phallusgleich ins Bild. Durch solche Mätzchen bringt man einen Film um seine aufklärerische Absicht.

Fahrlässige Abstinenz

Der Film ist gefährlich. Nicht wegen seiner ohnehin zu spärlichen und für das breite Publikum viel zu hoch angesetzten Kommentare, sondern wegen seiner Weitschweifigkeit. Das Phänomen Hitler, seine unbestreitbaren Talente, seine Schauspielkunst, seine Beherrschung der Massen, die ungehemmt-unkritische Bewunderung seiner Persönlichkeit und seiner Werke dominieren dermaßen, daß relativierende Vokabeln wie Unrechtsstaat, KZ, SS, Krieg, Tod, Zerstörung nicht dagegen aufkommen. Verbrechen (längst nicht alle) werden zwar beim Namen genannt, aber sie gehen nicht unter die Haut. In seiner Abneigung gegen eine moralisierende Geschichtsbetrachtung leistet sich Autor Fest eine fahrlässige Abstinenz.

Die Regie hatte den Einfall, die „Kraft durch Freude"-Szenen aus dem Alltag eines unter der Diktatur anscheinend ganz zufriedenen Volkes aufzureißen, nämlich durch Einblendung von Porträts jener Deutschen, die nicht mehr dabei sein durften: Einstein, Thomas Mann, Max Reinhard, Kortner, Tauber, Lubitsch. Aber was wird bei der bloßen Aufzählung dieser Namen alles unterschlagen: an Unmenschlichkeit, Kulturbarbarei, Emigrationselend, persönlicher Verzweiflung. Wie eine nachträgliche Ohrfeige hört sich der (sicherlich nicht so gemeinte)

Nachsatz an, diese Flüchtlinge hätten das Land dem Provinzialismus überlassen.

Wir sehen zwar die Bilder von den ersten Konzentrationslagern im Jahre 1933, aber erfahren nicht, wer und wieviel Menschen dort eingesperrt wurden (immerhin ein paar zehntausend). Wir werden eingeführt in die Rivalitäten zwischen SA, SS und Reichswehr im Sommer 1934 – aber der daraus folgende, von Staats wegen befohlene und nachträglich für Rechtens erklärte erste politische Massenmord auf deutschem Boden wird mit der nahezu belanglosen Wendung abgetan, daß die SA-Führer „umgebracht" worden seien. Kein Wort vom kaltblütigen Mord an den Generälen Schleicher und Bredow, an den Mitarbeitern des Vizekanzlers von Papen, an Hitlers einstigem Mitstreiter Gregor Strasser und vielen anderen Gegnern des Regimes. Brennende Bücher werden einmal ganz kurz gezeigt, brennende Synagogen nicht. Wir werden Zeuge einer Massenerschießung im Osten, aber nirgendwo wird uns gesagt, wie viele Millionen Opfer der „Führer" auf dem Gewissen hat.

Paul Klee: Treu dem Führer
Bleistiftzeichnung 1939

Der Film soll vor allem jene Thesen illustrieren, die Fest in seiner – bei allen Bedenken – großartigen Biographie niedergelegt hat:

daß diese immer noch unfaßbare Karriere vom Sohn eines österreichischen Provinzbeamten, vom Anstreicher, Postkartenmaler und Gefreiten zum Herrn über Europa und Herausforderer der ganzen Welt erst möglich geworden sei „durch das einzigartige Zusammentreffen individueller mit allgemeinen Voraussetzungen, durch die schwer entschlüsselbare Korrespondenz, die der Mann mit dieser Zeit und die Zeit mit diesem Mann eingingen";

99

daß er sich selber zum Erlöser seines Volkes und der Menschheit stilisiert habe;

daß er konsequent sein Traumziel verfolgte: ein von Germanen beherrschtes eurasiatisches Großreich, die Ausrottung des jüdischen Volkes und anderer angeblich minderwertiger Volksgruppen, die Züchtung eines „neuen Menschen", dem das eroberte, entvölkerte Rußland als Garten Eden zugedacht war.

Theodor Schieder, der Doyen der westdeutschen Geschichtswissenschaft, hat es dem Außenseiter Fest als eigentliches Verdienst zugerechnet, gerade jene Kategorien entwickelt zu haben, mit der sich die Person Hitler überhaupt als historischer Gegenstand erfassen lasse. Golo Mann stand bei aller harschen Kritik nicht an, dem Autor zu bescheinigen, er habe für die nächsten fünfzehn oder zwanzig Jahre das „endgültige

Paul Klee: Der zierliche Knopf, Bleistiftzeichnung 1939

100

Werk über *den* widerlichen Gegenstand" geschrieben. Aber auch den „endgültigen Film"?

Anders als im Buche schlägt hier jene historiographische Schwäche voll durch, die der Zeithistoriker Hermann Graml vom Münchner Institut für Zeitgeschichte dem Biographen Fest vorgehalten hat, „nämlich in der Tat eine erstaunliche Unsicherheit des Urteils über alle Zusammenhänge, Faktoren und Personen, die nicht in den engeren Existenz- und Aktionsraum Hitlers gehören". Fest hat offensichtlich zuwenig bedacht, daß dieses Massenprodukt mit seinem verführerischen optisch-akustischen Reiz Millionen Menschen erreichen kann, die den (immerhin 500 000fach aufgelegten Weltbestseller

Paul Klee: Heil! Bleistiftzeichnung 1939

und die Kritiken niemals gelesen haben und in der Mehrzahl wohl den jüngeren Generationen zuzurechnen sind, denen man in der Schule höchst mangelhafte Kenntnisse über Hitler und seine Zeit vermittelt hat.

In diesem Film werden jene „Zusammenhänge, Faktoren und Personen" in sträflichem Maße vernachlässigt. Naive Betrachter müssen glauben, in den zwölf Jahren sei ein Übermensch am Werk gewesen: Er und er allein hat die Arbeitslosigkeit beseitigt, die Autobahnen gebaut, dem Volk „Autorität, Ordnung, Ziele, Selbstbewußtsein" zurückgegeben und die Schmach des Versailler Friedens von ihm genommen, schließlich sechs Jahre lang die halbe Welt mit Krieg überzogen. Allenfalls am Rande begegnen wir Hitlers Paladinen Göring, Goebbels, Himmler, Heydrich, Speer. Doch wo bleibt der Finanzberater Schacht, der den konjunkturellen Aufschwung finanzierte? Wo Todt, der den Autobahnbau organisierte? Wo jener Speer, der die Choreographie des

101

NS-Kults ersann und im Krieg die Rüstungsproduktion auf Hochtouren brachte?

Wie ein erlesenes Schauspiel

Wo bleiben die Diplomaten der Wilhelmstraße, die Hitlers außenpolitische Coups vorbereiteten? Wo die Banker, Fabrikanten, Großgrundbesitzer, die sich so willig vor den Hitlerschen Rüstungswagen spannen ließen und die Kassen seiner Partei auffüllten? Wo die Richter und Beamten, die den Unrechtsstaat überhaupt erst funktionieren ließen? Wo die Generäle, die noch im Frühjahr 1944 Beifall klatschten, als Heinrich Himmler sie zu Mitwissern des Genocids am jüdischen Volke werden ließ?

Wo wird jemals der Ort Hitlers in der Geschichte des preußisch-deutschen Nationalstaats ausgelotet? Wo jemals der (Kennern sich aufdrängende) Vergleich mit wilhelminischer Bramarbasiererei und Umtriebigkeit gezogen? Wo jemals aufgezeigt, daß die Großspurigkeit und Blutrünstigkeit des Bierkeller-Demagogen in einer Tradition steht, die bis in die Paulskirche reicht? Wo dringt ins Bewußtsein, daß fast alle radikalen Ideen Hitlers – Weltmacht, Völkerverpflanzungen, Rassenauslese – schon von anderen vor ihm gedacht wurden?

Die außenpolitischen und kriegsgeschichtlichen Passagen des Filmes, im Grund entbehrliche Einsprengsel, sind in ihren Aussagen unzulässig vereinfacht. Der Anschluß Österreichs wird als ein Entschluß aus Langeweile verharmlost, die Sudetenkrise von 1938 bleibt vollends unverständlich. Je näher die Handlung dem Krieg rückt, desto verworrener wird die Chronologie, desto nachlässiger die historische Genauigkeit.

Auf „eine möglichst nüchterne, rationale, sachliche Art" habe er mit diesem Film Einsichten vermitteln wollen, sagt Fest. Aber es ist ein Unterschied, ob ich anfechtbare, aber diskutierenswerte Thesen auf 1200 Buchseiten ausbreite oder ob ich im Vertrauen auf die Mündigkeit der Bürger das schaurig-schöne Schreckenstheater des Tausendjährigen Reiches noch einmal wie ein erlesenes Schauspiel zelebriere, noch dazu in einer Zeit, in der Karlheinz Bohrer in der von Fest mitherausgegebenen *Frankfurter Allgemeinen* Hitler bereits als den „Helden der ‚konservativen' siebziger Jahre" ausgemacht hat.

Denn dieser Film stößt in ein geistiges Vakuum. Wie wird eine von Existenzängsten, Heilserwartungen und Solidaritätssehnsüchten erfüllte Jugend darauf reagieren? Wie ein Bürgertum, das des Parteihaders allmählich überdrüssig wird und an der Leistungsfähigkeit der Demokratie zu zweifeln beginnt? Schon stehen uns Zeitungsserien über den

„neuen Hitler" ins Haus, schon trommelt die Großwerbung für das
Klatsch- und Tratschbuch des Amerikaners Toland, schon lassen Kari-
katuristen Hitler als Umweltschützer den Duft einer Rose einatmen.

Wer so ungeschützt den Geist Hitlers aus den Filmbüchsen entweichen läßt, wer nur die Psyche Hitlers erklärt, nicht aber sein Programm
und seine Bewegung, nicht aber die gesellschaftlichen, geistesgeschichtlichen und politischen Voraussetzungen seines Erfolges, nicht aber die
Prädisposition und die Mitverantwortung fast des ganzen Volkes, der
macht sich (wenn auch guten Willens) der exkulpierenden Mythen- und
Legendenbildung schuldig. Er muß sich den Vorwurf eines polnischen
Historikers gefallen lassen, daß die „Hitler-Welle" nichts weiter sei als
„Ausdruck einer fragwürdigen Nostalgie oder reine Kommerzialisie-
rung der noch längst nicht erforschten Geschichte".   8. 7. 1977

10.
STUTTGARTER ZEITUNG

Wie wird man mit dem „Führer" fertig?
Von Gerhard Stadelmaier und Friedrich Weigend

*(...) Gerhard Stadelmaier, Jahrgang 1950, und Dr. Friedrich Weigend,
Jahrgang 1921 – beide Redaktionskollegen sind „gelernte" Historiker –,
wollen in Rede und Gegenrede die möglichen Positionen markieren:
hier jene, die dem Film als einer Chance zur Vergewisserung, zur Über-
prüfung des Durchlebten pädagogischen Wert zuerkennt (Weigend) –
und dort die andere Position, die dem Film mißtraut, weil ihr die Analyse der Zeit darin nur unzulänglich, ja gefährlich simpel vermittelt
scheint (Stadelmaier). Die Disputation soll dreimal Spruch und Widerspruch erbringen, in drei vorab festgelegten Durchgängen – wobei der
Zufallsentscheid den Auftakt bestimmte: Es beginnt der Nachgeborene.*

I

Der entscheidende Schwachpunkt von Fests Film, seine Sollbruch-
stelle gewissermaßen, liegt schon in dem, wodurch er beeindrucken
möchte: Er gibt das Bild eines einzigen Mannes als Zeitbild aus, das
heißt, er schneidet die komplizierten, vielschichtigen und widersprüch-
lichen Entwicklungen und Phänomene der Zeit von 1919 bis 1945 auf
die Psychologie dieses einen Mannes zu. Außerdem: Die Qualität der

biographischen Methode, die sich einer Figur bemächtigen will und muß, hängt von dem Material ab, welches sie vorfindet. Fests Filmmaterial aber wurde gewissermaßen von Hitler selbst „gemacht", es wurde von Goebbels inszeniert und von NS-Kamerateams fotografiert. Fest verwendet ganz und ausschließlich Nazi-Material, wohlgemerkt. Und das suggeriert als Ideologie, was bei Fest „nur" Methode ist: daß alles auf den einen Mann zulief, daß er der Schöpfer, der „Gott" und „Abgott", daß er Anfang und Ende seiner Epoche war.

Hitlers Material nimmt also Fests Methode nicht nur paradox-grausig vorweg; es übernimmt Fests Aufgabe. Hans Poseggas wagnerisierende, auf modern getrimmte Begleitmusik entkräftet die Bilder von stiefelknallenden Reichsparteitags-Appellen kaum, ja sie verschönt sie eher; und der von Gert Westphal weichtönend gesprochene Kommentar läßt Fests geschmäcklerisch dazuformulierte Feuilletonismen vor den Bildern versagen. Was also – mit den Mitteln des Films, nicht mit denen des Feuilletons – erklärt werden müßte, drängt sich unerklärt in den Vordergrund. Chance und Pflicht wäre gewesen, dieses Material zu verfremden, zum Beispiel mit ausländischen Wochenschauen, den „anderen" Hitler-Bildern.

Aber Fests methodischer Personenkult steht schon dem Anspruch, „dokumentieren" zu wollen, im Weg. Denn die personifizierende, psychologisierende Geschichtstendenz gibt nichts frei von den Bedingungen und Voraussetzungen Hitlers. Kein Wort von den soziologischen Bedingtheiten seines Judenhasses; keine Rede von dem eben ganz und gar nicht-singulären Stoff, aus dem sein Geschichtsbild stammt, in welchem „Krieg" eine große Rolle spielt; kein Versuch (der doch so notwendig gewesen wäre) zu erklären, daß Hitler, gerade weil er so gewöhnlich war, das Außergewöhnliche aller Gewöhnlichen verkörpern durfte. Doch „Gesellschaft" als Begriff ist Fest ein Greuel. Hitler mochte das Wort auch nicht.

Fests Film heißt „Hitler". Und trotzdem hat dieser Film, man täusche sich doch bitte nicht, nur zur Hälfte mit dem Individuum Hitler zu tun. Zur anderen Hälfte nämlich ist er eine Art Bewußtseinsprotokoll: Er protokolliert das Bewußtsein jener heute noch lebenden Deutschen, welche die Herrschaftszeit dieses Mannes miterlebt haben (1977 immerhin noch jeder zweite Bundesbürger in der BRD). Die meisten Zeitgenossen zwischen 1933 und 1945 haben nicht zu den überzeugten Kämpfern für die NS-Ideologie gehört; ebensowenig freilich leisteten sie kompromißlos Widerstand, etwa weil sie sich verankert fühlten in einer entgegengesetzten Überzeugung. Von vier Deutschen damals waren mindestens drei „indifferent".

Mithin: So diffus, so fragmentarisch, so unreflektiert oberflächlich, wie es dieser Film zum Mißfallen seiner Kritiker darstellt, haben Millionen Deutsche auch außerhalb der ehemaligen Reichsgrenzen Hitlers Aufstieg, seine Herrschaft, sein Ende miterlebt. Die Weimarer Republik in ihrer Endphase: Das war der Eindruck des Nichtvorhandenseins ihrer zur Mitte gehörenden Politiker, das war die immer lautere Straßenherrschaft der kommunistischen und der nazistischen Schlägertruppen. „Systemzeit" – das manifestierte sich rückgeblendet nach 1933 eben im „Niggerjazz" und nicht im Kammerspiel.

Bronisław Wojciech Linke: Der Virtuose Hitler spielt auf einem Kanonenklavier, Zeichnung 1939

Die von Goebbels dirigierten Massenmedien, vor allem Rundfunk und Filmwochenschau, unterstützten dieses Vorstellungsdenken in zusammenhanglosen Klischees. Das Vergangene erschien als ,,Meuchelfoto'', die Gegenwart als eine Abfolge von heroischen oder rührseligen ,,lebenden Bildern''. Diese Bilder waren allgegenwärtig, sie verdeckten selbst noch Anfang 1945 die Wirklichkeit, indem sie das Soldatenleben als Feldküchenschmaus oder als frisch-fröhliche Siegesfahrt darstellten, untermalt von der bombastischen Siegesfanfare Franz Liszts.

Hitlers Biographie ist ohne dieses ständige, heutigen Politikern kaum begreifliche Wechselspiel mit der Masse gar nicht wahrheitsgetreu darstellbar. Das Soziologenwort ,,Feedback'' ist zu schwach, um diesen Dauerprozeß gegenseitiger Verblendung und Besoffenmachens hinlänglich zu erhellen – einen Prozeß übrigens, bei dem Hitler selbst alles andere als nur der kühle, innerlich ungläubige Regisseur war.

II

Ob ungläubig oder gläubig erbracht – Hitlers ,,Regieleistungen'' machen heute, 1977, Filmkarriere, darum geht's! Denn ein Film über Hitler und das ,,Dritte Reich'' erfüllt von vornherein – anders, deutlicher und schlagender als andere Filme – eine Funktion, das heißt: Er ,,leistet'' etwas, bewußt oder unbewußt. Und hier stößt man auf Merkwürdiges. Nämlich: in dem von Fest und Herrendoerfer herausgegebenen Programmbuch zum Film (bei Ullstein erschienen) steht der Vorwortsatz, und er ist richtig, daß sich ,,kaum eine der Voraussetzungen, die Hitler zur Macht gebracht haben, unterdessen überholt'' habe, daß ,,die Bedingungen für totalitäre Einbrüche, unter anderen Vorzeichen, nahezu unverändert vorhanden sind''. Nun denn! So viel Einsicht und so wenig Konsequenzen daraus! (...)

Eine Binsenwahrheit der pädagogischen Psychologie sagt, daß man die Menschen dort abholen muß, wo sie sich in ihrem Zeitbewußtsein befinden, wenn man sie überhaupt ansprechen und in der Folge überzeugen will. Im Falle Hitler hat man dieser Regel lange Jahre hindurch nicht gehorcht. Zunächst erschien er als unzurechnungsfähiger Krimineller, später als teuflischer Unhold aus der Tiefe, dann wieder als gedungenes Werkzeug der kapitalistischen Weltdrahtzieher und schließlich als bloße Chiffre einer konstruierten Faschismusphilosophie, die sich elitär über ,,niedere'' historische Details hinwegsetzte. Die Mehrheit der Deutschen, mindestens drei von vier wie gesagt, haben sich dies alles Jahr um Jahr mehr oder weniger geduldig angehört, die Schüler haben es, angepaßt der jeweiligen Weltanschauungsfarbe des Geschichtslehrers, als abfragbaren Wissensstoff gebüffelt; aber die große „schweigende Mehrheit" – hier scheint dieses so oft mißbrauchte Phrasenwort einmal am Platz – hat sich von all dem nicht betroffen gefühlt: Wir haben ja weder zum Freundeskreis des Bankiers Schröder gehört noch zu Eichmanns menschenmörderischem Planungsstab. Welchen Sendboten uns Satan schicken wollte, haben wir auch nicht so genau herausbekommen. Und das, was jeder von uns sich in den Hitler-Jahren an Feigheit, Schäbigkeit, Dümmlichkeit geleistet hat, pflegt er als Privatsache mit sich selbst abzumachen.

In diesem Film wird, für Deutsche noch hautnäher als in der russischen Dokumentation gleichen Namens, der „gewöhnliche Faschismus" ins Bild gebracht. Und das war auch die putzige Gemütlichkeit der für das Winterhilfswerk sammelnden Künstler, das war die Schunkelseligkeit von „Kraft durch Freude". Wenn Hitler seine Reden mit pompösen Anrufungen des „Herrgotts" schloß, dann erlebten dies Millionen nicht als blasphemisches Theater, sondern als Ersatz für jene Gottesdienstfeierlichkeit, die sie in den etablierten Kirchen der Vor-Hitler-Zeit nicht in der rechten Form gefunden hatten. Die Verführungskraft, die vom faschistischen Programmwort abgeleitete „Faszination", wird spürbar, die von alldem ausging.

Und hier kann immer aufs neue ein selbstkritisches Nachdenken einsetzen: So habe ich, in der Masse, das doch selber damals erfahren, so haben wir diesen Hitler gesehen, gehört. Und diese und diese Saite hat er bei uns Durchschnittsmenschen angeschlagen. Und ähnliche Saiten könnten morgen von einem ganz anders aussehenden Hitler aufs neue angeschlagen werden.

III

Umgekehrt wird ein Schuh draus: Gerade der Überdruß an der Analyse, die Rückkehr zu den „Abhol-Methoden", die Neigung, sich oberflächlich zu identifizieren, gehört zu den heutigen, in den späten siebziger Jahren angesiedelten Funktionen des „neuen Hitler-Bilds". Denn was da erinnert und noch mal „erlebt" wird, kann leicht alle Kriegs- und KZ-Bilder, die Fests Film auch zeigt, als scheinbar längst vertraute und eo ipso verdrängte „Geschichtsstunde" abtun. Entscheidend bleibt, daß die Kinogänger von heute einen Diktator „verstehen" (à la: „er begeisterte die Massen"), die Demokratie von Weimar aber, oder die Revolution von 1919, in banalen, klischierten Abwertungsvokabeln nicht erklärt bekommen. Vom Widerstand von Christen, Sozialdemokraten und Kommunisten ist überhaupt nicht die Rede.

Das einfache Bild vom großen Mann ohne Voraussetzungen, ohne das, was er – an uns eigentlich Teurem – vernichtet hat, überträgt leicht das vergangene Air einer Figur in eine gegenwärtige Atmosphäre, in der angesichts zunehmender Kompliziertheiten in allen gesellschaftlichen Bereichen die Reize simpler, alles erledigender Lösungen Konjunktur haben.

Der schaudernde Verweis auf einen anderen Hitler, der da morgen oder übermorgen kommen könne, ist so anachronistisch wie harmlos in seinem Schreckgemälde. Darum geht es nicht. Und es ist ja nicht so, daß da wieder die Sehnsüchte nach Reih und Glied, nach Koppel und Braunhemd, nach Appell und Eintopf-Sonntag grassierten. Vielmehr ist von Bedeutung, daß eine in ihren Schrecken und Entwicklungen, ihren Bedingungen und Katastrophen komplizierte Vergangenheit heute als „einfache" gebraucht wird.

Und ein typischer Begriff des Films, von dem bis jetzt noch nicht die Rede war, ist da der bezeichnende Angelpunkt: „Karriere". „Hitler, eine Karriere" – und das Bild wird noch simpler, exkulpiert noch windschlüpfiger, was es beschreibt: Da hat einer halt Karriere machen wollen; und die Geschichte seiner Zeit geriet dann zum Betriebsunfall dieser Karriere; Hitler, der glücklose Manager in der Chefetage der jüngeren Zeitgeschichte.

Dies Bild ist zu schlagend, als daß es nicht dazu verführte, von den Buchhaltern und Finanzchefs, von denen, die die Aufzüge bedienten, und denen, die die Öfen heizten, abzusehen.

★

Hitler, eine (verführerische) Führerkarriere? Man vergesse doch nicht, daß dieser Film, immerhin, auch ein Ende hat! Gewiß zeigt es weniger, was Hitler und die ihm folgenden Deutschen an Blut und Elend über fast alle Völker Europas gebracht haben; aber gerade die Passagen aus den letzten Kriegsmonaten machen in bohrender Eindringlichkeit klar, welche Endkatastrophe Hitler für fast jeden Deutschen selbst verursacht hat.

Der Kommentar wählt eine indirekte Beweismethode. Er konfrontiert etwa Hitlers Schutzprogramm für das „Reich" und das „alte Europa" mit der Tatsache, daß er zumindest mittelbar dieses Europa in seiner materiellen und geistigen Substanz für Generationen zerstört hat. Nun wissen die meisten Historiker, daß Hitlers Europa eine rassistische Wahnvorstellung war; aber dargeboten hat sich dieses Europabild für Millionen eben als etwas Bergendes, anheimelnd Konservatives.

Der vermeintliche Goldglanz der Habsburger Monarchie, die Butzenscheibenidylle von Nürnberg, Bayreuth und die Potsdamer Garnisonskirche: lauter sorgsam gewählte Klischeebilder. Aber eben dies war die für Millionen bestimmte Scheinwelt der von Hitler beschworenen Europakonzeption. Was die Menschen dann am Ende erlebten, war nicht die wissenschaftliche Widerlegung dieser Propaganda, sondern das elementare Nein einer Trümmerwirklichkeit, für die man, schon in den Tagen Hitlers, im Flüstergespräch keineswegs nur die angloamerikanischen Bomber verantwortlich machte.

Im übrigen lassen sich Suggestivbilder am besten durch Suggestivbilder widerlegen. Man kann der Ausrottungspolitik Hitlers, die er – von Ausnahmen in seinen Reden abgesehen – immer als ,,aufgezwungenen Verteidigungskampf gegen eine verschworene Welt von Feinden" darstellte, mit jammerndem Barmen in der gutturalen Stimme, durch dicke Dokumentarbände widerlegen. Man kann Zahlen über Zahlen aneinanderreihen. In diesem Film wird eine einzige Massenexekution im Osten gezeigt: der Knall der Maschinenpistolen, das Umfallen der Reihen von zusammengetriebenen Menschen.

Bild gegen Bild also. Aber auch auf diese Weise – und vielleicht *nur* so – kann man in jene klischierte Bildwelt einbrechen, als die sich das ,,Dritte Reich" für Millionen in einem Unterbewußtsein erhalten hat, das bei vielen durch alle Analysen und Dokumentationen noch nicht erreicht, geschweige denn so gründlich und existentiell aufgebrochen worden ist, wie es nottut – immer noch oder schon wieder nottut.

Zur Zeit lebt bei Millionen Deutschen der Hitler einer bei seinen Lebzeiten verbreiteten Primitivlegende immer noch neben dem Hitler, dessen Psychogramm, dessen politischen Werdegang die Wissenschaft Schicht für Schicht, Phase für Phase bloßgelegt hat. Dieser Film hebt den klischierten Hitler, den Millionen nicht aus ihrem Unterbewußtsein verdrängen können, obwohl sie die allerbeste Absicht dazu haben und ihn keineswegs als Traumfigur oder als Wunschbild ansehen, in das Tageslicht einer Auseinandersetzung, die keinem von uns schadet: auch denen nicht, die selbstgerecht alles ganz genau zu wissen glauben, weil die als Miterlebende irgendwo Statisten waren.   23. 7. 1977

Faszination des Demagogen
Von Heinz Höhne

Die Herausforderer stellen sich bereits auf ruppige Schelte ein. „Dieser Film ist sicher ein Wagnis", räumt Autor Joachim C. Fest ein, während Filmproduzent Werner Rieb meditiert: „Wir mußten das einfach machen, das Thema wurde ja in der Schule totgeschwiegen." Und Hans Posegga gar, der die Musik zu dem Film schrieb, will schon jetzt „jede Unterstellung zurückweisen, etwa ein postumer Verfechter des Nazismus zu sein".

(...)

Die Zuschauer werden rasch merken, daß ihnen dieser Film mehr bietet als nur eine neue Variation des Alt-Themas Hitler. Zum erstenmal befreien bundesdeutsche Filmer den zum Zelluloid-Monster degenerierten Führer von den Denkschablonen antifaschistischer Aufklärungsfilme und entwerfen ein glaubwürdiges, auch historiographisch zuverlässiges Bild von Hitler und seiner Epoche.

Das geht freilich nicht ab ohne Abschied von liebgewordenen Vorstellungen. „Wir haben es uns alle", sagt Fest, „vielleicht über viele Jahre hin mit Hitler zu leicht gemacht. Als Verbrecher wäre er nie populär geworden. Und wenn er nur der harmlose Autobahnbauer gewesen wäre, hätte er nicht diese außerordentliche Popularität und nicht diese Erfolge erringen können, die er zweifellos doch errungen hat."

Damit will der Historiker Fest, Verfasser einer erfolgreichen Hitler-Biographie (Gesamtauflage: 502 000), beileibe nicht den NS-Diktator weißwaschen, wohl aber dazu beitragen, die filmische Auseinandersetzung mit der Vergangenheit auf ein höheres, der Zeitgeschichtsforschung adäquates Niveau zu hieven. Denn allzulange wurde das filmische Hitler-Bild von antifaschistischen Kampfparolen beherrscht.

„Hitler's reign of Terror" hieß der erste, 1934 in den USA hergestellte Hitler-Film, der ein nuancenloses Horrorbild des Dritten Reiches zeichnete, und seinem Muster folgten viele der rund 40 Filme, die seither Hitler porträtierten: mal als wahnsinnig gewordenen Kleinbürger, mal als modernen Dschingis-Khan, mal als Marionette des deutschen Imperialismus.

Das Hitler-Bild dieser Filme war zwar nicht grundfalsch, sicher aber einseitig und undifferenziert – aus gutem Grund: Die Filme dienten vielfach politisch-propagandistischen Zwecken, zunächst dem Kampf der Alliierten gegen Hitlers Deutschland, dann der Umerziehung der Nachkriegs-Deutschen.

Einem so gearteten Umgang mit der NS-Vergangenheit mochte der Hitler-Kenner Fest keinen Geschmack abgewinnen. Ihn dünkte es gefährlich, das Dritte Reich auf seine terroristisch-manipulatorischen Züge zu verkürzen; wer die wirtschaftlich-sozialen Leistungen des NS-Regimes und vor allem die Faszination wegretuschierte, die Hitler auf Millionen Deutsche ausgeübt hatte, lieferte sich nur der ,,falschen Überheblichkeit der jungen Leute" aus, die sich ,,nicht vorstellen können, wieso denn die Älteren auf Hitler hereinfallen konnten" (Fest).

Dagegen weiß Fest nur ein Mittel: ,,Man sollte die Faszination durchaus zeigen; verständlich machen, daß es eine Faszination für viele gab, und damit versuchen, die Leute etwas immuner gegen ähnliche Reaktionen zu machen." (...)

Nach anderthalb Jahren emsiger Fahndung hatten Herrendoerfers Rechercheure mehrere hunderttausend Meter Filmmaterial ausgewertet. (...)

Das ermöglichte Rieb und Herrendoerfer, einen Dokumentarfilm zusammenzustellen, dessen Bildmaterial ihn aus der Masse der Hitler-Filme weit herausragen läßt. Noch nie sah man Bilder, die so eindringlich Hitler-Kult und Massenhysterie des Nationalsozialismus enthüllten.

Besonders eindrucksvoll sind dabei die Szenen von der gleichsam mythischen Vereinigung von Hitler und Masse mit ihren pseudoreligiösen, ja erotischen Akzenten; beklemmend auch die verzückten Frauengesichter vor dem Redner Hitler, das an die Vorbereitung kirchlicher Prozessionen erinnernde Blumenstreuen auf den Straßen, die der Diktator betreten sollte, wozu auch paßt, daß Hitler nicht selten seine Rede mit einem feierlichen ,,Amen" beendete und nur allzuoft den Herrgott anrief.

Diese Bilder strahlen eine solche Suggestionskraft aus, daß man um ihre Wirkung auf unvorbereitete Zuschauer besorgt sein müßte, verstünde es nicht der Kommentator Fest, mit klärenden und behutsamen Formulierungen mögliche Fehlreaktionen des Publikums abzufangen. (...)

Nicht immer freilich vermögen Fests Worte mit der Rasanz der Bilder Schritt zu halten. Fällt es ihm schon am Anfang schwer, inmitten hochdramatischer Szenen und Sequenzen den chronologischen Einstieg zu finden, so verliert er im zweiten Teil des Films, der die unvermeidlichen Feldzugsbilder bringt, nicht selten den Kontakt zu seinem ,,Helden".

111

Auch verlocken ihn die Bilder zuweilen zu manch hastiger, ja irriger Formulierung. Daß Hitler mit der Wiederbesetzung des Rheinlands 1936 das Ausland „zum erstenmal herausforderte" (und dies Jahre nach Völkerbund-Austritt und Dollfuß-Mord), wird Fest ebensowenig ernsthaft vertreten wollen wie die Behauptung, erstmalig bei der Besetzung Prags hätten ihn Himmler und Heydrich auf einem seiner scheinbar friedlichen Eroberungszüge begleitet, oder jene, „nur Hitlers verbissener Durchhaltewille" habe die deutsche Ostfront im Winter 1941/42 zusammengehalten.

Vollends bedenklich aber wird die Fachhistoriker stimmen, daß die von Fest nolens volens betriebene Personalisierung des Dritten Reiches in der Figur Hitlers das Bild eines schrankenlosen, planmäßig agierenden Knopfdruck-Diktators popularisiert, von dem die neuere Geschichtsschreibung längst abrückt. Kein Wort fällt in diesem Film über die Bedingungen und Begrenzungen Hitlerscher Alleinherrschaft, kein Hinweis auf den von Cliquenkämpfen und Kompetenzkabalen bestimmten Alltag des Führers.

Das mag hindern, diesem exzeptionellen Film den vollen Beifall der Experten zu sichern. Doch das Verdienst Joachim C. Fests wird dies kaum verkleinern können: Er hat der filmischen Auseinandersetzung mit der jüngsten deutschen Vergangenheit einen neuen Weg gewiesen.

27. 7. 1977

Das große „Fest"-Mahl

Spiegel-Karikatur von Peter Einheuser, 1977

Zu Hitler fällt uns nichts mehr ein
Von Rudolf Augstein

Welches Bild macht sich ein heute dreißigjähriger Bewohner der Bundesrepublik, was weiß er von der heutigen Welt? Er sieht, wenn er denn überhaupt politisch interessiert ist, ein westliches Europa im blühenden Verfall. Kaum noch Regierung in England und Italien, Autoritätsschwund in Frankreich und in der Bundesrepublik, europäische Zusammenarbeit nur noch in der Karikatur. Arbeitslosigkeit wohl nennenswert, aber offensichtlich nicht das Lebensgefühl der von ihr nicht Betroffenen beherrschend, blecherne Urlaubsschlangen vom Nordkap bis zum Schwarzen Meer.

Keine gravierenden atomaren Zwischenfälle, wohl aber dunkle Ängste vor der Unberechenbarkeit dieser und anderer brandneuer Techniken auf seiten direkt Betroffener, siehe Seveso, oder nennenswerter Minderheiten. Politische Kriminalität aus durchweg irrationalen Motiven, gefährlich aber vorerst nur für einen Bruchteil der Bevölkerung. Rocker-Kriminalität, bedrohlich zwar, aber fast schon gewohnt. Pilzkrankheiten, die nicht heilen; Depressionen, Schlaflosigkeit, Sucht nach Räuschen: und dennoch, soweit denn überhaupt erfaßbar, eine ganz undefinierbare und regellose Zufriedenheit, allenfalls Apathie oder Resignation.

(...)

Jedenfalls, was jene Leute zu Gesicht bekommen, die das Hitler-Reich nicht mehr bewußt erlebt haben, ist nicht im mindesten geeignet, ihnen das Hitler-Reich und das Phänomen Hitler zu erklären. Schlimmer noch, man muß fürchten, daß nur noch Historiker oder historisch Gebildete eine Art Kontinuität herzustellen wissen (oder herstellen wollen) zwischen der von Hitler geprägten Zwischenkriegszeit und dem Jetzt.

Ist dieser Sachverhalt aber wirklich so furchterregend, und liegen ihm nicht Notwendigkeiten zugrunde? Wahr, wenn Gymnasiasten den Hitler mit Ulbricht oder mit Bismarck verwechseln, so ist der Schuldige schnell zur Hand: die Schule, die entweder Angst vor ihrer nazistischen Vergangenheit hat und sie darum verdrängt, oder die, als marxistische Kaderschmiede, nur noch den zu vernichtenden Spätkapitalismus und keine Differenzierung mehr gelten läßt.

Mir, ich muß es sagen, sind diese rein technischen Erklärungen zu einfach. Ich sehe einen Sinn in dem Nicht-mehr-Zusammenhängenden, in dem qualitativen Bruch mit der Historie. Sowenig mir einleuchtet, daß man in Deutsch als Abiturient(in) eine Eins bekommen kann, ohne den Namen Kafka zu kennen: so sehr verstehe ich, daß die Schüler kaum noch Verständnis für Geschichte aufbringen mögen.

Geschichte, so ahnen sie wohl, ist nur noch für Fachleute ein Mittel, um das, was ist, besser zu erkennen aufgrund dessen, was war. Man unterhalte, man beschäftige sich mit Politikern, und man wird erkennen: Gleichgültig, ob sie historisch beschlagen sind oder nicht – ihr Handeln ist so, als wüßten sie zwischen Hitler, Bismarck und Ulbricht und Kafka nicht zu unterscheiden. Warum soll für die Schüler wichtig sein, was den gepriesensten Staatsmännern nur dann wichtig ist, wenn sie posieren?

(...)

Was sollten wir wohl aus der Heraufkunft Adolf Hitlers lernen? Etwa, wie man die Arbeitslosigkeit bekämpft (durch Kriegsvorbereitungen nämlich)? Oder wie man mit Rockern und Terroristen fertig wird (indem man sie zu Tode prügelt oder kurzerhand erschießt)?

Steht es uns denn frei, die Fehler der Vergangenheit zu wiederholen? Doch wohl nicht, sowenig man an derselben Stelle zweimal dasselbe Wasser eines Flusses durchqueren kann.

Hitler, der letzte Alleintäter der Geschichte, ist für unser politisches Handeln ganz unerheblich. Er, als Alleintäter, markiert das Ende bisheriger Geschichtsbetrachtung von Ranke bis Gerhard Ritter, wo noch „Männer Geschichte machten". Ist es da so verwunderlich, daß unsere Schulbücher eine unschöpferische Pause einlegen?

An Hitler interessiert doch nur, was wir trotz der mit ihm gemachten Erfahrungen weiter treiben, nicht aber, was wir darüber hinaus von ihm noch lernen könnten, das ist nämlich auch im Negativen gleich Null. Mit Hitlers Selbstmord an der Seite seiner Schäferhündin Blondi ist ja leider, wie sich herausgestellt hat, der Selbstmord der Menschheit nicht unmöglich geworden, und vielleicht tragen Israelis wie Araber, beide auf sehr unvergleichbare Weise Opfer Hitlers, gleichermaßen dazu bei.

Ja, der Führer glaubte noch, durch Raketenwaffen von der Reichweite der V 2, Hersteller Wernher von Braun, müsse Krieg unmöglich werden; da war er, der Weltzerstörer par excellence, wohl Optimist.

Die Ironie der Diskussion um Joachim Fests Hitler-Film liegt, so denke ich, ausschließlich darin, daß Hitlers Person den Heutigen erstens ungefährlich ist, und zweitens um so ungefährlicher, je weniger sie von ihm wissen. Wahlen wären mit ihm nicht mehr zu gewinnen.

Aber freilich, er hat den Großraum Europa gewollt, unabhängig von außerkontinentalen Mächten, und also auch von den Ölscheichs, aufgrund einer umfassenden Rohstoff-Autarkie. Dem kleinen Mann, der kleinen Frau hat er ,,innere Sicherheit" vorgegaukelt, um den Preis eines mörderischen, unter gar keinen Umständen zu gewinnenden Weltkrieges; um den Preis grausamster, auf Dauer nicht durchzuhaltender Unterdrückungsmaßnahmen, die allerdings seitdem auch nicht erloschen, sondern in vielen Gegenden der Welt recht gängig sind. Daß er die Juden umbringen ließ, kann man nur mit einer Geisteshaltung erklären, die sich aus den paranoiden Ängsten der Epoche, nicht durchweg grundlosen Ängsten, wie wir heute sehen, einen gigantischen Sündenbock einbildete, um ihn sowohl zu benutzen wie zur Strecke zu bringen.

Und hier, wenn denn überhaupt, liegen die Schwächen von Fests Hitler-Buch wie auch, deutlicher noch, seines Hitler-Films. Fest, der soviel von seinem Helden weiß, hat ihn nicht wirklich begriffen. Er hält ihn für schlicht unvernünftig, hielte ihn gar, hätte man ihm die Unvernunft austreiben können, für einen großen Mann.

Nur gibt es hier nichts auszutreiben. Hitler war nicht auf Vernunft und Erfolg, sondern auf Zerstörung und Untergang abonniert.

Seinen mühelosen Sieg über seine innenpolitischen Gegner hatte er sich nicht verziehen, darum mußte er die Juden ermorden. Der unkriegerische Spaziergang nach Prag machte ihn geradezu wütend; mit um so größerer Gier wollte er Polen (dies sein Lieblingswort) ,,zerschlagen". Hätte man ihm den Ural und Alaska auf silbernem Tablett geboten, es hätte ihm nicht genügt. Der Rest der Welt wäre ihm nur um so bedrohlicher erschienen, des Krieges und Mordens und Zerschlagens kein Ende.

Für solch einen Menschen, der den möglichen Untergang der Menschheit in seiner Person beispielhaft vorwegnimmt, hat Fest kein Organ (,,Hitlers Unrast brauchte jetzt einen Erfolg"). Wohl macht Fest Hitlers Zeitgenossen deutlich, wie sie sich auf ihren eigenen Untergang einschwören lassen konnten; nicht aber, und das ist wohl auch nicht zu leisten, deren Kindern.

Fest selbst macht sich nicht hinlänglich klar, daß Hitlers Konstitution darauf programmiert war, sich und die ganze Welt in die Luft zu sprengen. Vor ihm waren 1000 Jahre wie ein Tag.

Ein ,,Hitler ohne Hitler", ein Deutsches Reich mit ,,vernünftigen" Zielen gegen Osten, sei es als faschistisches Volksgemeinschaftsreich à la Röhm (der sich mit England und Frankreich nicht anlegen mochte), sei es als Nachfolgereich der alten Mächte und Ludendorffs, der schon im Ersten Weltkrieg alle Rußland-Deutschen auf der Krim hatte konzentrieren wollen: Solch ein nationalsozialistisches Reich, ohne die Person Hitlers und ohne Auschwitz, scheint durchaus denkmöglich, aber auch nicht mehr.

Man sieht nicht den Röhm, der sich mit der Generalität hätte arrangieren, nicht den Papen, Hugenberg oder Schleicher, der den deutschen Faschismus für den preußischen Kastenstaat hätte einspannen können (nicht den deutschen Franco also, der ja auf dem Sockel der römischen Kirche thronte).

Man sieht nicht die Westmächte, die einem Göring oder Himmler Polen geopfert hätten, nur um ein antikommunistisches Bollwerk in Mitteleuropa zu errichten; nicht den Stalin, der sich mit der deutschen Generalität verbündet hätte, mit dem einzigen Ergebnis, daß die gesamte westliche Welt gegen diese beiden Usurpatoren aufgestanden wäre. Was immer man sich ausdenken mag, ohne die Schlüsselfigur Hitler bleibt alles blaß und haltlos.

Die Weimarer Republik, soviel sieht man, war mit der Weltwirtschaftskrise und mit Versailles nicht fertig geworden (fast wäre sie es übrigens). Der die Arbeitslosigkeit und Versailles beseitigte, wandte dabei Mittel an, die ihn mit Präzision in den Krieg und in den Untergang führen mußten. Mit Genuß ritt er den Tiger, kein Gedanke ans Absteigen.

Fest tut so, als hätten Müßiggang und Langeweile den Führer dahin gebracht, etwa Österreich einzustecken und die Sowjets zu überfallen. Seine Lieblingsidee, Hitler sei ein Bohemien und arbeitsscheu gewesen, hat er wieder hervorgekramt. Aber um Europa in die Luft zu sprengen, hat es einer Menge konsequentester Denkarbeit bedurft, und keiner „edlen Herumtreiberei", keines „Schlendrians dieser Jahre", keines „Lebens der Launen und wechselnden Zerstreuungen". Es kann einer auf den Obersalzberg starren, „brütend", oder in die „Lustige Witwe" gehen, und dabei dennoch heftig arbeiten.

Denn, nicht wahr, die Engländer hätten ihm, und nur ihm, sogar nach dem Schock von Prag noch ein gutes Stück Polens konzediert, wenn er doch endgültig Zeichen von Vernunft hätte von sich geben mögen. Nur, wozu dann das alles?

Er wollte, seit er Politiker war, die Ukraine und den Kaukasus, und dazwischen Polen und den Balkan, und mithin ging das alles nicht ohne einen aussichtslosen Rundumkrieg. Nein, dieser Einzel- und Meldegänger der Geschichte ist in seinen Krieg nicht „geschlittert". Er hat ihn als einen nur zu verlierenden gewollt.

Kann man das, im Vorderstübchen mit aller Energie Krieg führen und im Unterbewußtsein auf den Weltuntergang losmarschieren? Man kann, der Todestrieb ist trotz Freud immer noch eine terra incognita.

Wie so mancher Machthaber hat auch Hitler für die Zeit nach seinem Endsieg Monumentalbauten geplant. Nur, wie blaß, wie routiniert wirken diese hybriden Lebenszeichen angesichts des gerade von Fest überzeugend illuminierten Todes- und Totenkults! Tradition auch hier. So sangen die deutschen U-Boot-Fahrer 1918:
Die Welt soll erzittern in höllischem Klang
bei der Germanen Untergang.

Wäre die heutige Schülerschaft noch fähig, historisch zu sehen; wären ihre Lehrer noch willens und fähig, historische Kontinuität zu vermitteln, so hätten wir einzig dies interessante Thema: Kontinuität des Irrtums und des Übermuts auf seiten des Bismarck-Reiches von seiner Gründung an bis zu Adolf Hitler. Rathenau und Stresemann, um nur diese beiden herausragenden Staatsmänner der Weimarer Republik zu erwähnen, waren beide Expansionspolitiker, wenn auch „vernünftige".

Juden wollten beide, der Jude Rathenau und der Nichtjude Stresemann, nicht auslöschen. Aber die Wilhelm-Ideologie des „keine Parteien, nur noch Deutsche" hatte seit langem, außer Junkern, Großagrariern und Großindustriellen, auch das Bürgertum und sogar die SPD infiziert.

Nur sieht man, ohne Hitler, nicht die Konstellation, die es den Deutschen nach Wilhelm noch einmal erlaubt hätte, Europa in die Luft zu sprengen, um ihren „Platz an der Sonne", ein zweites Mal, zu erobern. Die Ermordung der Juden zumal, geistig vorbereitet wie auch immer, war keine deutsche Zwangsläufigkeit, sondern eine von Deutschen unterstützte Einzeltat.

Hitler als einzelne, als vorerst nicht typische Person macht es schwer, wenn nicht unmöglich, ihn denen zu vermitteln, die ihn nicht mehr erlebt haben. Geschichte, wie er sie betrieben hat (und andere vor ihm), gibt es nicht mehr. Daß Fests Film seinen Helden, entgegen der Wirklichkeit, um ein weniges „vernünftiger" und „menschlicher" erscheinen läßt, erleichtert paradoxerweise die Annäherung an den ekligen Gegenstand, macht ihn verständlicher, auch wieder nur um ein weniges.

Denn wie soll man einen Menschen anschaulich machen, der nicht als Wahnsinniger und Großverbrecher, sondern als bedeutender Mann betrachtet würde, wenn er eine Woche vor seinem Einmarsch in Prag gestorben wäre, sechs Wochen vor seinem 50. Geburtstag, sechs Jahre vor seinem Selbstmord in der Reichskanzlei? Und dennoch hat sich kaum je eine geschichtliche Figur während ihres langen öffentlichen Wirkens so wenig verändert und so konsequent entfaltet wie gerade er. Sein Wahn mußte Wirklichkeit werden, dann erst ging es mit ihm zu Ende.

Hitler hätte den Krieg nicht vom Zaun brechen und die Juden nicht vergasen sollen, das ist, nimmt man den Pegel heutigen Geschichtsunterrichts, alles, was bleibt. Nicht einmal im Schlimmsten hat er uns noch etwas zu sagen.

Hegels eiserner Grundsatz, die Völker würden aus der Geschichte nichts lernen, gilt nicht gar so eisern. Punktuell lernen wir immerzu. Nur, wie wir die Erde bewohnbar, die Menschheit menschlich und am Leben halten, wie wir den ,,Wachset und mehret euch''-Taumel stoppen und unserem kollektiven Todestrieb widerstehen können, dazu hilft uns nicht einmal das negative Beispiel eines Hitler. Zu ihm fällt uns mit Recht nichts mehr ein.

15. 8. 1977

Paul Klee: Erzwungener Ausweg, Rötelzeichnung 1934

13.
DEUTSCHE VOLKSZEITUNG

„Besonders wertvoll" – Hitler-Film propagiert gereinigten Faschismus
Von Reinhard Kühnl

Historische Darstellungen zeigen keineswegs nur, wie es – angeblich – gewesen ist. Sie vermitteln zugleich Interpretationen, wie der Mensch beschaffen sei, wie sich Staat und Gesellschaft entwickeln und welche Denk- und Verhaltensformen also angemessen seien. Historische Darstellungen beeinflussen also das gesellschaftliche Bewußtsein, produzieren Ideologie, gleichgültig, ob sie die Wirklichkeit richtig oder falsch widerspiegeln. Die herrschende Klasse hat dies immer gewußt und Geschichtswissenschaft und Geschichtsunterricht unter ihre Kontrolle zu bringen gesucht – mit beachtlichem Erfolg, wie man weiß, besonders in unserem Lande.

Aber auch der demokratischen Bewegung war dies immer klar. Eben deshalb zerstörten die Theoretiker der Aufklärung die Geschichtslegenden, auf die Feudalismus und Absolutismus ihre Herrschaft ideologisch stützten, und eben deshalb führte die Arbeiterbewegung ihren ideologischen Kampf gegen den Kapitalismus auch mit den Mitteln der Geschichtswissenschaft: Marx, Engels, Mehring, Kautsky und Bebel zeigten die historischen Bedingungen auf, die den Kapitalismus hervorgebracht hatten, die Gesetzmäßigkeiten, die seine Entwicklung bestimmen, und die inneren Widersprüche, die auf seine Überwindung drängen. Die streng objektive Analyse dieser historischen Gesetzmäßigkeiten und Entwicklungstendenzen war zugleich eine wichtige geistige Waffe im Kampf der demokratischen Kräfte für die Überwindung des Kapitalismus, war also parteilich – so wie die etablierte Universitätswissenschaft parteilich im Sinne der herrschenden Klasse war. Da die Erklärungsfähigkeit und der Wahrheitsgehalt der marxistischen Wissenschaft so gefährlich groß waren, mußten um so stärkere Anstrengungen unternommen werden, sie von den Universitäten und Schulen fernzuhalten. Die deutsche Geschichte der letzten 130 Jahre bietet für diese Unterdrückung ein immenses Anschauungsmaterial.

Die faschistischen Diktaturen, die in den zwanziger und dreißiger Jahren in verschiedenen Ländern errichtet wurden, um die arbeitende Bevölkerung rigoros unterdrücken und die Nachbarländer unterwerfen und ausplündern zu können, zeigten noch deutlicher als die Greuel des Ersten Weltkrieges und der kolonialen Unterdrückung, wozu dieses kapitalistische System imstande war. Nach dem Zusammenbruch der faschistischen Systeme 1945 bestand die enorm schwierige Aufgabe der herrschenden Klasse darin, alle Erfahrungen und Erkenntnisse einer ganzen Generation über den strukturellen Zusammenhang zwischen Kapitalismus und Faschismus, die in allen Parteiprogrammen und Landesverfassungen jener Periode ihren Ausdruck fanden, aus dem Bewußtsein zu tilgen. Nur so konnte der Kapitalismus ideologisch wieder verteidigungsfähig gemacht werden. Die Darstellung des Faschismus in Wissenschaft und Publizistik, in Roman und Film, in Groschenheften und Hitlerbiographien seit 1945 zeigt, wie weit dies jeweils gelungen, wie stark andererseits die demokratische Bewegung entwickelt ist. Sie zeigt aber zugleich, welche Konzepte politischer Herrschaft in der herrschenden Klasse erwogen und favorisiert werden.

(...)

Daß seit 1972/73 die politische Repression verschärft und zugleich die Hitlerwelle übers Land geschwemmt wurde, hat freilich nicht nur mit dem wissenschaftspolitischen Erstarken der demokratischen Kräfte, sondern auch und vor allem mit der wachsenden Krisenhaftigkeit des Kapitalismus zu tun, die diesem Erstarken eine gefährliche Brisanz verleiht. Die tiefe und auf Dauer angelegte Krise zwingt die herrschende Klasse zu dem Versuch, die Diskussion über gesellschaftliche Alternativen möglichst zu unterdrücken. Und sie zwingt zugleich dazu, nach effektiveren Möglichkeiten politischer Herrschaft Ausschau zu halten. Eben hier liegt die neue Qualität der gegenwärtigen reaktionären Faschismusinterpretationen.

Als Joachim C. Fest 1973 seine Hitlerbiographie veröffentlichte, fragte Springers „Welt" nach den Ursachen der neuen Hitlerwelle: „Enthält die Korrektur des Hitlerbildes wirklich nur wissenschaftlichen Wert und Beruhigung für die Nerven oder bildet sich aus dem ‚Protoplasma', von dem wir sprechen, nicht vielleicht eine neue, geschichtsmächtige Energie? Also: Wird man Hitler vielleicht noch wegen anderer Dinge als den Autobahnen schätzenlernen?" Im Anschluß an diese Frage wird ziemlich korrekt der Punkt bestimmt, an dem die herrschende Klasse nach aller Erfahrung liberal-demokratische Formen abzustreifen und durch diktatorische zu ersetzen versucht: „Heute, da die liberalen Versionen der Lebensregelungen fast ausgereizt sind, da die

Frage nach der Ordnung sich herrisch stellt..., wächst das Interesse an jedem wichtigen Gegenstand der eigenen Vergangenheit, auch an Hitler" (1. 10. 1973). Im Klartext: Wenn die liberal-demokratischen Herrschaftsformen den Interessen der herrschenden Klasse nicht mehr dienlich sind, muß man sich nach effektiveren Formen umsehen. Dabei ist es ganz natürlich, daß man auch die reiche Erfahrung der deutschen Vergangenheit nutzt und auch den Faschismus als ein Modell der Krisenbewältigung in Betracht zieht.

Daß dies die Gedankengänge relevanter Teile der herrschenden Klasse sind, hatte sich bereits im September 1973 erwiesen, als in Chile die Militärdiktatur errichtet wurde. Die FAZ stellte fest: ,,Es ... blieb kein anderer Ausweg" (13. 9.). ,,Für den Putsch als Notmaßnahme lassen sich gute Gründe anführen" (25. 9.). Und der Bayernkurier versicherte: ,,Angesichts des Chaos, das in Chile geherrscht hat, erhält das Wort Ordnung für die Chilenen plötzlich wieder einen süßen Klang" (22. 9.). Wie freudig sich die Vertreter mächtiger Industrie- und Bankkonzerne geäußert haben, wurde inzwischen hinreichend dokumentiert. Der Tenor all dieser Stellungnahmen lautete: Es gibt eben Situationen, in denen die Demokratie liquidiert werden muß, um ,,höhere" Werte zu retten: die (Eigentums-),,Ordnung" und ,,den Staat". In der Tat ist dies die Maxime, nach der die herrschende Klasse seit eh und je verfuhr.

Die Woge von Hitler- und Faschismusdarstellungen, die seit einigen Jahren über die BRD, aber auch über andere kapitalistische Länder geschwemmt wird, hat also nicht nur die Funktion, den wirklichen Charakter des Faschismus zu verschleiern und den Kapitalismus reinzuwaschen, sondern sie zielt durch ,,unvoreingenommene" Darstellung darauf ab, die ,,positiven" Seiten des Faschismus aufzuzeigen und damit den Faschismus als eine durchaus beachtenswerte Krisenlösungsstrategie wieder ins Gespräch zu bringen – wobei dessen ,,Übersteigerungen" und ,,Mißgriffe" durchaus zugegeben und sogar scharf kritisiert werden können.

Für die Hitlerbiographie von Fest wurden Werbemittel aufgewandt, wie dies sonst nur bei Memoiren von Curd Jürgens oder Hildegard Knef geschieht. Und nun wurde der ,,Weltbestseller" verfilmt; das ,,Filmereignis des Jahres" erhielt das Prädikat ,,besonders wertvoll". Es werden Vorbereitungen getroffen, den Film über Landesbildstellen in die Schulen und Jugendorganisationen einzuschleusen. Was also macht den Film so bemerkenswert? Für wen ist er ,,besonders wertvoll"?

Der Film soll uns zeigen:

1. Es war Hitler, der die faschistische Bewegung geschaffen und an

die Macht gebracht, der das Terrorsystem errichtet und den Krieg geführt hat: „Tatsächlich war er in einem wohl beispiellosen Grade alles aus sich und alles in einem: Lehrer seiner selbst, Organisator einer Partei und Schöpfer ihrer Ideologie, Taktiker und demagogische Heilsgestalt, Führer, Staatsmann und, während eines Jahrzehnts, Bewegungszentrum der Welt" (Hitler, S. 138). Buch und Film fallen damit methodisch auf eine primitive, auch in der bürgerlichen Wissenschaft längst dubios gewordene Sichtweise zurück, die Geschichte als das Handeln großer Führerpersönlichkeiten begreift, ohne die Bedingungen und die sozialen Kräfte zu zeigen, die dieses Handeln ermöglichen. Die politische Botschaft lautet: Das Volk bildet ohnehin nur Staffage, Spielmaterial und Resonanzboden für die großen Männer.

Umgesetzt ins Bild: Hitler redet – fasziniert lauschen die Massen; Hitler redet – die Massen jubeln. Mit ermüdender, aber wohlkalkulierter Monotonie wird dieses Motiv ins Bewußtsein gesenkt. Es sind jene Bilder aus der faschistischen Propagandawerkstatt selber, die hier als authentisch, als „Quellen" dargeboten werden. Es ist das Selbstverständnis des Faschismus, seine ideologische Fassade, die hier als sein Wesen, seine objektive Wirklichkeit, als wissenschaftliche Wahrheit ausgegeben wird. (Man hat diese Bilder übrigens schon hundertmal gesehen, und die wenigen neuen Aufnahmen bringen in der Sache absolut nichts Neues.) Und der Kommentar hämmert die faschistische Ideologie dem Zuschauer ebenfalls ins Bewußtsein: „Hitler wollte ... Hitler entschied ... Hitler schuf ... Hitler vernichtete...".

2. Als das zweite Charakteristikum des Faschismus erscheinen marschierende Kolonnen, Fahnen, Wimpel und Uniformen. Dies bedeutet nicht nur lustvolles Verweilen auf der bunten Oberfläche, die nicht verrät, wohin die Kolonnen marschieren und für welche Ziele und Interessen sie eingesetzt werden. Sondern dies suggeriert zugleich, daß Faschismus und Arbeiterbewegung dem Wesen nach identisch seien, daß das disziplinierte Agieren großer Menschenmassen schon den totalitären Charakter beweise, bestätigt also allein durch die Bilderfolgen die Totalitarismusdoktrin, auf die sich – nicht zufällig – auch die Berufsverbote ideologisch stützen.

3. Der deutsche Faschismus hat – so verkündet der Film – Großes vollbracht. Aus Unordnung, Chaos und Not führte Hitler das deutsche Volk zu Ordnung, Glück und Begeisterung. Einige Bemerkungen des Kommentators über die ersten Konzentrationslager und Judenpogrome kommen gegen die Suggestivkraft der Bilder von begeisterten Menschenmassen und leuchtenden Gesichtern nicht an. Erst mit dem Krieg, der anscheinend aus den psychischen Bedürfnissen Hitlers entsprang,

wendete sich das Blatt, kamen Elend und Vernichtung über Deutschland.

An der wissenschaftlichen Bedeutung kann es also nicht liegen, daß Buch und Film so groß herausgebracht werden. Methodisch gesehen werden wissenschaftlich längst erledigte Ideologien wieder aufgelegt. Die gewaltigen Materialien, die von der seriösen Geschichtswissenschaft inzwischen über die gesellschaftlichen Bedingungen und Interessen und über die kapitalistische Herkunft der Programme autoritärer Formierung und imperialistische Expansion erschlossen wurden, werden vollständig ignoriert. Statt dessen stellt der Kommentator immer neue Spekulationen über das Seelenleben Hitlers und dessen dunkle Triebkräfte an. So bleiben kapitalistische Interessen und Einflüsse gänzlich außerhalb des Blickfeldes. Gezeigt wird die Faszination, die von den faschistischen Massenveranstaltungen ausging. Doch nicht einmal diese wird erklärt – wenn man nicht die raunenden Hinweise auf die sexuellen Motive bei Hitler wie bei den Massen (demonstrativ ins Bild gesetzt durch einen riesigen Zeppelin als Phallussymbol) als Erklärung betrachten will. So erscheint Hitler als derjenige, der die den Massen eigene masochistische Sehnsucht nach Unterwerfung befriedigt, also im wahrsten Sinn des Wortes den Volkswillen verkörpert hat. Mit welchen Mitteln und in wessen Interesse diese Massen seit dem Kaiserreich jahrzehntelang ideologisch präpariert worden waren, bleibt im dunkeln. Das von Menschen Gemachte, historisch Gewordene erscheint als das naturhaft ein für allemal Gegebene. Dies ist das Grundmuster aller reaktionären Ideologie.

Die gänzliche Unterschlagung der wesentlichen Seiten des Faschismus und die totale Reduktion der gesamten faschistischen Politik auf die psychische Struktur Hitlers zwingt zu dem Urteil, daß dieser Film die Wirklichkeit nicht nur verzerrt, sondern in der Substanz falsch darstellt. Tatsächlich wird vom Kommentator kaum ein Satz gesprochen, der wirklich stimmt. Von allen wichtigen politischen Entscheidungen kann dokumentarisch bewiesen werden, daß sie auf ganz andere Weise zustande kamen, als der Film uns glauben machen will. Die Annexion Österreichs als ,,Hitlers Ausbruch aus seiner Untätigkeit", die Aggression gegen die Sowjetunion als Hitlers ,,Bedürfnis nach einem Erfolg" zu erklären, ist schlichte historische Fälschung.

Was also leistet der Film für wen? Er zeigt eindringlich, daß die Durchsetzung von Autorität und Ordnung von oben und die freudige Unterwerfung unter die Autorität durch das Volk den Ausweg aus Krise und Unsicherheit darstellen – zum Wohle aller. Das faschistische Modell der Volksgemeinschaft wird von Fest in einem Interview ausdrücklich als wünschenswert bezeichnet. Freiwillige Unterwerfung ist natürlich am besten, doch ganz ohne Terror geht es eben nicht ab, wie der Film dezent andeutet. Nicht billigenswert waren nach Fest die Judenverfolgungen und die allzu abenteuerliche und deshalb in die Niederlage führende Kriegspolitik. Nicht billigenswert und letzten Endes auch für das Herrschaftssystem selbst schädlich war der übersteigerte Irrationalismus der faschistischen Ideologie und des Hitlerschen Weltbildes. Im übrigen bewegt sich die „Kritik" des Kommentators auf der Ebene elitärer Arroganz gegenüber den kleinbürgerlichen Elementen in Hitlers Denk- und Verhaltensformen.

So laufen Film und Buch auf die Propagierung eines von Irrationalismen gereinigten Modells faschistischer Herrschaft hinaus, das eine allzu riskante Expansionsorientierung meidet, also auf die besondere Hervorkehrung der innenpolitischen Funktion: der ideologischen Integration und gleichzeitig terroristischen Unterdrückung aller demokratischen Kräfte. Damit soll nicht gesagt sein, daß der Film direkt auf die Etablierung faschistischer Herrschaftsformen zielt. Diese sind aus verschiedenen Gründen, besonders wegen des internationalen Kräfteverhältnisses in Europa, gegenwärtig nicht aktuell. Wohl aber zielt er darauf, den Boden für autoritäre Herrschaft ideologisch vorzubereiten und die begeisterte Unterwerfung unter die Autorität einer starken Führung als Befreiung von Angst und Not und als Lusterlebnis darzustellen. Wem das nützt, ist klar. Und wer die Zeche zu bezahlen hätte, ist auch klar.   21. 7. 1977

Karl Weinmar:
Aus dem
1000jährigen Reich,
1944

Die Hitler-Welle und der Ruf nach dem starken Mann
(Interview mit Reinhard Kühnl)

(...)

Was leistet der Film für das Verständnis des Phänomens Hitler und des Nationalsozialismus?

Wir befragten dazu einen international anerkannten Faschismus-Experten: den Professor für Politikwissenschaft an der Universität Marburg, Reinhard Kühnl.

WdA: *Der Publizist Joachim Fest zeichnet in seinem Film ,,Hitler – eine Karriere" ein Bild von der Persönlichkeit Hitlers und versucht, die Ursachen seiner Wirkung auf den größten Teil des deutschen Volkes zu erklären. Wie sieht Fests Darstellung des Phänomens Adolf Hitler aus? Entspricht sie dem Erkenntnisstand der NS-Forschung?*

Reinhard Kühnl: Die Persönlichkeit Hitlers ist ziemlich zutreffend dargestellt, besonders, was ihre propagandistischen Fähigkeiten, weniger allerdings, was ihren Hang zum Terror betrifft. Der Film zeigt die Faszination, die Hitler auf die Massen ausübte, aber die Ursachen dieser Faszination zeigt er nicht: Er zeigt nicht, daß die Massen in Deutschland jahrzehntelang mit der Ideologie von nationaler Größe und starker Autorität, von Pflicht und Gehorsam vollgepfropft und so auf Diktatur und Krieg vorbereitet worden waren. Hitler selbst war ja ein Produkt dieser Ideologie. Und er zeigt auch nicht, daß alle widerstrebenden Kräfte, vor allem die Arbeiterbewegung, mit brutalstem Terror unterdrückt wurden und daß nur so der Anschein einer alle umfassenden Begeisterung geweckt werden konnte.

WdA: *... also eine gefährliche Einseitigkeit der Darstellung, weil Fest das Phänomen des Nationalsozialismus auf eine weitgehend irrationale Wechselwirkung zwischen Volk und seinem ,,Führer" reduziert?*

Kühnl: In der Tat wird die Aussage damit nicht nur einseitig, sondern falsch. Der ,,geniale Propagandist" Hitler hat ja noch 1928 nur 2,6 Prozent der Stimmen erzielt. Erst die große Wirtschaftskrise hat der NSDAP die Massen zugeführt und auch jetzt nur die von den bürgerlichen Parteien weglaufenden Massen. Die Arbeiterparteien konnten insgesamt ihre Wählerzahl halten. Doch auch die Wahlerfolge hätten Hitler nicht an die Macht gebracht, wenn nicht wichtige Teile der Großindustrie und des Militärs auf die Beseitigung der Demokratie und die Errichtung eines autoritären Systems gedrängt hätten.

Sie sahen in der Krise die Chance, die Arbeiterbewegung zurückzudrängen und die alten, 1918 gescheiterten Expansionspläne wieder aufzunehmen. Im Bündnis und in der Absprache mit diesen Kräften wurde die Diktatur errichtet, die Wirtschaftskrise durch Rüstungskonjunktur überwunden und das gewaltige Eroberungsprogramm in Angriff genommen. Die Dokumente zu alledem liegen vor, z. T. schon seit dem internationalen Militärtribunal 1946, und ständig werden neue Belege gefunden.

WdA: *Welche Fakten, die im Fest-Film fehlen, müßte ein Dokumentarfilm enthalten, der die Entstehung und Verbreitung des Nationalsozialismus verständlich machen will?*

Kühnl: Er müßte erstens die Stärke der autoritären und militaristischen Kräfte im Kaiserreich zeigen und das Scheitern der Arbeiterbewegung bei dem Versuch, sie 1918 zu entmachten. Zweitens die elenden Lebensbedingungen der unteren und der Mittelschichten in der Wirtschaftskrise, die zu einer verzweifelten Suche nach einem Ausweg führten und gerade die Mittelschichten nach rechts trieben, eben weil sie schon seit langem durch die reaktionäre Ideologie beeinflußt waren. Drittens den Kampf der Arbeiterbewegung gegen den aufkommenden Faschismus, der bis zum letzten Moment, bis zum Frühjahr 1933, Erfolgschancen bot, und der vor allem deshalb scheiterte, weil die Arbeiterbewegung gespalten war und weil beide Richtungen das Wesen des Faschismus nicht richtig erkannten.

WdA: *Ich habe den Eindruck, daß die Methode, den komplexen Bereich des Nationalsozialismus in der Person des „Führers" zusammenzufassen, Joachim Fest nicht nur zur Verdrängung von Fakten verleitet, die in dieses starre System der Geschichtsschreibung nicht hineinpassen, sondern auch zur Faktenfälschung. Fests Behauptung z. B., Hitler sei weder käuflich noch im Bund mit dem Großkapital gewesen, ist unhaltbar. Sie haben vorhin schon auf dieses Bündnis hingewiesen. Würden Sie diesen Aspekt etwas näher erläutern?*

Kühnl: Hitler hat seit 1926 dem großen Kapital seine Dienste angeboten zur „Zerschlagung des Marxismus" und zur „Wiederherstellung deutscher Größe". Schon 1927 verfaßte er im Auftrag des Großindustriellen Emil Kirdorf eine vertrauliche Denkschrift, die an führende Industrielle verteilt wurde. Interessant wurde Hitler als Partner natürlich erst, als die NSDAP zur Massenpartei geworden war.

Seit Ende 1932 jedenfalls drängen maßgebliche Vertreter der Großindustrie auf eine Regierung Hitler, und seit 1933 wird die Richtung der faschistischen Politik gemeinsam von den Führern der NSDAP, der Großindustrie und des Militärs festgelegt.

Das gilt für die Zerschlagung der Demokratie und der Arbeiterbewegung ebenso wie für die Arbeitsorganisation in den Betrieben – die Unternehmer wurden per Gesetz zum „Führer des Betriebes" ernannt – und für die gewaltigen Programme zur Eroberung neuer Rohstoffgebiete, Absatzmärkte und billiger Arbeitskräfte. Von der Persönlichkeit Hitlers her ist es nicht zu erklären, daß die Ziele des Ersten Weltkrieges wieder aufgenommen werden, sondern nur von der Kontinuität der sozialen Interessen- und Machtgruppen her. Daß Hitler im Bunde mit dem großen Kapital war, ist durch Dokumente tausendfach bewiesen.

WdA: *Ist nicht auch die formale Anlage des Films fraglich? Fest verwendet zum größten Teil Filmmaterial, das aus der Propagandafabrik der Nazis stammt, ohne die kalkulierten Bildwirkungen dieses Materials gleichzeitig kritisch zu untersuchen. Hat ein Text unter solchen Bedingungen überhaupt eine Chance, gegen die Suggestivkraft von Bildern anzukommen?*

Kühnl: Selbst wenn der Kommentar kritischer wäre, als er ist, käme er gegen die Suggestivkraft dieser einseitig ausgewählten Bilder nur schwer an. Tatsächlich aber kritisiert er nur die „Auswüchse" des Faschismus: die Judenvernichtung, den übersteigerten Irrationalismus und die allzu abenteuerliche Kriegspolitik. Die jubelnden Massen und glücklichen Gesichter der Periode vor dem Krieg werden kaum relativ, d. h. die Diktatur als solche erscheint als ein System, das Glück und Zufriedenheit gebracht hat.

WdA: *Hat die thematische und formale Unentschiedenheit gegenüber dem Nationalsozialismus nur handwerkliche Gründe? Oder kann man nicht über weite Strecken den Eindruck haben, daß diese Unentschiedenheit viel mehr aus einem stark konservativen Geschichtsbild resultiert?*

Kühnl: Das Geschichtsbild ist sehr konservativ, d. h. es versteht Geschichte als das Handeln großer Führer und die Massen lediglich als deren Spielmaterial. Und es hat eine Sympathie für autoritäre Führung. Fest selbst hat ja das faschistische Modell der „Volksgemeinschaft" als bedenkenswert auch für die heutige Zeit bezeichnet.

WdA: *Unvorbereitete junge Zuschauer werden durch Joachim Fests Film also ein falsches Bild vom Faschismus in Deutschland bekommen?*

Kühnl: In jedem Fall. Das faschistische System erscheint als attraktiver Ausweg aus Krise und Not – wenn die Bevölkerung nur bereit ist, sich einer starken Führung unterzuordnen.

WdA: *Zur Zeit rollt eine – zweite – Welle von Filmen und Publikationen, die die NS-Zeit auf unterschiedliche Weise vermarkten und deren Produkte nicht immer frei sind von nostalgisch verklärenden Ansätzen.*

Sehen Sie einen Zusammenhang zwischen dieser Vermarktung und ei-
nen aktuellen Trend bei Teilen unserer Bevölkerung, in Krisenzeiten
nach dem „starken Mann" in der Politik zu rufen?

Kühnl: Es ist klar, daß in einer Periode von Krise und Arbeitslosigkeit bei Teilen der Bevölkerung die Suche nach politischen Alternativen
einsetzt. Die „Hitler-Welle" wirkt so, daß diese Suche nach rechts hin
in Richtung auf eine „starke Führung" gelenkt wird. Diese Orientierung ist natürlich durch lange ideologische Traditionen besonders in unserem Lande und durch Erziehung, Presse usw. ohnehin vorhanden,
doch sie wird nun verstärkt. Aufgabe der Arbeiterbewegung und der
demokratischen Intelligenz ist es deshalb, deutlich zu machen, daß die
wirkliche Alternative im Interesse der arbeitenden Bevölkerung in mehr
Demokratie und mehr Mitbestimmung liegt.

Interview: Hans Plück

27. 7. 1977

Karikatur von Jupp Wolter aus: Die Quelle, Funktionärszeitschrift des DGB

Hitler war 'ne Wolke
Von Martin Buchholz

Joachim C. Fest ist ein Barometer gesellschaftlicher Entwicklung. Als alles in Scherben lag und Freiheitshelden gefragt waren, ging er zur Jungen Union. Später, als der Wirtschaftswunderspeck auch die Liberalen juckte, machte er ein forsches ,,Panorama". Die Studentenrevolte verbrachte er beim ,,Spiegel", als die Stimmung umschlug, ging er zur ,,FAZ". Und in diesem Jahr schließlich präsentiert er den Film ,,Hitler – eine Karriere". (...)

Ein ,,wertfreies Bild" sollte das sein, so erfuhr man in einer Fernsehdiskussion mit Fest – insbesondere frei von wertendem Urteil, von moralischen Verurteilungen. ,,Ich bin nicht mehr bereit, über Moral und Unmoral des Dritten Reiches zu reden", so wedelte Fest dieses Thema mit manirierter Igittigitt-Geste vom Tisch.

Für ihn ist Faschismus ein psychologisches, quasi-religiöses, erotisches Phänomen – auf jeden Fall etwas ,,genuin Ästhetisches". Von 150 Filmminuten sind daher auch nur sechs der ,,unästhetischen" Seite des NS-Regimes gewidmet, den Verbrechen des Regimes. Doch auch die wird eher feuilletonistisch abgehandelt und filmisch so dargeboten, daß sie leicht zu verkraften ist. Nur kurzes Erschrecken bei einer Erschießungsaktion der SS. ,,Eine fabelhafte Darstellung", lobte der Rechts-Schreiber Horst Krüger diese Szene in einer Fernsehdiskussion. (...)

Im Dustern sitzt das bundesdeutsche Kinovolk und glotzt hinauf zu IHM. Sind wir denn nicht auch ,,von Chaos und Anarchie Geängstigte" mit dem ,,Gefühl menschlicher und politischer Verlorenheit"? Hören und lesen wir nicht auch Tag für Tag, daß ,,der Kampf gegen den Marxismus nicht aufhören darf" (so Hitler in Fests Film)? Verkündet man uns etwa nicht immer wieder, daß wir alle in einem Boot sitzen und daher ,,die Klassen versöhnt" werden müssen, was Hitler laut Fest mit seiner ,,Volksgemeinschaft" erreichte? Brauchtes wir nicht gerade derzeit einen Mann wie diesen, der die Dauerkrise endlich bewältigt? Schließlich: ,,Hitler besiegte die Arbeitslosigkeit", werden wir belehrt.

Fest: ,,Es war ein Schrei nach Erlösung. Der Schrei bebte vor weltpolitischer Nacht: Deutschland erwache! Es war die Verheißung, daß die Nation geeint unter einem Zeichen, unter einem Mann einen neuen Morgen erleben würde."

Und: „An Adolf Hitler bewahrheitete sich das Wort, daß es die Geschichte bisweilen liebt, sich in einem Menschen zu verdichten." Ein Schlüssel-Satz aus der Fest-Kommentierung. Er verrät alles über eine Geschichts-„Aufklärung" von der Art, wie sie ins FAZ-Bild paßt. „Geschichte" ist hier plötzlich etwas Eigenständiges, Eigenmächtiges, Schicksalträchtiges. Dieses unbestimmte Bestimmende ist mit eigener Lust und Laune, sogar mit „Liebe" ausgestattet, wie uns Fest unterrichtet. Eine unfaßbare Erscheinung, die sich gegentlich „verdichtet" – wie sich wabernde, wallende Schwaden zu einer Wolke „verdichten".

Hitler war 'ne Wolke! So wird Geschichte zum Naturereignis, gegentlich auch zur Naturkatastrophe, eben zum „nationalen Unglück". Und so lesen wir auch heute immer wieder die verranzte Leitartikel-Lyrik, daß sich „dunkle Wolken am weltpolitischen Horizont drohend zusammenballen..." Geschichte als Wetterbericht. Der einzelne ist dagegen machtlos. Was da geschieht, geschieht unabhängig von seinem Willen. Er ist nicht mehr handelndes Subjekt, sondern fatalistisch duldendes Objekt, ergeben ins Unabänderliche. In dieser Ohnmacht wird sein Bewußtsein gefesselt, unterdrückt: Das dumpfe Unbewußtsein beherrscht ihn. Er findet sich nicht zurecht in einer Welt, in einer Gesellschaft, deren Entwicklungsgesetze er nicht durchschauen kann, genauer: nicht durchschauen darf.

Denn: „Der Marxismus muß sterben, damit wir leben können." Solche Nazi-Spruchbänder, die der Fest-Film beiläufig und natürlich unkommentiert zeigt, drücken einen richtigen Tatbestand aus: Die wissenschaftliche Anschauung dieser Welt, die den Menschen zum Herren über seine Geschicke und seine Geschichte macht – eben der Marxismus – darf sich in einem System der Unvernunft nicht durchsetzen. Der einzelne wäre dann nicht mehr wehr- und willenlos und würde selbst – gemeinsam mit seinesgleichen – zum handelnden Subjekt der Geschichte. Diese Idee aber wird nur zur materiellen Gewalt werden, wenn sie sich in den Massen „verdichtet" und nicht in einem einzelnen Auserwählten, wie sich das in Fests Welt- und Geschichtsanschauung darstellt.

Es ist die Anschauung eines konservativen Liberalen – und sie kann auch gar nicht anders sein, weil sich auch die klugen Köpfe hinter der FAZ, die Großkopfeten des Großkapitals, nur gegen die Interessen der von ihnen in materieller und geistiger Abhängigkeit gehaltenen Massen an der Macht halten können. Die Macht der wenigen braucht die Ohnmacht der vielen. Deshalb wird die FAZ immer auf die Pinochets setzen, wenn wirkliche Demokratie sich als Macht des Volkes durchzusetzen droht. Gleich nach dem Putsch in Chile las man in Fests Hausblatt unter der zynischen Kalauer-Überschrift „Allende am Ende", daß die Unidad Popular „einen dogmatisch-doktrinären marxistischen Sozialismus auf demokratischem Wege" einführen wollte. Deshalb mußte Pinochet die Macht ergreifen: „Im Augenblick der höchsten Gefahr konnten sich die Streitkräfte ihrer Verantwortung nicht mehr entziehen." Nur dieser Putsch konnte, „so schlimm er vom demokratischen Standpunkt aus ist, Schlimmeres verhüten".

Die Manipulations-Mechanismen, die einen Hitler zum Retter des Vaterlands machten, werden heute wissenschaftlich verfeinert fortgesetzt: Was Fest als Psychogramm der Hitler umjubelnden Massen entdeckt hat – das haben vor ihm Werbepsychologen längst in Springers Auftrag zum tagtäglichen Verkaufsschlager gemacht: die „Bild"-Zeitung. In einer Intern-Studie des Springer-Verlags heißt es: „Zwangsläufig wird durch die Berichterstattung über aktuelle Ereignisse Angst vor der undurchschaubaren gesellschaftlichen Situation provoziert." Zu befriedigen sei „das Verlangen der Leser nach der Möglichkeit, die notwendig immer abstrakter werdende Gesellschaft, in der sie leben, durch eine Rückführung auf den einzelnen Menschen und sein Schicksal nähergebracht zu bekommen" – so wie uns Fest die NS-Geschichte durch eine Rückführung auf einen einzelnen Menschen und sein Schicksal näherbringen will. Und: „Ein weiteres Mittel, um aggressive Ängste und sich daraus ergebende Aggressionen zu verarbeiten ist die aggressive Haltung, die BILD oft an den Tag legt... Einfluß und Macht der Zeitung, Mut und Entschlossenheit, die teilweise als rücksichtslos erlebte Härte und Durchschlagskraft geben dem Leser die Möglichkeit, sich mit diesem überlegenen Angreifer zu identifizieren..."

Fast könnte der Verdacht aufkommen, Fest hätte seinen Hitler-Film-Kommentar aus dieser BILD-Selbstanalyse abgeschrieben. BILD als Ersatz-Führer, der uns – an die Hand nimmt, uns schützt. So werden wir vorbereitet auf den nächsten „starken Mann", falls die politökonomische Entwicklung ihn aus der Sicht des Großkapitals erfordert. Fests Hitler-Film soll diesen Gedanken offenbar wieder „denkbar" machen.

Aber auch das ist gewiß nur ein Mißverständnis...

Nr. 9/1977

Fest: ,,Die Rolle des Großkapitals nicht Thema des Films"

Von Peter Wilke

,,Das war die beste Geschichtsstunde, die ich bis jetzt hatte", meinte ein 18jähriger, nachdem er Joachim C. Fests Film ,,Hitler – eine Karriere" gesehen hatte. Ein Lehrer sagte, der Film habe ihn erleben lassen, ,,was man oft gehört hat". Es ließen sich noch eine Reihe solcher Äußerungen über diesen Film wiedergeben. Nicht wenige gipfeln in der Meinung, sie könnten ,,diese Zeit" jetzt besser verstehen.

Diese Menschen sind keine Reaktionäre oder Neofaschisten. Sie haben das richtige und natürliche Bedürfnis, zu erfahren, wie der Faschismus möglich war, was er für die Menschen damals bedeutete und welches Verhältnis wir heute in einem von der kapitalistischen Krise schwer gezeichneten Land dazu haben.

Aber: Keine dieser Äußerungen läßt erkennen, daß diesen Kinobesuchern der wahre Charakter des Faschismus verständlich geworden wäre. Warum ist das so? Welches Geschichtsbild verbreitet Fest, Mitherausgeber der großbürgerlichen ,,Frankfurter Allgemeinen"? Wie muß es um den Geschichtsunterricht an unseren Schulen bestellt sein, wenn ein solcher Film als ,,beste Geschichtsstunde" erscheinen kann?

Das entscheidende Stichwort gibt uns Fest selbst, wenn er in einer Fernsehdiskussion sagt: ,,Über die Rolle des Großkapitals können wir sehr lange diskutieren, nur ist es nicht Thema des Films." In der Tat. Als Lohnschreiber des Großkapitals von heute war es ja seine Aufgabe, gerade das zu vermeiden, hätte doch auch ein Fest, der ja für sich den Ruf eines Historikers in Anspruch nimmt, kaum an der erdrückenden Last von Beweisen vorbeischleichen können, die Großkonzerne und Banken als eigentliche Verursacher der faschistischen Verbrecherherrschaft ausweisen. Und er hätte die Frage beantworten müssen, wieso die Abs, Flick, Krupp, Quandt, Poensgen, Röchling etc. angesichts einer tiefen Wirtschaftskrise, die, durch die Herrschaft des Kapitals ausgelöst, alle kapitalistischen Länder erfaßt hatte, den Griff zur faschistischen Herrschaft taten.

Wie löst also Fest seinen Auftrag?

Mit zwei miesen und gleichwohl raffinierten Taschenspielertricks. Trick Nr. 1: Er schildere, so Fest blauäugig, die Geschehnisse so, wie sie „der Zeitgenosse" erlebt habe. Sehen wir einmal davon ab, daß es nicht wenige Zeitgenossen gab, die weit mehr wußten über den Charakter des Faschismus, als Fest auch nur ansatzweise zeigt, so bleibt, daß große Teile der Bevölkerung den Faschismus so erlebten, wie ihn Fest nun hier präsentiert. Als eine mystische, dumpfe Sehnsüchte ansprechende Erscheinung, die „leider zu Auswüchsen" führte. Selbst der gesprochene Kommentar – der Filmregisseur Wim Wenders hat das in einem Artikel in der „Zeit" belegt – pinselt, in der Art, wie er vorgetragen wird, liebevoll an diesem Bild. Fests Trick Nr. 2 hakt hier nahtlos ein: Mit massiver Wucht setzt er Nazi-Propaganda-Filmstreifen ins Bild und verkauft sie stillschweigend als Zeitdokumente zur Charakterisierung des Faschismus. Eine für einen Dokumentaristen infame Methode. Nicht von ungefähr jubelt die neofaschistische „National-Zeitung" in einem Aufmacher auf der ersten Seite, daß Fest „die kommunistische Propagandathese, Hitler sei ein Agent des Großkapitals gewesen", widerlege. Auch Springers „Welt" kann ihre Freude nicht verhehlen, und sie fragt, wann es je zuvor eine abendfüllende Dokumentation über die deutsche Geschichte dieses Jahrhunderts gegeben hätte.

Es gibt. Die „Welt" ist hier unwissend oder verlogen: Denn der Film „Der gewöhnliche Faschismus" des berühmten sowjetischen Dokumentaristen Roman Karmen* ist das eigentliche Gegenstück zu Fests Machwerk. Vor Jahren war dieser Film auch in der Bundesrepublik zu sehen, aber recht verschwiegen, nur in wenigen Filmkunststudios. Warum? Karmens Film zeigt einen nicht geringen Teil ähnlicher und gleicher Bilder wie Fest. Aber er macht hinter der verschleiernden Maske auch das wahre Gesicht des Faschismus deutlich: Er zeigt Hitlers Geldgeber, zeigt, welche irrsinnigen Profite die Hochfinanz aus seinem Regime zog, er zeigt, warum Polen, Frankreich, die Sowjetunion und und und überfallen wurden, zeigt das wahre Ausmaß der Massenvernichtung, zeigt, daß sich der Widerstand gegen den Faschismus nicht auf den 20. Juli beschränkte, daß der Kern des Widerstands in der Arbeiterklasse war.

All das ist für Fest kein Thema, er hält an seiner verlogenen These fest, Hitler sei weder „käuflich noch abhängig vom Großkapital" gewesen. Aber – wird mancher sagen – Fest distanziere sich doch vom Faschismus. Gegenfrage: Was ist von einer Distanzierung zu halten, die darin gipfelt, daß Fest vor der Fernsehkamera unwidersprochen sagen kann, Hitler sei nach dem „Röhm-Putsch" (Juni 1934) für ihn „moralisch erledigt" gewesen? Im Klartext: Nachdem dieses Regime die letzte soziale

---

* Regisseur dieses Films ist Michail Romm. Anm. d. Hrsg.

Maske abgelegt hatte. Und vorher? Und heute? Naziverbrecher leben heute noch unbehelligt unter uns, empörend nachsichtige Urteile werden gegen einige gefällt, die in diesen Jahren noch vor Gericht kamen, allenthalben wittern alte und neue Nazis Morgenluft und machen frech Aufmärsche, planen „Auschwitz-Kongresse". Gleichzeitig werden ungezählte Kommunisten und andere Demokraten mit Berufsverbot belegt, die Familie Gingold wird in der dritten Generation von den Herrschenden verfolgt.

Zingerl-Karikatur aus der UZ vom 23. 10. 1973

Bleibt die Frage, warum ein solchermaßen verzerrtes Geschichtsbild wie in Fests Film bei breiten Teilen des Kinopublikums die eingangs skizzierten Reaktionen hervorrufen kann. Die Antwort ist so einfach wie die Tatsache erschreckend: Gerade die junge Generation leidet an einem verheerenden Mangel an Geschichtskenntnis. Kürzlich hat ein Kieler Pädagoge 3000 Schulaufsätze über Hitler ausgewertet. Aufsätze von 14- bis 17jährigen. Dort konnte man Sachen lesen wie „Hitler hat den 1. Weltkrieg verloren und den 2. Weltkrieg gewonnen, aber den Bau der Mauer nicht verhindert", „Hitler war der Stellvertreter von Bismarck und sitzt heute in der DDR in Haft", „Hitler hat die Juden vergast... wenn er heute noch leben würde, hätten wir sicher keine Probleme mit den Gastarbeitern". Was – so fragt man sich – haben diese jungen Menschen in unseren Schulen über „diese Zeit" erfahren? Ist es heute noch so, wie ich es selbst erlebt habe, daß der Lehrer sagt, über „diese Zeit" könne man wegen ihrer historischen Nähe noch nichts sagen?

Jedenfalls: Fest hat seine propagandistischen Vorläufer, die, ob nun plumper oder feiner, an dem gleichen verfälschenden Hitlerbild gebosselt haben. Ganz im Sinne des Chefs des Persil-Konzerns, Henkel, der nach 45 über Hitler offenherzig gestand: „Wir haben uns nach dem besten Antikommunisten umgeschaut und geglaubt, ihn in Herrn Hitler gefunden zu haben."

Auch heute brauchen die großen Herren in Konzernen und Banken wieder die besten Antikommunisten. Wenn die unter den heutigen historischen Bedingungen anders aussehen als 1933, liegt das an einer veränderten Weltlage, die in erster Linie durch die konsequente Friedenspolitik der sozialistischen Länder und aller anderen friedliebenden Kräfte herbeigeführt wurde. Die Tatsache jedoch, daß ein solcher Film heute in unserem Land eine Chance hat, zeigt auch, daß die Herren des von tiefen, langanhaltenden Krisen gezeichneten Systems bereit sind, den Faschismus wieder salonfähig werden zu lassen, weil sie mit den bürgerlich-liberalen Herrschaftsinstrumenten immer weniger zurechtkommen.

Bleibt noch zu vermerken, daß diese monströse Geschichtsklitterung mit dem Prädikat „besonders wertvoll" nicht nur mit 250 000 Mark Steuergeldern noch honoriert wird, sondern ihr damit auch der Weg in die Landesbildstellen und die Schulen geebnet wurde. Doch das sollte verhindert werden. Da ist noch viel zu tun.   8. 8. 1977

17.
INTERNATIONAL HERALD TRIBUNE

W. German Film on Hitler is Attacked as Bad for Youth
(Westdeutscher Hitler-Film als jugendgefährdend attackiert)

Von Michael Getler

Ein gewaltiger neuer Dokumentarfilm, der den Westdeutschen ein Wiedersehen mit Hitler beschert, hat eine weitreichende Debatte darüber ausgelöst, ob ein solcher Film jugendgefährdend ist oder einer älteren Generation wohltut, die vielfach noch nicht zurechtgekommen ist mit ihrer früheren Unterstützung für den Naziführer.

„Unser Denken könnte sich beruhigen, wenn Hitler bloß das moralische Scheusal wäre, das von nirgendwoher kam, um uns zu verführen, und das nicht zur menschlichen Rasse gehört", sagt Joachim Fest, der anerkannte westdeutsche Schriftsteller, der den Film „Hitler – eine Karriere" produziert hat. Der Film beruht auf seinem Buch „Hitler", einem internationalen Bestseller.

Aber diese Erklärung, sagt Fest, ist zu lange ein allzu bequemes Alibi gewesen, und sicher ist es besser „herauszufinden, was Hitler so viel Unterstützung eingebracht hat, warum er so viele Anhänger hatte und ob die Bedingungen, unter denen er an die Macht kam, wirklich verändert sind".

In Verfolgung dieser Fragen hat Fest einen Film im »newsreel«-Stil produziert, den in den ersten drei Wochen schon 300 000 Deutsche gesehen haben und Millionen wohl noch sehen werden.

Es ist das erste abendfüllende Film-Feature über Hitler, das Deutsche gemacht haben und das überall im Land gezeigt wird. Die Tatsache, daß Fest ein Mann von beträchtlicher Bedeutung ist – Mitherausgeber der angesehenen Frankfurter Allgemeinen Zeitung –, hat zum Durchbruch des Films beigetragen.

Die schließliche Zerstörung Deutschlands, Europas und Hitlers wird in dem 2½-Stunden-Film gezeigt. Es gibt eine Erschießungsszene von Juden in der Sowjetunion und einen Hinweis auf Auschwitz.

Der Brennpunkt und überwiegende Teil des Films soll zeigen, wie eine so hohle Figur so attraktiv werden und in einem Land, das geführt sein wollte, Macht ausüben konnte. Dabei beleuchtet Fest viel stärker Hitlers Erfolgstechnik als die Kosten des Erfolgs auf diesem Weg.

Das ist die Stärke und Schwäche des Films zugleich und die Quelle der sich ausbreitenden Kontroverse.

Nazizeit kaum bekannt

,,Für Leute mit ausreichender Kenntnis der deutschen Geschichte ist der Film nicht gefährlich. Aber das Problem in Westdeutschland heute ist doch, daß es bei vielen jungen Leuten sehr wenig Wissen über Hitler und die Nazizeit gibt", sagt Iring Fetscher, Professor für Politische Wissenschaft an der Universität Frankfurt.

,,Eben deswegen ist das in Deutschland ein gefährlicher Film", fügt Karl-Heinz Janssen vom Herausgeberstab der Zeit, der einflußreichen Hamburger Wochenzeitung, hinzu.

,,Wir haben so viele junge Leute, die keine Erfahrung mit faschistischer Herrschaft haben und denen der historische Zusammenhang fehlt", sagt er. ,,Von ihren Schulen oder den Eltern sind sie nicht vorbereitet worden, von ihren Großeltern manchmal irregeführt. Es gibt keine Geschichtsstunden über Hitler und die Nazizeit in den Grund- und Hauptschulen." Diese Beobachtung wird bestätigt durch neueste Untersuchungen an Tausenden von Schülern, die einen erschreckenden Mangel an Kenntnissen darüber zeigen, wer Hitler gewesen ist, wann er gelebt und was er gemacht hat.

,,Eine schlimme Situation, und da kommt nun dieser gewaltige Film, der nur einen Aspekt der komplizierten Lage im Dritten Reich beleuchtet", setzt Janssen hinzu.

,,Vielleicht kann man das in 100 Jahren machen, aber noch ist Hitlers Verbrechen zu groß, um auf irgendeinen psychologischen Aspekt hinzuweisen."

Gefährliche Feinheiten

Fetscher, Janssen und andere Kritiker sehen auch gefährliche Feinheiten.

,,Die Filme von Judenerschießungen sind nur flüchtige Bilder", sagt Janssen, ,,und es sind russische Juden, Feinde, das gehört mehr in den Zusammenhang des Kriegs und beunruhigt die Leute nicht so."

,,Churchill und Hitler werden beide gezeigt, wie sie erklären, sie würden niemals aufgeben, das schafft subtile Verbindungen", sagt er weiter.

Brillant beleuchtet der Film Hitlers alerte, willige Empfänglichkeit für den ganzen Tumult der frühen dreißiger Jahre, den enttäuschten Künstler, der zum höchst politischen Choreographen der öffentlichen Massenmeinung wurde. Er verharrt dramatisch bei dem roboterhaften Denken des deutschen Volkes damals, seiner wahnsinnigen Faszination von Hitler und bei dessen geschickten Dauerreden, Aufmärschen und schauererregenden Fackelumzügen.

Hinter dem Diktator

,,Doch eine Karriere beruht nicht nur auf den Eigenschaften Hitlers, sondern auf den Leuten, die ihm Karriere zu machen halfen. Warum konnte er Diktator werden?" fragt Fetscher.

Aus seiner Sicht läßt der Film zu viel weg: die Industriellen, die Justiz, die konservativen Kräfte, ohne die Hitler nicht an die Macht gekommen wäre.

,,Das Konkordat mit dem Heiligen Stuhl der römisch-katholischen Kirche, ein bedeutender Stabilisierungsfaktor bei der Errichtung seiner Diktatur, ist völlig ausgelassen", sagt er. Die Überwindung der Arbeitslosigkeit durch Aufrüstung, die Unterdrückung der politischen Opposition in Konzentrationslagern, die Zerschlagung der Gewerkschaften und Arbeiterparteien, all das gehört zu den Kosten und politischen Zusammenhängen, die nach Ansicht der Kritiker fehlen oder heruntergespielt werden, jedoch unentbehrlich für das Verständnis der Jüngeren sind, die sonst dasitzen und sehen, wie Hitler die Macht und den Rest der Welt erringt und fast gewinnt.

,,Fest ignoriert die politischen Gefahren unserer Zeit", sagt Janssen. ,,Es gibt zu viele Arbeitslose, viele von ihnen sind junge Leute. Politische Parteien stehen in geringem Ansehen. Man hört den Ruf nach Recht und Ordnung, nach Antikommunismus, und in gewissen kleinen Kreisen herrscht das Wunschdenken, ein starker Mann könnte es besser machen als die Demokratie."

Erste Überblicke über Zuschauerreaktionen auf den Film zeigen kein klares Bild, wenn auch die meisten jungen Leute das Gefühl zu haben scheinen, Hitler sei eher ein Revoluzzer als ein Held.

Doch es gibt andere, wie jenen, der sagt: ,,Was wir brauchen, ist ein kleiner Hitler. Der andere war zu schrecklich."   1. 8. 1977

Jules Perahim: Hitler, Gouache, undatiert

Le IIIe Reich sans étoile jaune
(Das Dritte Reich ohne Judenstern)

Von Manuel Lucbert

Eine Serie von neofaschistischen Anschlägen und Demonstrationen ereignete sich am Wochenende in Frankreich und mehreren weiteren europäischen Ländern.

In Soltau, Niedersachsen, hatten am Samstag, den 20. August, ungefähr 20 schwarzgekleidete Personen dem vor einer Woche aus einem Militärkrankenhaus in Rom entkommenen ehemaligen SS-Führer Herbert Kappler ihre Unterstützung bekundet. Der Bürgermeister des Ortes, an dem Kappler vermutlich Unterschlupf gefunden hat, erklärte, daß zahlreiche Einwohner „den Mut Frau Kapplers bewundern", die die Flucht ihres Mannes ermöglichte. Der „Bild"-Zeitung zufolge sei die Flucht Kapplers durch ehemalige SS-Mitglieder begünstigt worden.

In Wien, Österreich, sind die Synagoge und der jüdische Friedhof geschändet worden. In Frankreich ist am 20. August auf das italienische Konsulat in Paris ein Anschlag verübt worden; einem anonymen Anruf in Bonn nach ist er das Werk einer Nationalen Front, die für „die Wiederherstellung von Recht und Ordnung in Großdeutschland" kämpft.

Solche Aktivitäten und Erklärungen lösen bei bestimmten deutschen Politikern und Historikern, so Willy Brandt, ehemaliger Kanzler, oder Professor Eugen Kogon, Besorgnis aus über die Zunahme rechtsextremistischer Gruppen und Aktionen. Diese Aktivitäten bewirken in der Bundesrepublik auch kontroverse Reaktionen auf einen Film mit dem Titel „Hitler – eine Karriere".

Die Deutschen sind immer im Unrecht. Zeigen sie Gleichgültigkeit ihrer jüngsten Vergangenheit gegenüber, werden sie der schuldig gewordenen Gleichgültigkeit gegenüber den Verbrechen des Dritten Reiches bezichtigt. Drängen sie sich hingegen am Eingang eines Kinos, das einen Film über Hitler ankündigt, werden sie verdächtigt und ohne genauere Betrachtung angeklagt, sich wieder einmal den ihnen vertrauten Dämonen hinzugeben.

Hitler, eine Karriere: Das Porträt des Führers – mit ausgestrecktem Arm, verzerrtem, pathetischem Gesicht – beherrscht wieder, an der Stirnseite eines Kinos, einen der zentralen Plätze Berlins. Im Westen natürlich, im Osten... das ist eine völlig andere Sache. Denn das ist nicht das geringste Paradoxon des vollendeten „Werks" des „größten Deutschen der Geschichte". Bei seinem Machtantritt war Deutschland schwach, aber geeint. Bei seinem Untergang fand es sich wieder aufgeteilt, und seine gegenwärtige Teilung ist ein fundamentaler Bestandteil der europäischen Ordnung geworden. Hitler wollte – so wird versichert – alle Söhne des Arminius, alle zerstreuten Mitglieder der deutschen Nation vereinigen. Er hat lediglich erreicht, sie zu trennen, sie gegeneinander aufzubringen, auf eine augenscheinlich dauerhafte Weise.

Hitler, eine Karriere? Was für eine Karriere? Der Titel des Film von Joachim Fest und Christian Herrendoerfer ist bereits eine Provokation für sich. Hätten ihn seine Autoren nicht vielmehr so nennen sollen wie ein junger Zuschauer beim Verlassen einer Vorstellung, die von der Zeitung „Die Zeit" organisiert war, bemerkte: „Hitler, eine Tragödie?"

Eine Konzession an die Zeitstimmung? Joachim Fest, als seriös geltender Mitherausgeber der Frankfurter Allgemeinen Zeitung, der größten Zeitung des politischen Establishments jenseits des Rheins, hatte weder durch seine Hitler-Biographie, die vor vier Jahren veröffentlicht wurde, noch durch sein älteres Werk „Das Gesicht des III. Reiches" eine solche Oberflächlichkeit erwarten lassen.

Aber der Faschismus, neo oder paläo, ist anscheinend in Mode. Die Illustrierte *Stern*, eine der auflagenstärksten der westdeutschen Presse und während der letzten Jahre eher der sozialliberalen Koalition verbunden, beginnt diese Woche mit der Veröffentlichung der Tagebücher des Dr. Goebbels. Letzte Woche brachte das Wochenmagazin *Der Spiegel* eine Titelstory über Hitler und enthüllte die im wahrsten Sinne unfaßlichen Kenntnisse der deutschen Jugend in bezug auf die Nazi-Ära, die durch eine Untersuchung von rund dreitausend Schüleraufsätzen an den Tag kamen.

Die (Hitler-)Welle führt Besseres und Schlechteres mit sich. Man zittert vor Schreck, erfährt man von der Inszenierung einer Rockoper mit dem Titel – man hätte es sich denken können – „Der Führer". „Der Geist des Bösen" ergreift dort Besitz vom Körper und der Seele Hitlers.

Mit Neugier und Ungeduld wird die Aufführung des Monumentarfilms *Hitler* (6 Stunden Spieldauer) erwartet, der von Jürgen Syberberg gedreht wird.

(...)

Das Fremdartige trägt seinen Teil bei zu diesem wiederauflebenden Interesse am III. Reich und seinen düsteren Helden. Es ist nicht wenig verwirrend. Was soll man denn in der Tat von dem Versuch des englischen Erfolgsautors David Irving halten, Hitler von der Schuld am Tod von 6 Millionen Juden freizusprechen?

Von dieser Art ist Joachim Fests Beitrag nicht. Und dennoch muß man sich fragen, ob sein zweieinhalbstündiger Dokumentarfilm über denjenigen, den Golo Mann den „widerwärtigsten und schäbigsten Verbrecher der europäischen Geschichte" genannt hat, nicht auch eine besonders schädliche, weil verfälschende Deformierung der Wahrheit ist. „Hitler, wie er nicht war", hat der Spiegel anläßlich dieses Films kommentiert, der Kontroversen jenseits des Rheins auslöst, Redaktionen spaltet und 32 Jahre nach Kriegsende eine Diskussion von erstaunlicher Heftigkeit entfesselt.

Naivität? Unerfahrenheit des Historikers, der durch die Beschäftigung mit schriftlichen Dokumenten geschult, aber ungeschickt im Umgang mit Bildmaterial ist? Hat dem Regisseur seine zu große Vertrautheit mit dem Material einen Streich gespielt? Bestenfalls ist Joachim Fest ein Opfer der Hitlermanie. Schlimmstenfalls macht er sich der Mystifikation schuldig.

Fest glaubt nicht an die vereinfachenden und irrationalen Erklärungsversuche, die aus Hitler ein psychopathisches Monster gemacht haben. Den mechanistischen Erklärungsmustern marxistischen Typs zollt er ebenfalls keinen Kredit, die ihn als Produkt derjenigen ökonomischen Kräfte sehen, die zum Äußersten entschlossen waren, um den seit Beginn der dreißiger Jahre in die Krise geratenen deutschen Kapitalismus retten zu wollen.

Die Sichtweise, die Fest von der Person Hitlers hat, so wie er sie in seiner umfangreichen (mehr als 1000 Seiten umfassenden), 1973 veröffentlichten Biographie dargelegt hat, ist die eines, nach Fests eigenen Worten, objektiven Hitlers. Diese Objektivierung, die nicht gleichbedeutend ist mit Objektivität, läßt ihn weder den Demagogen noch den Verbrecher vergessen; aber die moralische Verurteilung wird zweitrangig, sie tritt hinter die Überzeugung zurück, daß Hitler Ausdruck seiner Epoche oder – wie Fest versichert – „eine fast exemplarische Mischung aus allen Ängsten und Hoffnungen" seiner Zeit war. Es besteht, schreibt Fest, eine „geheime Identität" zwischen Hitler und seiner Epoche; es waren nicht die dämonischen Eigenschaften des Führers, sondern seine exemplarischen und sogar „normalen" Fähigkeiten, die seine Karriere möglich gemacht haben.

Von dieser strittigen, aber faszinierenden und durch reichhaltiges Dokumentarmaterial unterstützten These bleibt leider im Film desselben Autors über denselben Gegenstand nichts oder fast nichts übrig. Die Epoche verschwindet hinter dem „demagogischen Genie", die Verhältnisse hinter dem Schauspieler. Die Darstellung wird zur einfachen, reinen Affirmation: „Er war ein Mann der Straße", „das war eine deutsche Karriere", „er repräsentiert seine Epoche", berichtet trocken der begleitende Kommentar die Szenen, in denen die Massen vor ihrem Idol in Anbetung verharren.

Fasziniert. Und Fest, ist er es auch? Vor der furchtbaren, vereinfachenden und mystifizierenden Gewalt der Filmstreifen aus den Nazi-Archiven reduziert sich die bisher eingehaltene Distanz seinem Helden gegenüber ständig auf gefährliche Weise. Fest macht daraus keinen Hehl: er wollte vor allem die „theatralische" Natur Hitlers zeigen, sein Talent des In-Szene-Setzens, seine Neigung zu gigantischen Zeremonien, seine ästhetisierende Sublimierung des Todes, die Freude an der erotischen Natur seines Kontaktes zu den Massen (warum aber soll man in dieser Gedankenfolge nicht auch die offensichtliche Beziehung zwischen dem Erotischen und dem Todestrieb bei Hitler herausstellen, im Sinne etwa von Georges Bataille?).

Entsprechend wird die Hitler-Ära ihren am meisten vulgarisierenden Darstellungen gemäß als permanentes Schauspiel gezeigt, als eine Art teutonischer Gebärde einer weit entfernten Vergangenheit. Mein Kampf, der schwedische Film des aus Deutschland stammenden Erwin Leiser, der vor ungefähr 15 Jahren auf der Leinwand erschien, begann mit Einstellungen von faschistischen Konzentrationslagern. Hitler – eine Karriere beginnt mit einer Parade germanischer Kavallerie mit Hakenkreuzen. Eine Überblendung zu den Fackeln der Nazipartei folgt unmittelbar auf diese Darstellung mittelalterlicher Volkstümlichkeit und suggeriert so eine historische Kontinuität der Helden von vorgestern mit denen von gestern. Die „Reichskristallnacht", ein wilder Ausbruch antisemitischen Kesseltreibens? Sie bleibt unerwähnt. Die Trauer der Einwohner Prags beim Einmarsch der deutschen Truppen? Sie wird übergangen. Die düstere Wirklichkeit der Vernichtungslager? Sie wird mit einigen Bildern gestreift (von den 500 Fotos des „Buches zum Film" beziehen sich – ein deutlicher Hinweis – nur 5 auf die Konzentrationslager). Mein Kampf, dieses „Buch der Deutschen" par excellence, wie es die Propaganda Goebbels, rühmte? Es wurde völlig verschwiegen. Hier wird Hitler ohne Hitlerismus gezeigt – das III. Reich ohne Judensterne.

Durch diesen Standpunkt hat Fest eine schwere Verantwortung übernommen, nicht nur gegenüber den Deutschen, auch gegenüber uns, denn Hitler geht leider auch uns an. Sein Unterfangen trägt zur Reintegration des Hitlerismus in die deutsche Geschichte bei. (Die bemerkenswerte Ausstellung über 200 Jahre Deutsche Geschichte, die seit vier Jahren im alten Reichstag gezeigt wird, zeugt von dem Interesse, das man allgemein in der BRD der deutschen Vergangenheit entgegenbringt.) Eine unzweifelhaft notwendige, aber delikate Aufgabe, denn wie sich mit der Vergangenheit beschäftigen, ohne sich mit ihr auseinanderzusetzen?

Fest ist davon überzeugt, daß der Nationalsozialismus Deutschland ein für allemal daran hindert, zum autoritären Staat von damals zurückzukehren. Er glaubt daß mit Hitler in Deutschland das 19. Jahrhundert zu ende gegangen sei, und daß im heutigen westdeutschen Staat, wo das Denken, wie er sagt, so politisch sei wie noch nie, der Extremismus auf ein Randphänomen reduziert sei. Er hat sicherlich recht. Aber die regelmäßige Abfolge neonazistischer Wellen – John Le Carré hatte dieses Phänomen bereits packend gestaltet in ,,Eine kleine Stadt in Deutschland" – bietet auch keinen Anlaß, die Wachsamkeit aufzugeben. Besonders dann, wenn man feststellt, welchen Schwächen jemand erliegen kann, der so vorgewarnt ist wie Fest, der Historiker. Denn es muß gesagt werden, daß Fest, der Filmemacher, entgegen seiner Absicht – so hoffen wir jedenfalls – das jüngste Opfer der Nazipropaganda ist, ein Opfer, das trotz allem erstaunlich selbstgefällig ist.

23. 8. 1977

19.

L'EXPRESS

C'était il y a mille ans
(Es war einmal vor tausend Jahren)
Von Max Gallo

Hitler heute in Berlin: sein lächelndes und abgespanntes Gesicht, gutmütig, erscheint auf einem schwarzen Plakat, das man auf dem Kurfürstendamm entdeckt, zwischen einem Steak House und einem Warenhaus, wie es sie in allen großen Hauptstraßen westlicher Hauptstädte gibt. Ein Plakat, das verloren erscheint in einer Welt, die seit der Zeit des Dritten Reiches so verwandelt worden ist, daß man sich fragt, ob der Film, den es ankündigt – ,,Hitler, eine Karriere" –, Zuschauer anzuziehen vermag. Bieten nicht andere Kinos ,,Das Beatles-Festival" oder ,,Bilitis" an?

Dennoch: Die Menge ist da, vor dem schwarzen Plakat. Es sind in der Mehrzahl Jugendliche, die Hitlers Karriere entdecken werden. Der Film ist ein ungeheurer Erfolg: 100 000 Besucher pro Woche. Aber

L'EXPRESS

37 ANS APRES LES 20 MILLIONS DE MORTS ET LES CAMPS...

HITLER SUPERSTAR

L' Express, Titelseite, 22.–28. 8. 1977

schon ist um den Dokumentarfilm von Joachim Fest eine Auseinandersetzung aufgekommen.

Die Person des Autors bietet jede Gewähr. 1926 geboren, Mitherausgeber der ,,Frankfurter Allgemeinen", einer der angesehensten Zeitungen, hat er eine monumentale Biographie Hitlers veröffentlicht: ein gelehrtes und objektives Werk. Ein weltweiter Bestseller. Kann der Film dieses demokratischen, integren und wohlinformierten Intellektuellen wirklich – wie deutsche Historiker es behaupten – gefährlich sein? Ist es möglich, daß die von ihm vorgetragene Version der Karriere Hitlers in einem Maße verharmlost, daß sie, weit davon entfernt, zu verunsichern, sogar bestärkend wirkt?

Hitlers Laufbahn betraf uns alle. Die Greuel des Nazismus – Auschwitz, Treblinka, 6–7 Millionen Opfer – müssen uns, genau wie Gulag, ohne morbide Selbstgefälligkeit, gegenwärtig bleiben, wenn wir wissen wollen, wessen wir, die man zivilisiert nennt, fähig sind, wenn politischer Wahnsinn, staatliche Fehlentwicklungen uns mitreißen. Und außerdem wird Fests Film weltweit beträchtliche Aufmerksamkeit erregen – durch die Persönlichkeit des Autors, weil es sich um einen *Film* handelt (er wird eines Tages vom Fernsehen übernommen werden), weil das Archivmaterial, aus dem er besteht, oft unveröffentlicht und oft bemerkenswert ist, weil der Zusammenschnitt bewundernswert ist. In Deutschland hat er diese Aufmerksamkeit schon gefunden.

Durch diesen Film werden Millionen Zuschauer, die vom Nazismus nur den Namen Hitler kennen, lernen, was der Führer, wie seine Karriere war. Von der Geschichte, die Hunderte von Millionen Menschen in Bewegung setzte, die -zig Millionen Tote zurückließ, werden sie nur das eine kennen: die Bilder, die Fest ausgewählt, den Bericht, den Fest geschrieben hat.

Hat Joachim Fest diese erdrückende Verantwortung begriffen? Seine unbestreitbare Integrität hat nicht verhindern können, daß dieser Film, der objektiv zu sein vorgibt, eine ungewollte Mystifikation darstellt.

Zunächst zu den verwendenten Dokumenten: Im wesentlichen handelt es sich um Filme der NS-Nachrichtensendungen. Dies ist ein reichhaltiges Material, wenn man historische Kritik an ihrem Ort einbringt und wenn man nicht jedes Bild für die Wirklichkeit nimmt. Fest überhäuft uns mit Paraden, leidenschaftlichen Szenen, großen Zeremonien. Sie sind notwendig, um das Phänomen Hitler zu verstehen. Falls man versteht, sie zu betrachten, zu benutzen, zu zerlegen, um die *Behandlung* zu erkennen, der die Propagandadienste der Nazis die Realität unterworfen haben. Warum zeigt man dieses Gesicht in Großaufnahme und nicht ein anderes? Warum berichtet man über diese Kundgebung und nicht über jene Versammlung? Goebbels hat den Film und den Rundfunk wunderbar zu nutzen gewußt, um dem deutschen Volk Hitler zu ,,verkaufen".

Trümmer

Fest vergißt das. Er nimmt die Bilder für Realität. Und sein Kommentar verstärkt dies, ohne sie zu kritisieren oder zu erhellen. Ob Hitler in Wien, in das Sudetenland oder in Prag einmarschiert – immer die gleichen Beifallsstürme. Und warum hat Fest für Prag, wo er zugegebenermaßen einige Einschränkungen macht, nicht die Bilder der weinenden Tschechen ausgewählt, die man schon hundertmal in allen Dokumentenfilmen gesehen hat? Besser noch – oder vielmehr schlimmer: er präsentiert uns Szenen, die in Paris gefilmt sind; Franzosen versuchen, abgeschossene alliierte Flieger zu lynchen, die von deutschen Soldaten vor dem Zorn der Menge geschützt werden. Diese Szene ist als sehr dubios bekannt; die Propagandastaffel hat sie mit Hilfe einiger Kollaborateure fabriziert.

Aber diese Unterwerfung unter das offizielle Bild besagt noch nichts. Fest würde antworten, daß er auch andere Bildfolgen ausgewählt habe: jene über die Exekution von Juden in Rußland, die in Massengräber fallenden Menschen. Ein Zug mit Deportierten fährt nach Auschwitz ab. Trümmer: bitteres Ergebnis der Politik Hitlers. Wenn diese Bilder erscheinen, ist die Stille im Saal erdrückend. Aber sie wird bald gebrochen von Fanfaren. Denn diese Bilder werden nicht als charakteristische Folgen eines Regimes gezeigt, nicht als Elemente eines Systems, als das konkrete Resultat der Karriere Adolf Hitlers. Sie erscheinen nicht als notwendige Konsequenz einer Politik und eines Wahnsinns, sondern als die schmutzigen Kulissen eines großen Spektakels, als die immer übelriechenden Abwässer einer kaiserlichen Stadt. Und welche Politik, welches Reich haben nicht ihren Bodensatz und ihre Verbrechen?

,,Nun also, gehen wir zum Wesentlichen über", scheint Fest vorzuschlagen: zum Wort, zur Parade, zum Schauspiel. Der Film beginnt übrigens mit farbenprächtigen Vorbeimärschen teutonischer Reiter. Man hätte selbstverständlich auch beginnen können, indem man die Haufen von Brillen, die Berge von Frauenhaaren, die Lampenschirme aus menschlicher Haut zeigt, die man in den Vernichtungslagern gefunden hat.

Aber Fest sieht das Dritte Reich wie Cecil B. DeMille die Antike. Er kann Fritz Lang nicht sehr schätzen. Es gibt keinen Dr. Mabuse bei ihm und auch keine unterirdischen Maschinerien, an denen sich einige

Millionen Sklaven abarbeiten. Nichts bleibt über als die Paläste von Metropolis. Und er verbreitet sich über die architektonischen Leistungen des Regimes, über die Naziskulpturen, über die Pläne des Zeichners und Visionärs Hitler. Beim Betrachten des Fest-Films gewinnt man den Eindruck, daß das Reich ebenso lange Bestand hatte wie das Römische Reich, daß es Zeit hatte, eine große Politik des Bauens ins Werk zu setzen, kurz, daß sich eine Zivilisation gebildet hat, die vom Krieg zerstört wurde.

Und genau hier rührt man an die schwerwiegendste Mystifikation. Gehen wir darüber hinweg, daß nicht ein einziges Mal die Frage nach den finanziellen „Stützen" gestellt wird, die dem Parteichef Hitler erlaubten, die Uniformen, die Paraden, die Flugzeuge zu bezahlen, die Fest angetan beschreibt. Schweigen wir darüber, daß nichts über die Verhandlungen zur Machtübernahme gesagt wird. Daß nichts mehr übrigbleibt vom Zynismus und der Undankbarkeit Hitlers, der in der Nacht der langen Messer seine engsten Freunde exekutieren ließ. Daß Hitler allein als Demagoge dargestellt wird, dessen politische Aktivität sich auf das Redenhalten beschränkt. Die sexuelle Vereinigung – durch das Wort – mit der Masse, die er durch seine Energie verführt. Sie gibt ihm nach, weil sie bereit war, sich demjenigen zu unterwerfen, der Ordnung versprach. Lassen wir das alles beiseite.

Aber daß kein Wort über „Mein Kampf" verloren wird! Daß jegliche Bezugnahme auf die Außenpolitik Hitlers fehlt, grenzt an einen historischen Skandal. Und man versteht, warum nicht von „Mein Kampf" gesprochen wird. Demjenigen, der „Mein Kampf" gelesen hat, erscheint der Krieg als logisches Ziel des Regimes. Fest lehnt diese Verbindung ab. Deshalb erwähnt er nichts von all den Kriegsvorbereitungen: die Ermordung des österreichischen Kanzlers Dollfuß durch die Nazis 1934, nur ein Jahr nach der Machtübernahme, nichts über die Morde der Nacht der langen Messer – die notwendig wurden, um die Unterstützung der Wehrmacht zu erhalten –, nichts, ja nicht einmal ein einziges Bild über das Eingreifen Hitlers in den Spanienkrieg. Hitler beschränkt sich darauf, die deutschen Gebiete zurückzuerobern: das Saarland, das Rheinland, Österreich, das Sudetenland – und überall Begeisterung. Wo ist also das Böse? Die Außenpolitik, die Verträge, die Konferenzen? Alles unbekannt. Der Krieg? Eine Überraschung!

Es ist einer gekommen...

Vielleicht noch niemals hat ein Dokumentarfilm in einem solchen Ausmaß die wesentlichen Bestandteile eines komplexen und noch nicht weit zurückliegenden, aber gut bekannten Zeitabschnittes verdunkelt. Nach zweieinhalb Stunden Laufzeit ist alles undurchsichtig geblieben: die deutschen Verhältnisse in dieser Zeit, die Stützen Hitlers, seine Ziele und selbst seine Persönlichkeit.

Welchen Bedürfnissen entspricht ein solcher Film, der blind macht statt begreifen läßt? Fest wollte den Deutschen den Teil ihres Gedächtnisses zurückgeben, um den sie beschnitten worden sind. Das ist ein legitimes Anliegen. Die Deutschen haben ein Recht auf ihre Geschichte, auf die ganze Geschichte. Die Generationen in Blue jeans, die den Kurfürstendamm bevolkern, müssen und wollen es wissen. Ohne Schuldgefühle und ohne Verblendung.

Fest bietet ihnen eine Scheingeschichte an. Eine Fabel, die sich nicht an erwachsene Bürger, sondern an Kinder richtet. Eines Tages ist einer in ein zerrüttetes Land gekommen. Er konnte gut reden. Er glaubte an das, was er sagte. Er wollte Ordnung. Das Volk auch. Also folgte man ihm. Er baute Autobahnen und schöne Gebäude. Manchmal stellte er die Ordnung mit Härte her. Aber das Volk liebte ihn. Leider (!) kam der Krieg. Es war furchtbar. Es war vor tausend Jahren.

22.–28. 8. 1977

Karl Weinmair: Aus dem 1000jährigen Reich, Tusche 1944

NEUE ZÜRCHER ZEITUNG

„Hitler – eine Karriere"

Dem Hitler-Film von *Joachim C. Fest* und *Christian Herrendoerfer* ist, noch ehe er in der Schweiz zur öffentlichen Aufführung gelangte, in Deutschland eine weitgehend *negative publizistische Welle* vorangegangen. Da war die Rede von gefährlichen neonazistischen Tendenzen, von blinder Kopierung des Faschismus, von einem Rückschlag für das ganze Filmschaffen in der Bundesrepublik. Der Film, so hieß es in einer Besprechung, bade geradezu in Massenorgien kultischer Selbstdarstellung.

Das Ausmaß der Aufregung bleibt unverständlich, selbst wenn man als Schweizer einen anderen Blickpunkt hat gegenüber dem, was hier gezeigt wird, und nicht so unmittelbar berührt und belastet erscheint von dem Thema des Filmes, wie mancher Deutsche es sein mag. Selbstverständlich fordert diese Montage von zeitgenössischem Dokumentarmaterial verschiedenster Herkunft zur Kritik heraus, stellenweise sogar zu *massiver Kritik*. Aber es ist nur schwer zu begreifen, daß in der Bundesrepublik nun schon seit Wochen in überbordendem Übereifer hitzige Diskussionen geführt werden. Es ist kaum vorstellbar, daß von diesem Film tiefgreifende Impulse destruktiver Art ausgehen werden (was offenbar befürchtet wird), ja nicht einmal solche nostalgischer Schwärmerei für eine vergangene, angeblich bessere Zeit. Ihn gewissermaßen mit Schaum vor dem Mund in Grund und Boden zu verdonnern, dazu scheint es mir keinen Anlaß zu geben.

Die *Schwächen* des Streifens allerdings sind offensichtlich, und wer sich tatsächlich ernsthaft mit dem Nationalsozialismus und mit Hitler auseinandersetzen will, dem sei noch immer empfohlen, sich nicht mit dem Film allein zu begnügen, sondern vor allem Fests ausgezeichnetes *Hitler-Buch* zu lesen. Denn der Film legt bewußt den Akzent darauf zu zeigen, welche Faszination seinerzeit von Hitler ausgegangen ist; er möchte damit „sich wenden gegen die falsche Überheblichkeit der jungen Leute, die sich mitunter gar nicht vorstellen können, wieso die Älteren auf Hitler hereinfallen konnten". Gegen ein solches Unterfangen ist an sich nichts einzuwenden, und was diesen Aspekt betrifft, so ist das angestrebte Ziel mit den zur Verfügung stehenden Mitteln auch erreicht worden, wozu Nachsynchronisationen, die Musik von *Hans Posegga* und die Art, wie *Gerd Westphal* den Verbindungstext sprach, das Ihre dazu beigetragen haben.

Aber man kann das Phänomen des Nationalsozialismus nicht voll erfassen, indem man breit ausladend nur dessen Sonnenseiten zeigt, den Rummelplatz Drittes Reich, in seinem ewigen Taumel von Festen, Freudenfeuern und Fackelzügen. Der *Antisemitismus* beispielsweise ist eine so zentrale Angelegenheit des Nazismus und Hitlers persönlich gewesen, daß man ihn nicht so abtun kann, wie es in diesem Film geschieht: mit ein paar dürren Phrasen, dazu einige Bilder von Kaftanjuden im Wien vor 1914, dem Judenboykott von 1933 und schließlich den Vernichtungslagern im Osten – alles in allem bloß einige Minuten in dem immerhin zweieinhalb Stunden lang dauernden Dokumentarstreifen. Da gibt es keinen Judenstern und keine Kristallnacht, kein Wort über die schleichende Entrechtung der Juden zwischen 1933 und 1938, nichts über die gesteuerten sadistischen Ausschreitungen beim Einmarsch der Deutschen in Wien im März 1938, kein Bild von einer Sportpalastveranstaltung unter dem Motto ,,Die Juden sind unser Unglück''. Wer aus Hitlers ,,Karriere'' in so drastischer Weise den Judenhaß verdrängt, muß sich den Vorwurf gefallen lassen, er unterschlage oder minimalisiere etwas, das in den *Mittelpunkt* gehört.

Zweiter, entscheidender Mangel des Films: Es wird versucht, *mit Worten gegen das Bild* anzugehen – ein um so hoffnungsloseres Unterfangen, als es mit einer über weite Strecken gequält wirkenden Verpsychologisierung der Probleme geschieht. Auch wenn man Jacob Burckhardt zustimmt, die Geschichte liebe es, sich zuweilen in einem Menschen zu verdichten (und man Hitler als ein besonders eindrückliches Beispiel dafür nimmt), so sind hier nur zu oft die *falschen Schlüsse* gezogen worden, gelegentlich geraten auch Historie, Chronologie und Psychologie miteinander in Konflikt. Manchem, was gesagt wird, ist im einzelnen durchaus beizupflichten, einiges entspricht auch dem Geist der Zeit, in der Hitler gelebt hat. Der Diktator selbst war sich der Wechselwirkung ,,Führer – Masse'' bewußt, wie ja auch vereinzelte Stellen in ,,Mein Kampf'' darauf hindeuten, daß sein Verfasser Gustave Le Bons ,,Psychologie des foules'' gekannt hat. Aber ist ein Film das *richtige Medium*, um im Wort, gegen das Bild ankämpfend, komplexe Analysen anzustellen? Hier verzerrt sich das Unterfangen gelegentlich ins Groteske, so wenn ein Zeppelin als Phallus-Symbol eingeblendet wird in Sequenzen, die Scharen von jungen Frauen zeigen, die in wildem Enthusiasmus auf Hitler zudrängen und tränenüberströmt wieder zurückwanken...

Zum dritten: Wer die Geschichte Deutschlands zwischen den beiden Weltkriegen nicht kennt, wird Mühe haben, sich aus diesem Film ein Bild von dem Geschehen zu machen. Es ist eigentlich erstaunlich, daß

151

ein Autor von den Qualitäten Fests hier nicht der offensichtlichen *Oberflächlichkeit* gesteuert hat. Das Stichwort ,,Versailles" zum Beispiel fällt recht spät und nur ganz beiläufig, lange nach der ,,Machtergreifung", deren Ablauf ebenfalls höchst simplifiziert dargestellt wird, von der Münchner Konferenz Ende September 1938 ganz zu schweigen, von der Hitler keineswegs das Gefühl hatte, er habe hier die anderen hereingelegt, sondern im Gegenteil sich um den (vermeintlich leicht zu gewinnenden) Krieg gegen die Tschechoslowakei geprellt fühlte, den er geplant hatte. Und so fort.

Wo bleibt das Positive? Der Film zeigt im wesentlichen das Dritte Reich, wie es *von seiner Führung gesehen werden wollte* und wie es wahrscheinlich viele Deutsche damals selbst erlebt und empfunden haben. Daß die Nazipartei, allen voran Hitler selbst, in der *Propaganda* völlig auf der Höhe der Zeit und des Metiers waren – ,,Profis" also –, ist kaum je bestritten worden. Von dieser klar umschriebenen Voraussetzung ausgehend, bietet der Film von Fest und Herrendoerfer einen Beitrag zum Verständnis des Dritten Reiches. Das heißt: Wer ihn sieht, muß sich bewußt sein, daß hier vor allem eine *Kulisse* gezeigt wird und nur gelegentlich und meiner Auffassung nach viel zuwenig das Bild auch jene Bereiche einbezieht, in denen nicht der Glanz der Bühne, sondern Düsternis herrschte. Es ist ein *Trugschluß,* zu glauben, man könne nur die Fassade des Hauses darstellen, das Hitler den Deutschen bauen wollte, ohne auch die Hinterhöfe auszuleuchten. Daß dies nicht deutlich genug – und auch mit den Mittel des Bildes – geschah, ist Mangel und Problematik dieses Filmes. Dem Publikum, in der Schweiz wie in Deutschland, dürfte immerhin so viel *kritische Urteilskraft* zugemutet werden, daß es die Lücken und die falschen Akzente bemerkt und seine Korrekturen anbringt.

25. 8. 1977

Fast jede Minute ist mit Lügen gespickt

Den vor kurzem in Westdeutschland nach dem Buch von Joachim Fest hergestellten Film ‚Hitler – eine Karriere' möchte ich am liebsten als Provokation auf der Leinwand bezeichnen.

Zum größten Teil wurde dieser Streifen aus alten Filmszenen zusammengestellt, die seinerzeit Goebbels' Filmpropagandisten gedreht hatten. Bei denjenigen, die sich noch heute nach einem „starken Mann" sehnen und aus den dreißiger und vierziger Jahren keine Lehre gezogen haben, fand der Film erwartungsgemäß laute Zustimmung. Die neofaschistischen Gauner faßten Mut. Ihr Götze – ein Diktator, Henker und Besessener in einer Person – wird in westdeutschen Kinos erneut zur Schau gestellt. In Mainz erhoben sich in einem Lichtspielhaus mehrere Zuschauer während der Aufführung von den Plätzen und stimmten das faschistische Horst-Wessel-Lied an. Aus einigen anderen Städten in Westdeutschland werden Aktionen der Neofaschisten gemeldet. So wirkt das im Film verborgene Gift.

Gewisse bürgerliche Rezensenten erklärten recht nebelhaft, der neue Film sei ein Ergebnis „wissenschaftlicher Untersuchungen", ein Versuch, bisher wenig bekannte Seiten in der Biographie des Führers zu beleuchten und die komplizierte Situation jener Jahre aufzudecken. Das wahre Vorhaben der Filmemacher ist jedoch eindeutig. Joachim Fest nennt Hitler im Begleittext einen Retter des alten Europas. So habe er sich selbst gesehen. Der „Retter" habe nie an eine Verschwörung gegen den Frieden gedacht, er habe keine aggressiven Absichten gegenüber den Nachbarländern gehabt und habe nie einen Krieg gegen England und Frankreich gewollt, er habe aus purer Langeweile Österreich an sich gerissen und mit „guten Vorsätzen" die Tschechei besetzt. Fest ist keine noch so üble Lüge zu schlecht, und so behauptet er in Widerspruch zu allgemein bekannten Tatsachen, Hitler sei nie ein Bundesgenosse des Großkapitals gewesen.

Der Film läuft 150 Minuten, und so gut wie jede davon ist eine Herausforderung der Wahrheit. Fast jede Minute ist mit Lügen gespickt, die 32 Jahre nach dem Zusammenbruch des Dritten Reiches das Bewußtsein der heutigen Generation der Westdeutschen vergiften sollen. Vor ihren Augen wird ein falsches Bild der Vergangenheit entfaltet. Für sie wird das düsterste Kapitel der deutschen Geschichte neu geschrieben, unter dem das Urteil der Völker längst den Schlußstrich gezogen hat. Es sieht ganz so aus, als wollten Fest und diejenigen, die ihm jetzt Beifall klatschen, gegen dieses Urteil Berufung einlegen und Hitler auf das vom Faschismus errichtete Postament zurückbringen. Vergessen sind der Rauch der Krematorien, Berge aus Kinderschuhen und Ballen aus Frauenhaaren. Vergessen ist, wie heimtückisch und grausam mit den Völkern der zeitweilig besetzten Länder abgerechnet wurde. Vergessen sind die Ruinen und Massengräber, vergessen ist der von der Menschheit verfluchte Hitler.

Aber eben darin besteht das Hauptziel des Films, nämlich im Vergessenlassen. Die Verbrechen und die Tragik des faschistischen Regimes sollen aus dem Gedächtnis der Menschen getilgt werden. Man will den Faschismus salonfähig machen und ihm einen „angemessenen Platz in der Geschichte" einräumen. Ein Trick, dessen sich Fest besonders gern bedient, besteht in der angeblichen Objektivität, wodurch die Wachsamkeit der Zuschauer eingeschläfert werden soll. Flüchtig werden SS-Männer in einem Konzentrationslager und Partisanenerschießungen gezeigt. Aber dies geschieht nur, um hervorzuheben, daß sich der Füh-

Corrado Cagli: Drei Spione, Federzeichnung 1945

154

rer – Verzeihung bitte – ebenfalls irren konnte. Er wollte Deutschlands Größe, aber der Versuch mißlang, weshalb man über ihn nicht zu streng urteilen soll.

Es besteht Grund für die Annahme, daß der Film „Hitler – eine Karriere" nicht zufällig erschien. In den letzten 15 bis 20 Jahren war die westdeutsche Öffentlichkeit wiederholt Augenzeuge von Versuchen, den Führer und sein Reich aus dem Nichtsein zu erwecken, sie zu rehabilitieren und auf diese Weise den Militarismus und Revanchismus wieder zu beleben. Anfangs wurden derartige Versuche im quasi wissenschaftlichen Bereich unternommen: es wurden Hitler-Biographien verfaßt und Abhandlungen über sein Regime veröffentlicht, die in einem absichtlich teilnahmslosen Ton gehalten waren. Jetzt wird der nächste Angriff unternommen: Hitlers Rehabilitierung wird aus den Arbeitszimmern der falschen Wissenschaftler auf die Leinwand verlagert. Dies kann schwerlich anders beurteilt werden als Verunglimpfung der Opfer des Faschismus, als ein gefährlicher Versuch, das von der Geschichte über den Faschismus gefällte Urteil zu vergessen, ein Urteil, gegen das es keine Berufung gibt. Nach: Monitor v. 22. 7. 1977

Corrado Cagli: Szene aus dem Konzentrationslager Buchenwald, Federzeichnung 1945

22.

DIE ZEIT

That's Entertainment: Hitler
Von Wim Wenders

(...)

Ich rede für alle die, die in den letzten Jahren, nach einer langen Leere, wieder angefangen haben, Bilder und Töne zu produzieren in einem Land, das ein abgrundtiefes Mißtrauen hat in Bilder und Töne, die von ihm selbst erzählen, das deshalb 30 Jahre lang begierig alle fremden Bilder aufgesaugt hat, wenn sie es nur von sich selbst abgelenkt haben. Ich glaube nicht, daß es irgendwo sonst einen solchen Verlust an Zutrauen in eigene Bilder, eigene Geschichten und Mythen gibt wie bei uns. Wir, die Regisseure des Neuen Kinos, haben diesen Verlust am deutlichsten gespürt, an uns selbst in dem Mangel, der Abwesenheit der eigenen Tradition, als Vaterlose, und an den Zuschauern in ihrer Ratlosigkeit und ihrer anfänglichen Scheu. Erst langsam hat sich diese Abwehrhaltung auf der einen und der Mangel an Selbstvertrauen auf der anderen Seite aufgelöst, und in einem Prozeß, der vielleicht noch ein paar Jahre dauern wird, entsteht hier wieder das Gefühl, daß Bilder und Töne nicht nur etwas Importiertes sein müssen, sondern von diesem Land handeln und auch aus diesem Land kommen können.

Aus diesem Grund gibt es dieses Mißtrauen. Denn niemals zuvor und in keinem anderen Land ist so gewissenlos mit Bildern und der Sprache umgegangen worden wie hier, nie zuvor und nirgendwo sind diese so sehr zum Transport von Lügen erniedrigt worden. Und jetzt kommt da ein Film daher, der mit einem unfaßbaren Leichtsinn eben diese Bilder als den Kern der Sache und als „Dokumentaraufnahmen" verkaufen will, VERKAUFT, und damit noch einmal, NOCH EINMAL, ein paar Lügen transportiert. (...)

Die „Karriere", die Fest und Herrendoerfer ergründen wollten, war nicht zuletzt deshalb möglich, weil es eine totale Kontrolle über alles Filmmaterial gab, weil alle Bilder, die es von diesem Mann und seinen Ideen gab, raffiniert gemacht, geschickt ausgesucht und gezielt eingesetzt wurden. Wegen dieses durch und durch demagogischen Umgangs mit Bildern haben alle, die in Deutschland verantwortungsvoll und auch kompetent mit der Herstellung von Filmbildern zu tun hatten, dieses Land verlassen. Fest und Herrendoerfer können sich also bis auf wenige Ausnahmen für ihre „umfassende Dokumentation" nur auf Bilder von Mitläufern berufen, auf den Blick von Mittätern, auf Propagandamaterial eben, auf die schweinischsten Meter Zelluloid, die hier je belichtet worden sind. Sie übernehmen das alles unkritisch, ziehen nicht die geringste Schlußfolgerung für ihre Arbeitsweise daraus, entblöden sich nicht, auch noch vornewegzuschreiben: „Für diesen Film wurde keine Szene nachgestellt", putzen es höchstens noch heraus (worauf der Produzent stolz hinweist, „keine Kosten gescheut"), überhöhten und verdoppelten den Propagandawert mitunter noch und machten sich damit nachträglich selbst noch einmal zu Werkzeugen.

Noch einmal: Wegen dieser Bilder, die wir da zwei Stunden lang sehen, hat es in der Filmkultur dieses Landes ein Loch von dreißig bis vierzig Jahren gegeben. Fest und Herrendoerfer reißen es lächelnd wieder auf, stolz auf ihre grausigen Funde. Dem, was da herausquillt, stellen sie nichts entgegen als einen Kommentar. Hält der dies alles andere als unschuldigen und harmlosen Bilder im Zaum?

Wo steckt der Autor dieses Films, wenn nicht in diesem Kommentar? Oder vielmehr: in der STIMME, die diesen Kommentar spricht. Denn das ist dessen ANWENDUNG, was auf den Zuschauer einwirkt. Ich habe mir den Film ein 2. Mal angesehen, mit einem Kassettenrecorder bewaffnet. Befreit von der angespannten Verstörtheit des 1. Males bin ich diesmal besser in der Lage, zu begreifen, was da passiert. Und das ist die Stimme. Die gängelt und betört den Zuschauer nicht viel anders als die andere Stimme, die es dauernd zu hören gibt. Ebenso zählt immer weniger, was sie sagt und immer mehr, wie sie es sagt. Auch sie stellt langsam aber sicher einen Sog her und lullt einen ein. Was erst allmählich in meinen Kopf will: Sie steht nämlich nicht „nüchtern und sachlich" über dem Besprochenen, sondern versucht es zu illustrieren, geht darauf ein, wechselt ihre Stimmungen: manchmal ehrfürchtig, manchmal leichthin, manchmal schwermütig, dann wieder hoffnungsvoll, mal amüsiert, mal erbost, auch keck oder spöttisch.

Wenn es um Hitlers Empfindungen und Eindrücke im Wien vor dem Ersten Weltkrieg geht, wird sie leise und eindringlich und sagt: „In den Straßen: Rote Fahnen!", daß es einem den Rücken runterläuft. Die Stimme legt einem nahe, sich in Hitler hineinzufühlen, versucht, ihn zu interpretieren, ihn zu verstehen. Ja, mitunter erzählt sie fast subjektiv, aus Hitlers Sicht. Deutlicher schon bei: „Im Völkergemisch der stürmisch wachsenden Metropole vor allem: Juden. Von ihnen geht der

Schauder einer fremdartig anmutenden Welt aus. Ihre Erscheinung weckte in der öffentlichen Phantasie blutschänderische Schreckbilder." Hier geht von der Stimme eine ganz dringliche Bedrohung aus, noch unterstützt von der Musik, die so tut, als gelte es, eine Horrorszene zu untermalen. Kaum noch kann man sich als Zuschauer dem Gefühl entziehen, daß die Juden, die es da auch gerade sehr typisch zu sehen gibt, wirklich fremde Wesen von einem anderen Stern sind.

Bald darauf heißt es dann, wie im Märchen: ,,Er gab sich als Schriftsteller aus und nahm Quartier in München." Gleich hat auch die Stimme den betulichen Gestus eines Märchenonkels angenommen. In düsternem Ton redet sie dann von der Weltwirtschaftskrise, um dann ganz plötzlich lebhaft und fröhlich zu werden, wenn es nach dem nächsten Schnitt heißt: ,,Betont optimistisch treten die Nationalsozialisten auf." So funktionieren auch Werbefilme, wenn die Frau mit dem besseren Waschmittel auftaucht.

Manchmal schwingt ein unterschwelliger Ton von Mitgefühl oder Kumpanei mit: ,,All das, was Hitler haßte: Parteienumtriebe, Kommunisten, Judentum . . ." oder gar: ,,Er konnte den Anblick der in den Amtssesseln korpulent gewordenen Parteigenossen nicht ertragen." Oder eine anerkennende Sympathie: ,,Er war weder käuflich noch im Bund mit dem Großkapital." (Ich rede hier nur darüber, WIE etwas gesagt wird.) Das Schlimmste passiert der Stimme dann, wenn es heißt: ,,Im Frühjahr 33 werden die ersten Konzentrationslager eingerichtet. Niemand wollte damals solche Bilder sehen. Aus Verlegenheit, Angst, Scheu."

Die Stimme schweigt, man sieht die Außenansicht eines KZ's, dazu kommt plötzlich ein Glockenspiel mit der Melodie FREUT EUCH DES LEBENS . . . (Kann ich meinen Augen und Ohren trauen? Ich schaue mich im Kino um: Niemand scheint das so richtig mitzukriegen, was da abläuft. Was für ein MITTEL ist das denn in einem ,,emotionslosen, mit fast naturwissenschaftlicher Nüchternheit" gemachten Film? Ironie etwa? Oder blanker Hohn?), und dann fährt diese infame Stimme doch tatsächlich ERLEICHTERT, ich schwöre es, erleichtert, ich habe das immer wieder auf dem Kassettenrecorder abgehört, erleichtert fort: ,,Was hinter dem Stacheldraht geschah, wurde durch Volksbelustigungen und allerlei schlichte Gemütlichkeit verdeckt. Die Deutschen waren unter sich." Verlegenheit, Angst und Scheu, von denen eben noch die Rede war, hier sind sie schon nicht mehr Inhalt, sondern Form der Rede, hier ist die Verdrängung vom Thema zur Methode geworden, hat sich nur noch schnell mit Arroganz gepaart.

Zum Einfall in Österreich heißt es: ,,Es war der 12. März 1938. Hitler

A. Paul Weber: ...und kommen nach kurzer Pause wieder...
Litho 1934, 1954 neugeschaffen

war aus seiner Untätigkeit ausgebrochen. Unter dem Jubel der Bevölkerung überschritt er bei seiner Geburtsstadt Braunau die Grenze." (Man sieht tatsächlich nur: grenzenlosen Jubel. Was wird die Nazi-Wochenschau sonst auch groß gedreht haben?) „Sichtlich bewegt zog er in Wien ein, der Stadt, die sein Scheitern erlebt hatte und die ihm jetzt im Taumel huldigte." Auch hier bleibt die Stimme nicht sachlich, sondern, wie es ihr die Grammatik des Textes schon vorschreibt, VOR-SCHREIBT, beeindruckt und ergriffen, von einer fettigen Emotion. Manchmal wird eine solche Stimme in einem schlechten Film benutzt, um die Lücken der Dramaturgie zu verdecken, Gefühle, die nicht drin sind, reinzustopfen.

Manchmal wird die Stimme auch zum Sportreporter, der Erwartung und Spannung herstellen will. Wenn Hitler sich vor seiner „großen Rede" am Abend der Machtergreifung sammelt, verfällt sie in den Flüsterton, in dem auch über Stabhochspringen oder Springreiten berichtet wird, wenn es zur Entscheidung kommt.

In diesem Film sind nicht einmal die Geräusche unschuldig. Bei Filmausschnitten, die Hitler bei einer Kranzniederlegung an der Feldherrnhalle zeigen, heißt es: „Allein, als Regisseur und Hauptfigur der Veranstaltung, begab Hitler sich zur Totenehrung, in der kalkulierten Einsamkeit des großen Führers." Die Darstellung dieser „kalkulierten Einsamkeit" wurde von Fest und Herrendoerfer gleich noch einmal kalkuliert und ein paar Synchrongeräusche für die ansonsten stumme Szene aufgenommen, Hitlers Schritte, klar und hallig, das Bild noch einmal überhöhend, durchaus im Sinn des „großen Regisseurs".

Im Rahmen dieses Films, ganz einfach von den Gewohnheiten des Sehens her und durch die simpelsten Vorgänge der Identifikation, muß man geradezu erleichtert sein, daß Hitler zum Beispiel den Anschlag vom 20. Juli überlebt. Auch ich merke, daß ich mit einer gewissen, sozusagen ganz formellen Genugtuung darauf reagiere, wie Hitler Mussolini bei dessen Ankunft von dem großen Glück berichtet, das ihm soeben widerfahren ist. Im Rahmen dieses Films sind die Attentäter eben dies: Attentäter. Die Erzählhaltung, von Hitler aus, macht sie notgedrungen dazu. Dieser Film über die „Karriere" geht auf Kosten aller, die unter dieser Karriere gelitten haben, ermordet oder vertrieben worden sind. Sie kommen deshalb alle auch nur am Rand vor.

Dieser Film ist so fasziniert von seinem Objekt, von dessen Wichtigkeit, an der er partizipiert, („An ihm bewahrheitete sich das Wort, daß die Geschichte es bisweilen liebe, sich in EINEM Menschen zu verdichten."), daß dieses Objekt den Film immer wieder übernimmt, zu seinem heimlichen Erzähler wird.

Da hat einer, hochmütig und in frevelhaftem Leichtsinn, seine Sprache, in einem Bestseller erfolgreich erprobt, der Sprache demagogischer Bilder für überlegen gehalten, hat geglaubt, er könne mit einem überlegenen Kommentar alles in seine Schranken verweisen, wie ein Herrgott, vom Himmel her.

Blind ist er dabei in alle Fallen gestolpert, die ihm ein noch geschickterer Herrgott da vor 40 Jahren gestellt hat. Ohne es zu merken, leistet er dem nun die gleichen Dienste, wie alle die traurigen Massen, von deren Abbildungen er sich auch nicht losreißen kann. Einmal kommt der Satz vor: ,,Der den Schrei ausgegeben hatte, kannte die Magie einfacher Bilder. Er liebte es, wie eine Art Gott zu seinem Volk herabzukommen.'' Ich kann das kaum noch anders denn als Anmerkung zur eigenen Methode verstehen.

(...)

Einmal, ziemlich am Anfang, schienen die Autoren etwas gemerkt zu haben. ,,Scharen von Kameraleuten waren unentwegt um ihn. Ihre Aufnahmen stilisierten ihn zum Monument.'' Aber dieser Film stilisiert selbst feste mit. ,,Als Denkmal, so wollte er sich in die Geschichte bringen.'' Was ist dieser Film, wenn kein Denkmal?

Ich denke, daß ich hier auf eine Art auch nur wieder Reklame mache. NICHT in den Film zu gehen, ist wohl die einzige Empfehlung, die man machen kann. Oder, wenn man es partout mit eigenen Augen sehen und vor allem: mit eigenen Ohren hören will, dann nur als Zeugnis für eben jene Faszination, von der dieser Film nur als Opfer berichtet.

(...)

Ich schäme mich für die Entscheidung der FBW, die diesen Film BESONDERS WERTVOLL genannt hat und ihn für Feiertage und Jugendliche ab 12 Jahren freigegeben hat. Die auf der anderen Seite so friedlichen, behutsamen und menschenwürdigen Filmen wie OB'S STÜRMT ODER SCHNEIT von Wolfgang Bernd aus rein formalen Gründen das Prädikat verweigert oder wieder andere für Jugendliche unter 18 Jahren verbietet. (IM LAUF DER ZEIT)

Auch das Gründe zum Auswandern, Rainer Werner.*

(...)   5. 8. 1977

---

* Anm. d. Hrsg.: Gemeint ist der Regisseur Rainer Werner Faßbinder, der sich mit dem Gedanken trägt, in die USA auszuwandern.

Der Diktator als Wagnerheld
Von Erwin Leiser

Als faires Dokument einer Epoche gedacht, löste Joachim C. Fests Hitler-Film schon während der Berlinale heftige Kontroversen aus. Für viele greift der filmische Entwurf eines Psychogramms Hitlers entschieden zu kurz und nicht tief genug. Startet der Diktator eine zweite, bessere Karriere?

Es ist soweit: Ein deutscher Film über Adolf Hitler bereitet – ob bewußt oder unbewußt, weiß ich nicht – die Aufwertung des „Führers" vor. *Joachim C. Fest* ist der Autor einer Hitler-Biographie, die ein Bestseller wurde, und zusammen mit *Christian Herrendoerfer* hat er bereits 1969 im Deutschen Fernsehen versucht, Hitler filmisch zu porträtieren. Jetzt zeichnen beide verantwortlich für einen Film von 155 Minuten Dauer, der die Erinnerung an Hitler nicht mehr moralisch, sondern „unvoreingenommen, sachlich und rational" bewältigen soll. Fest, Jahrgang 1926, bezeichnet Hitler als „die große moralische und intellektuelle Herausforderung für die Angehörigen meiner Generation" und will dem jungen Kinopublikum die Faszination zeigen, die von Hitler ausging. Ich bin auch der Ansicht, daß man diese Faszination glaubhaft machen muß, wenn man erklären will, warum sich so viele von Hitler verführen ließen, aber der Film von Fest und Herrendoerfer macht keinen Versuch, dieser Faszination entgegenzuwirken. Darum halte ich ihn für gefährlich und fragwürdig.

Schon der Titel des Films ist bezeichnend: „Hitler – eine Karriere". Daß der Aufstieg des „Mannes von der Straße", des „unbekannten Soldaten", zum Gewaltherrscher über „Großdeutschland" und Zerstörer des alten Europa nicht ausschließlich auf seiner „Genialität" als Demagoge beruhte, wird verschwiegen. Die historischen und sozialen Zusammenhänge, die diese Karriere ermöglichten, werden nicht genannt. Der „nüchterne" Historiker Fest verzichtet auf die Analyse. Die Karriere Hitlers wird bestaunt, aber nicht erklärt. Wäre dieser Film die einzige Informationsquelle über Hitler, hätte ein unvorbereitetes und gutgläubiges Publikum Grund zu der Annahme, Hitler habe alles allein gemacht, er sei ohne die Unterstützung von anderen, wie eine unaufhaltsame Überschwemmung oder wie ein erschreckender Vulkanausbruch, übe eine Welt gekommen, die nach diesem „Erlöser" lechzte.

Der Film will das Publikum von der „Größe" Hitlers überzeugen. Er bemüht sich darum, die Übereinstimmung zwischen Hitler und der Masse zu beweisen und eine Faszination glaubhaft zu machen, gegen die sich die Menschen im Dritten Reich der Ansicht der Filmautoren nach nicht zur Wehr setzen konnten. Aber dabei erliegt auch der Film der Faszination. Weder der Schnitt noch die Musik, noch der überraschend farblose Kommentar versuchen, die ursprüngliche Propagandawirkung der im Dritten Reich hergestellten Filmszenen aufzuheben. Die Karriere Hitlers bleibt unfaßbar für eine junge Generation, die auf ihre Frage nach der Wirklichkeit des Dritten Reiches keine Antwort bekommt. Die alten Kämpfer und die stolzen oder verschämten Mitläufer dürfen in Nostalgie schwelgen.

Der Film zeigt Hitler als den „großen Einzelgänger", der von einem „neuen Menschen" träumte und nicht nur Deutschland, sondern die Welt erlösen wollte. Erlösen – wovon? Das bleibt ungesagt. Über die Verbrechen Hitlers und seiner Gefolgschaft verliert der Film nicht viele Worte. Das Dritte Reich erlebt der Zuschauer als ein gigantisches Spektakel, als eine gewaltige Wagneroper, in der Hitler die Hauptrolle verkörperte. Was die Ideologie der Mächtigen von damals für die zur Ausrottung verurteilten „Untermenschen" bedeutete, wird nicht gezeigt. Der organisierte Terror im Dritten Reich wird nicht erwähnt. Die Aufnahmen aus den Konzentrationslagern sind kurz und erschüttern in keiner Weise das Bild des Dritten Reiches als der kostspieligen Inszenierung eines glanzvollen Volksfestes. Was mit dieser Vorstellung bezweckt wurde, erfahren wir nicht durch diesen Film.

Schon der Vorspann setzt die Akzente: Ein Farbfilm über die Eröffnung des „Hauses der Deutschen Kunst" in München 1937 zeigt zahlreiche Statisten in prächtigen Kostümen. Das Hakenkreuz ist eine riesige Dekoration, der Jubel ohrenbetäubend. Immer wieder zeigen Fest und Herrendoerfer Paraden, bei denen der einzelne in einem Meer von Fahnen und erhobenen Händen verschwindet. Den „Führer", der sich der Menge von oben zeigt und gelegentlich den einen oder die andere mit einem Händedruck aus der Masse heraushebt, und seine Gefolgschaft verbindet ein „Vereinigungserlebnis", das „dumpfere Bedürfnisse" beider Partner befriedigt. Bei der Auswertung solcher Szenen oder altbekannter Paradestücke wie Hitlers erster Rede als Reichskanzler, der Totenehrungen in München und Nürnberg, der Feierlichkeiten am 50. Geburtstag Hitlers oder seines Einzugs in Berlin als Triumphator nach dem Sieg über Frankreich vermag der Kommentar nie unter die Oberfläche zu dringen und die Suggestionskraft der Aufnahmen durch eine präzise Darstellung der Propagandatechnik zu brechen. Wer glaubt, hier viel unbekanntes Dokumentarfilmmaterial über Hitler zu finden, wird enttäuscht. Die Erschießungsszenen von der Ostfront und die Privatfilme Eva Brauns über das Idyll auf dem Obersalzberg sind in früheren Filmen über das Dritte Reich wirkungsvoller eingesetzt worden. Einige Montagen sind sogar fast unverändert, nur im Kommentar abgeschwächt, aus Arbeiten anderer Filmemacher übernommen. Das wenige Material, das als neu bezeichnet werden kann, hat lediglich Kuriositätswert.

Von einer Liste über Informationen, die der Film unterschlägt, und über irreführende oder falsche Formulierungen sehe ich ab. Der Platz reicht nicht aus. Was mich beunruhigt, ist die Tatsache, daß in der Bundesrepublik nicht wenige Zeitungsartikel die Auffassung vertraten, hier würde ein neues und zuverlässiges Bild von Hitler entworfen. ,,Der Spiegel" behauptete: ,,Zum ersten Mal befreien bundesdeutsche Filmer den zum Zelluloid-Monster degenerierten Führer von den Denkschablonen antifaschistischer Aufklärungsfilme." Der Film arbeitet mit einer anderen Denkschablone! Fest meint, als ,,Verbrecher" wäre Hitler nie populär geworden. Fest sagt nicht, daß man eben diese Verbrechen verschwieg und daß viele noch heute an sie glauben. Zur selben Zeit wie dieser Film erscheint ein Buch, in dem der Engländer David Irving behauptet, Hitler habe die Ausrottung der Juden nicht gewollt, sie sei ohne sein Wissen erfolgt!

Es ist soweit: Hitler beginnt eine zweite Karriere.

20. 7. 1977

... seine energischen Gemeinplätze
Von Wolfram Schütte

Das war zu erwarten. Ein ,,Weltbestseller" als Buch ist so recht noch gar keiner, wenn er nicht noch durch eine Verfilmung gekrönt wird. Das gehört zu den (fast risikolosen) Markt- und Profitinteressen der Autoren, Verleger und der Filmbranche – ob der Geschäftsgegenstand nun ,,Exodus", ,,Dr. Schiwago", ,,Der Pate" oder ,,Hitler" heißen mag.

Joachim Fests Hitler-Biographie ist sozusagen das seriöse Flaggschiff einer Freibeuterarmada, die hinter und neben ihm segelt, um nach eigenem Gusto und Interesse den Faschismus zu plündern und auszuschlachten wie Piraten im 17. Jahrhundert die Goldtransporte der Spanier. Denn der Faschismus ist längst zu einem Dorado der Geschäftemacher mit dem Schrecken, dem Sadismus und dem Sex geworden; und wo früher fast schon wie in der Vorvergangenheit unserer eigenen Zeitgenossenschaft, Bücher wie ,,Das Tagebuch der Anne Frank", Tadeusz Borowskis ,,Die steinerne Welt", Eugen Kogons ,,SS-Staat" oder Filme wie Alain Resnais ,,Nacht und Nebel", Erwin Leisers ,,Mein Kampf" und Michael Romms ,,Der gewöhnliche Faschismus" dem sich jeder Beschreibung zu entziehen scheinenden Phänomen Faschismus, seinem System des Terrors und der Ausrottung nahezukommen suchten, verfährt man heute in Büchern und Filmen mit dieser Geschichtsepoche, als handele es sich um den Untergang des weströmischen Reiches. Eine Spielwiese, in ferner Vergangenheit gelegen.

Die historische Distanz von bloß 30 Jahren zum Ende des Faschismus hat den Schock, den er einmal im kollektiven Gedächtnis der Menschheit hervorgerufen hatte, verblassen lassen. Seinen Opfern, die noch unter uns leben, muß nun seine Wiederkehr als Gegenstand des hohen oder niederen Vergnügens bitter, gespenstisch und bedrohlich vorkommen. Zu Recht; und man wird ein ökonomisches, soziales und geistiges System, aus dem auch er als Monströsität hervorging, wiewohl es so viele individuelle Vorteile und humane Erfüllungen für sich reklamiert, nicht von dem Vorwurf freisprechen können, solche Gespensterstunden mitzuproduzieren. Sie gehören zum Lebenszusammenhang in unserer Welt.

Der Erfolg von Joachim Fests ,,Hitler"-Buch, ungeachtet der Frage nach der Stichhaltigkeit seines wissenschaftlichen Fundaments, beruhte wohl vor allem auf dem Versprechen, das „Rätsel Hitler" psychologisch zu lösen, das weite Feld des Nationalsozialismus und Faschismus in der Person des „Führers" zusammenzufassen und schließlich auf der Darstellung von dessen Entwicklungsroman.

Denn um einen „roman d'essai" handelt es sich bei Fests „Hitler" ebenso wie bei Sartres Flaubert-Buch „Der Idiot der Familie" – wenngleich eine Gegenüberstellung beider Bücher ein geistiges Gefälle anzeigt, das nicht nur deshalb zu Sartres Vorteil ausfällt, weil er ein großer Schriftsteller ist, sondern weil seine Darstellung sowohl aus einem umfassenderen Wissensfundus schöpfen kann als auch seiner philosophisch-spekulativen Phantasie die avanciertesten, verfeinertsten Mittel der Phänomenologie, der Psychoanalyse und des Marxismus zur Verfügung stehen: Erkenntnisformen, von denen allenfalls eine, die Psychologie, für Fest relevant ist. Nicht nur sein Erkenntnis-Interesse ist konservativ, vondern auch seine Mittel, die ihm zu jenem „Hitler"-Bild verhelfen, das der Film, den er mit dem Fernsehdokumentaristen Christian Herrendoerfer nun verfestigt hat, vielleicht noch eindeutiger und bestürzender offenbar als das Buch.

Um es vorweg zu sagen: Nicht das Vorhaben, eine historische Figur zum Gegenstand eines Films zu machen, gegen die „Richard III" ein Erasmus von Rotterdam war, halte ich für unmöglich; allerdings müßte man dann William Shakespeare und nicht Joachim Fest, Sergei Eisenstein und nicht Christian Herrendoerfer heißen. Auch der Gegenstand darf eine Anstrengung verlangen, die sich ihm gewachsen zeigen muß. Dazu sind beide Autoren nicht imstande.

Der „Ansatz, auf eine möglichst nüchterne, rationale, sachliche Art Einsichten zu vermitteln", die in der „verständlichen Voreingenommenheit der ersten Phase" der Auseinandersetzungen zu „einer gewissen Neigung zur Verdrängung" geführt haben, möchte nicht „von den gleichen Ansätzen" (wie frühere Beschäftigungen) ausgehen, weil „dieser Art der Auseinandersetzung einige, viele überdrüssig geworden sind". Also aus Verdruß ein anderer Ansatz und zugleich: sachlicher, nüchterner, objektiver?

Der Film besteht aus einer Montage filmischen Materials unterschiedlichster Herkunft. Auf ihn ist der Kommentar Fests gelegt, von dem weichen Organ Gerd Westphals gesprochen. Gelegentlich Originalton, auch nachsychronisiert (Stiefelknallen, Bombenexplosionen), und ab und an Musik von Hans Possega.

Obgleich sie an einer Stelle erwähnen (und man auch sieht), daß die Nazis sehr bewußt den Film als Propagandawaffe benutzt haben, ziehen

Fest und Herrendoerfer für ihre eigene Arbeit keine methodischen Konsequenzen daraus. Die von den Kameraperspektiven, der Raumgestaltung und den Montagen faschistischer „Dokumentationen" inszenierte Wirklichkeit wird umstandslos mit anderem – privatem, zufälligem, fremdem – Filmmaterial verschmolzen; ja durch die Verkürzung auf „High-lights" dieses Nazimaterials wird dessen propagandistische Funktion noch verstärkt. Der Film badet geradezu in Massenorgien kultischer Selbstdarstellung. Deutlich merkt man, mit welchem Bedauern und welcher eigenen Hilflosigkeit die Autoren hadern, als die großen Inszenierungen der Nazis aus den Städten und Stadien in die optisch weniger spektakulären und unübersichtlicheren Kriegsfronten ausgelagert wurden.

Abgesehen von wenigen Sequenzen stammelt die filmische Syntax nur in der Addition von Und-Sätzen. Wo Herrendoerfer versucht, mit dem optischen Material zu arbeiten, wird der Film besonders fatal, weil diese scheinbare Erweiterung seines filmischen Vokabulars nur zu dessen primitivsten und gröbsten Effekten vordringt: Wenn er etwa die Vertreibung des deutschen Geistes sinnfällig machen will, schneidet er Dokumentaraufnahmen von Albert Einstein, Fritz Kortner, Max Reinhardt, Ernst Lubitsch und Thomas Mann zwischen einen offiziellen Nazi-Kulturfilm. Durch die Auswahl vornehmlich jüdischer Deutscher wird der Eindruck erweckt, nur sie hätten, und zwar nur aus rassischen Gründen, emigrieren müssen, als ob nicht die meisten Intellektuellen aus politischen Gründen fliehen mußten, gleich welcher Rasse sie waren. Ganz abgesehen davon, daß Lubitsch nicht aus politischen Gründen und viel früher nach Hollywood ging (sondern weil er dort arbeiten wollte) und Thomas Mann sich erst relativ spät zu seiner Emigration bekannte – übrigens gerade aufgrund eines Artikels in der „Neuen Zürcher Zeitung", in dem behauptet wurde, es seien ja „nur" die (jüdischen) „Romanfabrikanten" ausgebürgert worden – eine Verzerrung, in deren Nähe sich diese Filmsequenz aufhält.

Ein anderes Beispiel: Um die physische Erschöpfung Hitlers in einer bestimmten Phase zu zeigen, wird ein Filmdokument arretiert; auf das erschlaffte Gesicht Hitlers wird der Ton der Jubelchöre gelegt: Der arme Mann, verfolgt von der Massenhysterie. Hier bringt sich der schwelgerische, einfühlende Psychologismus Fests – Kommentarsätze wie „Hindenburg sah nachdenklich auf die braunen Kolonnen" oder „Die Republik war ihm Unglück. Mit Stresemann trug sich der Staat zu Grabe. Die Menschen ahnten es" – auf einen manipulativen Begriff.

Betrachtet man allein das verwendete filmische Material, so versuchen sich die Autoren zuerst an einer Phänomenologie Hitlers, gehen dann aber bald zu einer Chronologie über, von der sie hin und wieder abschweifen, vornehmlich allerdings, um ihrer eigenen Faszination an Massenchoreographien zu frönen.

Sowenig operativ und bieder der optische Stoff gegliedert ist (und gerade diese handwerkliche Unfähigkeit zum *optischen* Ideologieproduzenten über die Köpfe der beiden Autoren hinweg wird), desto eindeutiger, schon gar nicht „nüchtern" und „sachlich" formuliert dann Fest seine ideologischen Ressentiments („Eine Zeitlang war die Macht *herrenlos*. Sie gehörte der Straße." Über die Räterepublik) nicht allein durch seinen Kommentar und dessen Vokabular (und das was er verschweigt, herunterspielt und aufsteilt), sondern ebenso durch den Gebrauch, den sein Text von den Bildern macht.

Diese zweite Schicht der Ideologieproduktion erkennt man nicht nur an ihren gröbsten Exemplaren — wenn etwa, als von Hitlers Verhältnis mit den Massen in sexualistischen Metaphern die Rede ist, das Penissymbol eines Zeppelins mehrfach ins Bild zitiert wird. Ich meine vielmehr solche anderen, unterschwellig arbeitenden Szenen: Uniformierte steigen ungeordnet(!) eine Treppe hoch. Der Kommentar: „Geschäftig drängen die Nazis nach oben"; oder während im Hintergrund die Reichswehr paradiert, sieht man im Vordergrund einen SA-Mann auf einen Baum klettern. Kommentar: „Die Emporkömmlinge bemächtigen sich der Tradition."

Fest sucht das filmische Material immer wieder darauf ab, ob es dazu taugt, die Metaphern- & Symbolgeilheit seines Kommentators zu stützen. Die Bilder werden nicht entschlüsselt, ihnen nicht kritisch interpretierend widersprochen, sondern herrisch werden sie von oben herab zu symbolischen, mythologischen Fahnenträgern abkommandiert, welche den Beweisnotstand des Textes durch ihre scheinbare, immer überhöhende Evidenz salvieren sollen.

Darin zeigt sich eine ästhetisierende Tendenz der Wirklichkeit und dem Dokument gegenüber, welche dem Faschismus eben deshalb so eigen war wie diesem „Hitler"-Film, weil sie konservativen Ursprungs ist. Schon im Titel „Hitler – eine Karriere" schwingt ein konservativer Oberton mit: In bestimmten Kreisen ist man etwas, braucht nicht erst etwas zu werden und eine „Karriere" zu machen. Mit dem eingangs von Fest zitierten Satz, „die Geschichte liebe es bisweilen, sich in einer Person zu verkörpern", wird die Marschrichtung des Films ins Symbolische angekündigt. Hitler – das ist der Mann „von der Straße" und „aus der Masse", deren Repräsentant und Heros, der mit ihr kommuniziert. Folglich wird „der arme Teufel mit verhunzten Zügen" immer wieder vorgeführt, wenn sein „gemeines Gesicht" sich in einer „Art Begattungshunger" befindet und die „Vereinigung mit den Massen" sucht.

„Die Massen", „die Straße" und dieser „Weltverbesserer", der sich „zwischen Wagner-Opern und Männerwohnheim eine grandiose Schweinwelt formte" und sich schließlich seinem „alten Traum vom Künstlerleben" am nächsten wähnte, als er „ganz Deutschland zu seiner Bühne" gemacht hatte: Das sind die immer wieder wiederkehrenden Reizworte, aus denen Fest mit den überstrapazierten Bindemitteln der Individual- und Kollektivpsychologie den Verlauf von Hitlers „Karriere" verkleistert.

Fasziniert und angeekelt von dem „Emporkömmling", der „den Anblick in den Amtssesseln korpulent gewordener Parteigenossen nicht ertragen konnte" (was Fest ihm nachfühlen kann), jedoch sich nicht wie der smarte Großbürger über „Himmler und Heydrich, die gefürchteten SS-Führer, im Kleinbürgerdress" mokieren konnte, schnurren dem sich einfühlenden Porträtisten Geschichte, Gesellschaft, Ökonomie zu Kulissenwelten seines Schauspielerregisseurs zusammen, der mit ihnen souverän und je nach Laune verfährt. Die Annexion Österreichs ist nichts anderes als „Hitlers Ausbruch aus seiner Untätigkeit, seiner Apathie und seinen Dämmerungszuständen", der Überfall auf die Sowjetunion verständlich, weil „Hitlers Unrast jetzt einen Erfolg brauchte".

Wo Geschichte, Gesellschaft und Ökonomie allein bestimmt werden durch die irrationalen Befindlichkeiten großer Männer – ein Topos konservativer Geschichtsbetrachtung, vor allem aber auch faschistischer – und Dialektik ein Fremdwort, Materialismus allenfalls schimpflich ist, da passiert es eben, daß „Europa" (Reitet die immer noch auf dem Stier?) ebenso „plötzlich den Krieg vor sich sah" wie der Zuschauer und Zuhörer mit „dem Ergebnis der fieberhaften Aufrüstung, die Hitler schon mit der Machtübernahme in Gang gesetzt hatte", konfrontiert wird. Er hatte bisher davon gar nichts erfahren; ebensowenig davon, was einem erst im letzten Augenblick und dem ersten des Rußlandkrieges mitgeteilt wird, daß nämlich „der Krieg nach Osten immer sein großes Ziel war" und „dies der Krieg war, den er immer gewollt hatte". Dabei hatte man doch von Fest die ganze Zeit über versichert bekommen, der Mann habe seiner schwierigen Psyche, seinen „Massen"-Ersatzbefriedigungen, die ihn „fertigmachten und beseligten zugleich", ausschließlich und übergenug zu tun. (...)

8.7.1977

25.
Gutachten der Filmbewertungsstelle Wiesbaden (FBW) zu dem Film „Hitler – eine Karriere"
(Prüfnummer 15 982 v. 14. 6. 1977)

Der Bewertungsausschuß hat mit der nach Art. 8 Abs. 2 VV-FBW hinreichenden Mehrheit von 2:2 Stimmen dem Film das Prädikat „Besonders wertvoll" erteilt.

Die gestalterischen Qualitäten sind neben der dokumentarischen Bedeutung des filmischen Materials ausschlaggebend für die Prädikatisierung.

Zwar erscheinen manche Interpretationen (der „arbeitsscheue" Hitler der Jahre 1933–1939, die „Vereinigungserlebnisse" hauptsächlich der weiblichen Bewunderer) auch in ihren filmischen Verdeutlichungen kaum belegbar. Es bleibe manches in Geschichte und Struktur des Dritten Reiches und in der Biographie Hitlers offen (z. B. die frühen Jahre, die Relevanz von „Mein Kampf", Hitlers Führungsstil). Und es stelle sich die Frage, wieweit der Kommentar die diesem Gegenstand angemessene und wissenschaftlich legitimierte Intensität der Information erreiche. Andererseits sei zu berücksichtigen, daß ein derartiger Film auf das vorhandene dokumentarische Filmmaterial angewiesen sei, daß seine Themenstellung notwendigerweise Sachkomplexe und Fragestellungen, mögen sie auch noch so wichtig sein, im Blick auf die begrenzte Länge ausgrenzen müsse und daß schließlich ein in Wissenschaft und Politik derart brisantes wie zerredetes Thema in einem Filmkommentar nicht umfassend dargestellt werden könne.

Bei Abwägung dieser Bedenken und Schwierigkeiten hat der Ausschuß sich für das Prädikat „Besonders wertvoll" entschieden. Denn sowohl das Arrangement des Materials in seiner Gliederung und Montage wie die Kommentierung in ihrer Verbindung von Forschungsergebnissen mit filmisch Beleg- und Interpretierbarem sind – im Blick auf Dokumentarfilme anderer und ähnlicher Thematik – im Sinne der Verfahrensordnung der FBW als überragend zu bezeichnen.

26.
DIE WELT

Erste Störungen beim Hitler-Film

Erste Provokationsversuche bei der Vorführung des neuen Hitler-Films von Joachim Fest werden aus einem Mainzer Kino gemeldet. Dort erhoben sich, als im Film das Horst-Wessel-Lied gespielt wurde, ein Mann und zwei Frauen und sangen stehend das Lied mit. Andere Kinobesucher alarmierten die Polizei, die die drei Störer, stadtbekannte Rechtsradikale, aus dem Saal wies.

13. 7. 1977

27.
MÜNCHNER ABENDZEITUNG

Molotow-Cocktail gegen Hitler-Film in München

Einen Molotow-Cocktail warfen Unbekannte gestern früh kurz nach 5 Uhr in das Foyer des Filmtheaters am Karlstor in München. Die Attentäter wollten damit offensichtlich gegen den Film „Hitler – eine Karriere" protestieren.

Der Terror begann bereits am letzten Wochenende. Ein Unbekannter rief im Filmtheater an und forderte die Absetzung des vieldiskutierten Films über den Nazi-Diktator.

Geschäftsführer Heinz P.: „Am Sonntag früh waren dann Schmierereien an den Eingängen." Inhalt der Parolen: „Nie wieder Faschismus, nieder mit dem Polizeistaat." Unterzeichnet waren die Schmierereien mit dem Zeichen „RAF". Diese Bezeichnung (für „Rote Armee Fraktion") hatte sich die Baader-Meinhof-Gruppe gegeben.

Gestern früh warfen dann Unbekannte die Glasfüllung der Eingangstür des Filmtheaters in der Herzog-Wilhelm-Straße mit einem Ziegelstein ein. Dann schleuderten sie einen Molotow-Cocktail in den Zugang

zum Kinoraum im Keller des sogenannten „Neuen Hauses" des Filmtheaters.

Der Brandsatz zersprang auf den Steinfliesen. Die Tapete fing zwar
Feuer, aber der Brand erlosch von selbst. Der Schaden wird mit 2000
Mark angegeben.

14. 7. 1977

28.

MÜNCHNER ABENDZEITUNG

Szenenbeifall für Hitler

Zu Zwischenfällen kam es bei mehreren Vorstellungen des Films „Hitler – eine Karriere" von Joachim Fest und Christian Herrendoerfer in
München.

So klatschte im „Karlstor" in der Samstagnachmittag-Vorstellung
eine fünfköpfige Zuschauergruppe Szenenbeifall bei Hitler-Zitaten,
während kritische Kommentarstellen mit Zwischenrufen („Lügen",
„eine Beleidigung") beantwortet wurden. Dazu Kino-Geschäftsführer
Heinz Pietsch: „Meist legen sich diese Zwischenrufe nach den ersten
Szenen. Aber ich habe schon das Gefühl, daß viele – gelinde gesagt –
‚Nostalgiker' sich diesen Film ansehen und als Ideologisierte ein Brett
vor den Ohren haben, was den antifaschistischen Kommentar anbe-
trifft!"

18. 7. 1977

29.

BILD

Säure! Attentat auf Hitler-Film in Hamburg

Während im ausverkauften „Urania"-Kino an der Fehlandtstraße in
Hamburgs Innenstadt der Film „Hitler – eine Karriere" lief, spielten
sich im Vorführraum dramatische Szenen ab.

Drei Männer, etwa 25 Jahre alt, hellbraune Wollmasken, überfielen
den Filmvorführer Dieter B. (57). „Wir haben Säure", schrie einer.
„Tut mir nichts!" bat der blonde Zweizentnermann.

172

Er berichtete: „Sie haben mich, ohne ein weiteres Wort zu sagen, in den Sessel gedrückt. Dann fesselten sie mir die Hände mit Klebeband an die Armlehnen und banden mir die Füße mit braunen Lederriemen fest."

Die Banditen schütteten Salzsäure auf eine bereits abgelaufene Filmrolle und verschwanden.

Der gefesselte Vorführer rutschte mit dem Sessel bis zum Telefon und zog den Apparat mit den Zähnen so zu sich heran, daß er die Nummer des Büros wählen konnte. „Überfall! Schnell! Die nächste Rolle muß eingelegt werden", rief er.

Der Geschäftsführer stürmte in den Vorführraum, legte die neue Rolle ein und befreite Dieter B. Die 419 Zuschauer bekamen nicht mit, was bisher hinter ihnen geschehen war.

Urania-Geschäftsführer Rolf L. bestellte sofort eine neue Rolle für die durch Salzsäure zerstörte. Sie kam gestern mittag an.

Die Hamburger Kripo nahm die Fahndung nach den Attentätern auf. Vor einigen Tagen hatten Kommunisten mit Flugblättern gegen eine „Verherrlichung des Faschismus" durch den Film protestiert. Er wurde nach dem Bestseller von Joachim C. Fest gedreht. 400 000 Deutsche (in Hamburg 29 000) sahen den Streifen bereits. 20. 8. 1977

30.
STUTTGARTER ZEITUNG

Demonstration in KZ-Kleidung

In der Kleidung von KZ-Häftlingen haben Angehörige der „Vereinigung der Verfolgten des Naziregimes (VVN) – Bund der Antifaschisten" am Dienstag und Mittwoch vor dem Stuttgarter „Atrium" gegen die Aufführung des Films „Hitler – eine Karriere" demonstriert. Dabei verteilten sie Flugblätter, auf denen die Einseitigkeit dieses Films, der die Kriegs- und KZ-Verbrechen sowie den antifaschistischen Widerstandskampf so wenig zeige, ebenso kritisiert wird wie die Verfälschung wesentlicher Merkmale des Faschismus. Die Gefährlichkeit des Films ist nach Meinung der Demonstranten auch in Diskussionen mit Passanten und Kinobesuchern deutlich geworden. Vor allem viele junge Leute, so berichteten die Demonstranten, beurteilten nach dem Filmbesuch Hitler und den Nationalsozialismus positiv. Eine Gymnasiastin habe sogar – zum Entsetzen ihrer danebenstehenden Eltern – erklärt, sie sei von „Hitler als Herrenmensch" begeistert. 1. 9. 1977

31.
SÜDDEUTSCHE ZEITUNG

FDA gegen Hitler-Film

Roderich Menzel, der erste Vorsitzende des Freien Deutschen Auto-
renverbandes (FDA) in Bayern, hat in einem offenen Brief gefordert,
Joachim Fests Hitler-Film zurückzuziehen. Menzel schreibt u. a.:
,,Hitler als großen Staatsmann und Feldherrn zu rühmen, blieb bisher
einem Häuflein Unbelehrbarer vorbehalten. Heute verwandeln ihn
nicht nur Historiker..., sondern auch demokratische Texter wie Fest in
einen Condottiere à la Colleoni. Geht es so weiter, werden wir bald vor
einem neuen Ungeheuer zittern... Deshalb: Zieht den Hitler-Film
ein." 26. 7. 1977

32.
ALLGEMEINE JÜDISCHE WOCHENZEITUNG

Werner Nachmann warnt vor Gefahren einer Hitler-Welle

Vor den Gefahren einer Hitlerwelle in der Bundesrepublik hat der Vorsitzende des Direktoriums des Zentralrats der Juden in Deutschland,
Werner Nachmann, gewarnt. In einem Interview des Südwestfunks Ba-
den-Baden sagte er am vergangenen Sonntag: ,,Der jungen Generation
wird ein Hitlerbild vorgestellt, ohne daß gesagt wird, wer Hitler wirklich war." Nach seiner Auffassung werde absichtlich vergessen, daß
Hitler die Schuld am Tod von Millionen Menschen habe, und es werde
nicht genügend daran erinnert, daß er es war, der Deutschland in Schutt
und Asche gelegt habe.

In diesem Zusammenhang sprach Nachmann von einer Hitler-Nostalgie, die aus Geldmacherei und von bestimmten politischen Interessen angefacht worden sei und durch die Hitler verniedlicht werde.
,,Wenn ein Historiker seriös sein will, muß er zunächst einmal die Untaten der Person herausstellen, über die er berichten will." Der ganze
Nationalsozialismus sei durch Morde und Zerstörungen gekennzeichnet, und diese Seite müsse an oberster Stelle stehen, wenn jemand die
demokratische Gesellschaft von heute verteidigen wolle. Im übrigen sei
es nach seiner Ansicht auch möglich, daß der ,,Hitler-Verherrli-
chungswelle" eine neue antisemitische Phase folgen könnte.

29. 7. 1977

33.

FRANKFURTER RUNDSCHAU

Aktion Sühnezeichen gegen Joachim Fests Hitler-Film

BERLIN. In einem offenen Brief an die Wiesbadener Filmbewertungsstelle hat die Aktion Sühnezeichen/Friedensdienste jetzt gefordert, dem
Film „Hitler – eine Karriere" die Freigabe ab 12 Jahren und das Prädikat „besonders wertvoll" möglichst bald zu entziehen. Der Film sei
kein geeigneter Beitrag „zu einem rationalen Verständnis der nationalsozialistischen Geschichte". Er informiere keineswegs – wie es in der
Eigenreklame heiße – „unvoreingenommen, sachlich und rational"
über die historische Rolle Adolf Hitlers innerhalb der nationalsozialistischen Vergangenheit des deutschen Volkes. Die Aktion Sühnezei-
chen/Friedensdienste unterstreicht, daß im Gegenteil der Film nach
dem Buch von Joachim C. Fest wichtige Fakten unterschlage.

31. 8. 1977

34.

MÜNCHNER ABENDZEITUNG

Wiesenthal gegen Hitler-Film

Wien – Kritik an dem am Freitag in Wien anlaufenden Film „Hitler –
eine Karriere" hat der Leiter des jüdischen Dokumentationszentrums,
Simon Wiesenthal, geübt. Er stelle eine „gewisse Gefahr" dar, weil er
Adolf Hitler zeige „wie er von den Massen gesehen werden wollte".

3. 9. 1977

35.

DIE TAT

IG Metall gegen Fest-Film

Als Alternative zum Fest-Film „Hitler – eine Karriere" zeigte die IG
Metall Peine im Gewerkschaftshaus den Film „Berichte vom Wider-
stand". Der Vorführung dieses Streifens, der von einer Filmgruppe der
Gesamthochschule Kassel in Zusammenarbeit mit dem Frankfurter
„Studienkreis zur Erforschung des deutschen Widerstandes 1933–45"
gestaltet worden ist, schloß sich eine lebhafte Diskussion an. Dabei

wurde darauf hingewiesen, daß heute in der Bundesrepublik wiederum demokratische Rechte abgebaut und Berufsverbote verhängt werden, während Neofaschisten öffentlich auftreten dürfen und noch von der Polizei geschützt werden. Die Veranstaltungsteilnehmer unterstützten die Forderung der IG Metall Peine, dem Hitler-Film von Fest das Prädikat „besonders wertvoll" abzuerkennen und ihn nicht an den Schulen zu zeigen. Denn dieser Film vermittle kein ausreichendes Bild über die Ursachen und Auswirkungen des Faschismus.

9. 12. 1977

36.
Flugblatt der Initiative fortschrittlicher Künstler
(Hamburg)

Aus einem Brief an den Reichspräsidenten Hindenburg:
Nov. 1932
Ew. Exzellenz
Hochverehrter Herr Reichspräsident!

an den Führer der größten nationalen Gruppe wird die Schwächen und Fehler, die jeder Massenbewegung notgedrungen anhaften, ausmerzen und Millionen Menschen, die heute abseits stehen, zu bejahender Kraft mitreißen.

Im vollen Vertrauen zu Eurer Exzellenz Weisheit und Eurer Exzellenz Gefühl der Volksverbundenheit begrüßen wir Euer Exzellenz mit größter Ehrerbietung.

Unterschrieben:
Krupp, Thyssen, Vögler, Reusch, Silverberg, Haniel (Schwerindustrie); Siemens (Elektroindustrie); Schacht, v. Schröder, Reinhart (Banken).

Ist es Zufall, daß zu dieser Zeit Hitler wieder zu großer Popularität gelangt? In einer Zeit, wo die Arbeitslosenzahl ständig wächst, wo in der Bevölkerung immer mehr Unzufriedenheit mit Regierung und Parlament um sich greift, wo Staatsapparat und Parteien ratlos sind gegenüber dem wachsenden Widerstand großer Teile der Bevölkerung?

Der vorläufige Höhepunkt des wiederauflebenden Hitler-Kultes ist dieser Film von den Herren Fest und Herrendoerfer.

Gerade bei vielen Jugendlichen, die in der Schule keinerlei Geschichtsbewußtsein für diesen Staat vermittelt bekommen, kann dieser Jubel-Film mit all seinen Lügen und Unterlassungen verheerende Eindrücke hinterlassen. Kein Wort, kein Bild zu wesentlichen Maßnahmen nach der Machtergreifung:

- KPD und SPD wurden verboten
- Die Gewerkschaften wurden aufgelöst
- Abschaffung der freien Wahl des Arbeitsplatzes, Einführung von Zwangsarbeit und Dienstverpflichtung.

Kein Wort über die Bedingungen, unter denen die Profite etwa der IG Farben (heute Hoechst/Bayer/BASF) während des Nazi-Regimes sprunghaft ansteigen konnten: Häftlinge aus den Konzentrationslagern wurden als billige Arbeitskräfte verwendet und schufteten sich unter unmenschlichen Bedingungen zu Tode.

Kein Wort über die Opfer des deutschen Faschismus:

- 20 Millionen Kriegsopfer in Europa
- 6 Millionen Juden in den KZs ermordet, neben Kommunisten, Demokraten, Künstlern.

Kein Wort über den deutschen Widerstand, lediglich ein Hinweis auf den Attentatsversuch vom 20. Juli.

Die Autoren scheuen sich sogar nicht, den Einmarsch in Österreich als umjubelt von Massen darzustellen – kein Wort über den wochenlangen Widerstand österreichischer Widerstandskämpfer, der schließlich von den Faschisten blutig erstickt wurde.

Dieser Film verschweigt. Dieser Film verbreitet längst entlarvte Lügen.

Schon die Nürnberger Prozesse, keinerlei kommunistischer Unterwanderung verdächtig, ließen klar erkennen, wer die Hintermänner des Faschismus waren: Abgeurteilt wurden neben den überlebenden Nazi-Führern auch die Führer der deutschen Wirtschaft, wenn auch viele von ihnen nach kurzer Zeit schon wieder ganz oben waren. Dieser Film besteht fast ausschließlich aus Propaganda-Material der Faschisten – damals wurden keine Filme über das Hitler-Deutschland produziert, die nicht von den Nazis gutgeheißen wurden.

Der vorgeblich ,,kritische" Kommentar des Films entpuppt sich sehr bald als Mittel, um den Zuschauer einzulullen, um ihn empfänglich zu machen für die ,,Faszination des Demagogen": nicht die Worte des Sprechers, seine Stimme muß man sich anhören. Der Regisseur Wim Wenders schrieb dazu in der ,,Zeit":

,,Sie steht nicht ,nüchtern und sachlich' über dem Besprochenen, sondern versucht es zu illustrieren . . .: manchmal ehrfürchtig, manchmal *leichthin, manchmal schwermütig, dann wieder hoffnungsvoll, mal amüsiert, mal erbost, auch keck oder spöttisch... Ja, mitunter erzählt sie fast subjektiv, aus Hitlers Sicht."*

Wie weit ist es schon mit dem politischen Bewußtsein in der BRD gekommen, wenn der ,,Spiegel" über Herrn Fest schreiben kann:

,,Er hat der filmischen Auseinandersetzung mit der jüngsten deutschen Geschichte einen neuen Weg gewiesen."

Dieser Weg ist nicht neu. Wer den Faschisten eine ,,menschliche Seite", wer ihnen ,,Verdienste" abgewinnen will, stellt sich bereits in ihren Dienst.

Herr Fest und Herr Herrendoerfer gehen aber noch viel weiter: Sie liefern Propaganda für den Faschismus und können sie mit etwas ,,distanzierendem Beiwerk" weiten Teilen der Öffentlichkeit als ,,Dokumentation" verkaufen.

Auf solche ,,Dokumente" können wir verzichten!

Nie wieder Faschismus!

Herausgeber: IfK; V. i. S. d. P.: Thomas Blievier HH 19, Lutherothstraße 33.

Kukriniksi: Die Metamorphosen der Fritze, Tempera 1943 (TASS-Fenster)

37.
Flugblatt der Vereinigung der Verfolgten des Naziregimes/Bund der Antifaschisten

Eine Karriere – und ihre Folgen!

Dieser Film Joachim Fests wird zur Zeit in zahlreichen Kinos der Bundesrepublik gezeigt.

Diese „Karriere" hat 50 Millionen Menschenleben gekostet. Doch darüber wird in diesem Film nur am Rande gesprochen. Statt dessen gibt es viele „schöne" Bilder zu sehen. Vom „Führer" – so wie ihn damals seine Leibfotografen und Propaganda-Kameramänner abgelichtet haben.

Das ist der erste Skandal bei diesem Film:

Das Nazi-Propagandamaterial wird dem Zuschauer als wissenschaftliche „Quelle" verkauft. Die verantwortlichen Stellen in unserem Land schämten sich nicht, dafür das Prädikat „besonders wertvoll" herzugeben.

Für wen das wertvoll ist, das haben die alten und neuen Nazis in der Bundesrepublik bereits deutlich genug gezeigt: Die „Deutsche Nationalzeitung" feiert den Film von Joachim Fest, in einem Mainzer Kino erhob sich ein Haufen stadtbekannter Rechtsradikaler, als das Horst-Wessel-Lied gespielt wurde, von den Sitzen und sang begeistert mit.

Der zweite Skandal:

Hitler wird hier zum geschichtlichen „Helden" erhoben, der zwar ein bißchen verrückt war – aber eben doch eine bedeutende Figur. Da muß sogar das alte NS-„Argument" wieder herhalten, daß er ja immerhin die Autobahnen gebaut habe. Was machen da schon die Millionen Opfer in den Konzentrationslagern und auf den Schlachtfeldern aus, angesichts dieser herrlichen Autobahnen, auf denen dann die „Räder für den Sieg" rollen durften. Kein Wort von Joachim Fest dazu, daß ja auch diese Straßenbaumaßnahmen bereits zur gezielten Kriegsvorbereitung gehörten.

Über alle möglichen Wehwehchen des „Führers" erfährt der Zuschauer etwas, auch über sein Sexualleben, nur über eines nicht: wer eigentlich diesen Herrn finanziert, ihn bis zum Reichskanzler gemacht und von seiner Politik profitiert hat, bis „alles in Scherben fiel". Die Großindustrie im Hintergrund – die Herren Krupp und Thyssen, Siemens, die Deutsche Bank, die IG Farben – sie werden kaum erwähnt. Ja, Herr Fest behauptet sogar, diese Kreise hätten mit der Machtübernahme der Nazis und ihrem Regime garnichts zu tun gehabt. Eine unverschämte Geschichtslüge, die von der internationalen Wissenschaft längst widerlegt ist: Gerade sie waren es nämlich, die an der Rüstungs- und Kriegspolitik der Nazis, an der Ausrottung ganzer Völker verdienten wie nie zuvor. Und Hitler, der hier zu neuen Filmstar-Ehren kommt, war nichts weiter als ihre Marionette.

Der eigentliche Skandal aber:

Diese Ansammlung von Lügen und Halbwahrheiten, diese Bombardierung des Zuschauers mit nostalgischen Nazi-Propagandabildern, ist ein Schlag ins Gesicht der Millionen Opfer der Hitlerbarbarei und der Antifaschisten in aller Welt. Mit diesem Film wird der Jugend in unserem Land, die an den Schulen ohnehin nur wenig über Entstehung und Geschichte des Naziregimes erfährt, vorgelogen, der Faschismus sei in der Lage gewesen, Arbeitslosigkeit und Krisen zu beseitigen. Angesichts der permanenten Krise in der Bundesrepublik und der steigenden Arbeitslosigkeit sind diese Tatsachenverdrehungen ganz im Sinne derer, die schon wieder nach dem „starken Mann" rufen.

Daran ist Deutschland schon einmal zugrunde gegangen!

Die Folgen der „Karriere":

Hitler sagte einmal: „Gebt mit vier Jahre Zeit, und ihr werdet Deutschland nicht wiedererkennen!"

Wie wahr! 1945 war Deutschland ein zerstörtes Land! Verloren waren die Gebiete jenseits Oder und Neiße. Millionen hatten Haus und Hof, oftmals ihre Familie verloren. Die Spaltung Deutschlands war das unvermeidliche Ergebnis einer Politik, die darauf abzielte, Deutschland zum Herrscher in ganz Europa zu machen. Die Verbrechen, die an anderen Völkern begangen worden waren, sind bis heute kaum gutzumachen.

Jene, die auszogen, Deutschland groß zu machen, haben dafür gesorgt, daß es kleiner und verachteter wurde als jemals in seiner Geschichte zuvor.

Das darf nicht noch einmal geschehen!

Die Vereinigung der Verfolgten des Naziregimes – Bund der Antifaschisten – fordert:
- Sofortige Absetzung dieses Machwerks in den Kinos unserer Stadt und in der ganzen Bundesrepublik!
- Zurücknahme der finanziellen Unterstützung, die dieser Film aus öffentlichen Mitteln – also von unseren Steuergeldern – erhalten hat!
- Verbot der immer zahlreicher werdenden Filme, Schallplatten und Publikationen, in denen Faschismus und Krieg verherrlicht werden!
- Verbot aller alten und neuen Nazi-Organisationen entsprechend dem Auftrag des Grundgesetzes!

Karl Weinmair: Aus dem 1000jährigen Reich, Tusche 1944

181

38.
film-echo/FILMWOCHE

Hitler-Film als Schulunterricht?

Hanna-Renate Laurien, stellvertretende CDU-Vorsitzende und Kultusminister von Rheinland-Pfalz, hat sich in Bonn dafür ausgesprochen, daß der Film „Hitler – eine Karriere" in den Schulen behandelt werden sollte. Die Frau Minister hält es für sehr gut, wenn dieser Film Schülern gezeigt werde, doch sei eine intensive Vor- und Nachbereitung durch die Lehrkräfte erforderlich.

7. 9. 1977

39.
Kino-Werbung

Blankeneser Kino 1 & 2

Betr.: Film HITLER – EINE KARRIERE

Sehr geehrte Damen,
Sehr geehrte Herren!
Der Film HITLER – EINE KARRIERE läuft in der Zeit vom 2.–8. Dezember im Blankeneser Kino. Die Vorstellungen sind täglich um 15.30, 18.15, 21.00 Uhr. Sondervorstellungen außerhalb dieser Zeiten für Schulklassen sind möglich. Bitte, setzen Sie sich mit uns telefonisch in Verbindung. Der Preis für Sonderveranstaltungen und Gruppen beträgt DM 4,– pro Person.

Mit freundlichen Grüßen

Anfangs ist mir Hitler sogar fast sympathisch geworden!

Münchner Realschüler sahen für die AZ den Hitler-Film

Hitler schreiend, die Massen aufputschend: Hitler als Staatsmann, von weinenden Frauen förmlich angebetet. Wie kommen Bilder mit solchen Szenen heute an? Wird Fanatismus erzeugt, wenn Fanatismus gezeigt wird?

Die Diskussion darüber hat der Hitler-Film von Joachim Fest entfacht, der in der ganzen Bundesrepublik angelaufen ist. Die Urteile der Kritiker schwanken zwischen besonders wertvoll und gefährlich.

Kann der Film-Hitler wirklich noch verführen? Auch die heutige Generation, die viele Jahre nach 1945 geboren ist?

Wir haben 35 Realschülern aus München – zwischen 15 und 18 Jahre alt – diesen Film gezeigt. Das Resümee der anschließenden Diskussion mit diesen jungen Leuten: Auch hier widerstrebende Empfindungen, Kritik, das Gefühl, daß Fragen offen geblieben sind, die Furcht auch, daß man Massenhysterie erliegen könnte. Hitler hat erschreckt, nicht angezogen, wie es viele fürchteten – diese Schüler sahen ihn unbefangener als manche ihrer Eltern es tun. Auf jeden Fall ergab sich: Für diese Schüler – die der Zufall, nicht besonderes Interesse für Zeitgeschichte zusammenbrachte – war die Konfrontation mit Hitler keine erste Begegnung. Sie haben, ergab sich, häufig über dieses Kapitel deutscher Vergangenheit gesprochen – nicht nur in der Schule, die laut den Lehrplänen Hitler keineswegs mehr totschweigt, sondern auch daheim unter Freunden. Tabu ist dieses Thema offenbar schon lang nicht mehr. Hier einige der Stimmen aus der Diskussion nach dem Film.

Wie hat euch der Film gefallen? Ist er wichtig, ist er richtig?

Berny (18): ,,Ich fand den Film sehr beeindruckend und erschütternd. Er war zwar auf Größe und Masse aufgebaut, aber es war doch erschreckend, daß Hitler auf diese Weise das Volk soweit bringen konnte.''

Wolfgang (17): ,,Meine Meinung von Hitler ist nicht verändert worden. Einige Aufnahmen waren so überwältigend, daß man sich gut vorstellen kann, daß sich die Leute so mitreißen ließen.''

Michael (18): „Die Leute waren einfach uniformiert, deshalb konnte das passieren. Ich finde es einen Wahnsinn, daß Hitler diese Massenhysterie auslösen konnte. Ich kann mir gar nicht vorstellen, daß es so wenig kritische Leute gegeben hat – wo die doch gesehen haben, was für ein Stümper er war."

Gabi (17): „Der ganze Film war recht objektiv aufgebaut, man hat die Vor- und Nachteile seiner Politik gesehen. Im ersten Teil ist mir Hitler fast sympathisch geworden, dann hat's in die andere Richtung umgeschlagen. Ich habe mich immer gewundert, daß Leute so eine Hysterie mitgemacht haben. Jetzt kann ich mir's vorstellen."

Clemens (18): „Der Film war besser als manche andere Dokumentationen, weil er wenig vom Radikalismus brachte, nicht Dachau zeigte, sondern mehr versuchte, Hitler psychologisch zu erklären. Es hat mich gewundert, daß es ihm so gelungen ist, die Leute einzuschüchtern."

Ludwig (16): „Mich hat am meisten gestört, daß diese Massenaufläufe wie aus einem Monumentalfilm aus Hollywood wirkten."

Horst (15): „Auf mich wirkte der Film objektiv, was Hitler selbst anbelangt. Aber es wurde zu wenig von den anderen gezeigt, die seine Befehle ausführten."

Helmut (17): „Für mich hat der Film gezeigt, daß Hitler nicht allein schuld war, sondern das ganze Volk sich mitschuldig gemacht hat."

Herbert (17): „Ich finde, daß zuviel mit Psychologie erklärt wurde und zuwenig Bezug zu wirtschaftlichen und politischen Verhältnissen da war."

Toni (16): „Das war eine gute Dokumentation, weil objektiv positive und negative Seiten seiner Politik gezeigt wurden."

Stefan (16): „Man konnte sich hineinfühlen und wurde bei den Aufmärschen richtig mitgerissen. Da wär man vielleicht damals doch Gefahr gelaufen, bei allem mitzumachen!"

Könnten durch diesen Film neue Anhänger für Hitler geworben werden? Erweckt er Fanatismus?

Stefan (16): „Ich finde diese Aufmärsche schon gefährlich. Da könnte doch das Gefühl aufkommen, daß man sich in der Masse so richtig geborgen fühlen kann."

Clemens (18): „Ich finde schon, der Film ist doch eine Werbung dafür, daß so etwas noch einmal passieren könnte."

Otto (17): „Und warum mußte gleich am Anfang diese ganze Pracht gezeigt werden? Warum fing man nicht mit Hitlers Kindheit an, dann hätte dieser Zirkus hinterher nicht mehr so beeindruckt."

184

Clemens (18): „Wenn man bedenkt, daß es in Afrika heute auch noch Politiker gibt, die ähnliche Ziele haben, ist das ganz schön schlimm."

Otto (17): „Heute könnte so etwas nicht noch einmal passieren; denn wir haben genügend zu essen, und wir sind informierter. Zu einer Massenhysterie dieser Art kommt es nicht noch einmal!"

Andreas (16): „Ich finde, dieser Film ist keine Werbung für Hitler, aber für die Feigheit des Menschen. Unter Monumentalität kann sich der einzelne nämlich verstecken."

Wolfgang (17): „Man kann den Film nicht befürworten, weil er Hitler nicht als Bestie zeigt, so wie andere Filme. Hier ist er ein Kranker, aber ein Mensch – deshalb wird die Abneigung nicht sehr groß. Und das ist gefährlich."

Ludwig (16): „Es kam nicht heraus, daß es auch Widerstand gegen Hitler gegeben hat. Es gab ja noch mehr Attentate als das von Stauffenberg."

Clemens (18): „Man muß aber auch bedenken, daß der Film auf Hintergrundinformationen aufbaut. Ohne die ist er null und nichtig, und man darf sich daraus allein keine Meinung bilden."

Interviews: Vivian Naefe   29. 7. 1977

Karl Weinmair: Aus dem 1000jährigen Reich, Tusche 1944

DIE ZEIT

„So viele auf einem Fleck, für einen Hitler…"

Berliner Schüler loben die Objektivität des Fest-Films und bemängeln seine Oberflächlichkeit

(…)

Viele sind der Meinung, die überreichlich dargebotenen Jubelszenen, die raffinierte Choreographie der großen Aufmärsche, hallender Gleichschritt, wehende Fahnen – dies alles könne auf die Jugend von heute einen Zauber ausüben.

Auch in der ZEIT-Redaktion waren wir verschiedener Meinung. Um der Sache auf den Grund zu gehen, beschlossen wir, eine Schulklasse einzuladen, gemeinsam den Film anzusehen und danach mit den Schülern zu diskutieren. In Hamburg waren bereits Ferien, also gingen wir nach Berlin. Unsere Gäste waren die 10. Klasse der Martin-Buber-Gesamtoberschule, die erst in diesem Jahr die Hitler-Zeit „durchnehmen" wird, und Primaner der Walther-Rathenau-Oberschule.

(…)

Ist euch in dem Film klargeworden, was die Grundlage für diese Karriere Hitlers gewesen ist?

Birgit (15): Das hängt damit zusammen, daß sehr viele Leute arbeitslos waren und er ihnen wieder Arbeit beschafft hat.

Ingo (15): Ich finde, daß die damaligen Probleme in dem Film ein bißchen oberflächlich behandelt werden: Der Börsenkrach und die Arbeitslosigkeit. Der Film widmete dem höchstens eine Minute; das war für mich zu kurz.

Peter (17), (Walther-Rathenau-Schule): Den Film „oberflächlich" zu nennen, ist bei tausend Seiten Hitler-Biographie und zweieinhalb Stunden Hitler-Film nicht möglich; das ist ein Widerspruch in sich selbst. Ich bin der Meinung, daß der Film doch sehr gut darstellt, wie es möglich war, daß Hitler so „angekommen" ist.

(…)

Was hat der Film an dem Bild, das ihr bisher von jener Zeit hattet, verändert?

Peter (17): Gegenüber dem, was man liest oder in der Schule mitbekommt, war der Film objektiver. Ich finde das auch sehr vernünftig, denn bei Adolf Hitler braucht man vor einer objektiven Darstellung keine Angst zu bekommen, daß die Leute wieder auf solch einen Mann hereinfallen könnten. Bei Adolf Hitler reicht es, objektiv zu sein. Ihn braucht man nicht „herunterzumachen"; das ist nicht nötig bei diesem Mann.

Uwe (16): Ich finde, zur Objektivität des Films hätte gehört, daß mehr Details über die Konzentrationslager gezeigt werden. Dieses Thema wurde zum großen Teil nur oberflächlich behandelt. Man hat gesehen, wie die Leute eingepfercht hinter den Zäunen saßen, aber man hat in dem Film doch nicht gesehen, wie die Zustände in den Lagern waren.

Thomas (15): Das liegt vielleicht an der Aufgabenstellung des Films, der ja eigentlich nur die Person Hitlers charakterisieren will.

Man muß sich aber doch fragen, ob es ohne Hitler eigentlich die Konzentrationslager gegeben hätte. Mit anderen Worten: Auch wenn man nur die Karriere Hitlers zeigen wollte, hätten dann nicht doch die Konzentrationslager stärker in den Film gehört?

Thomas (15): Das war vielleicht eine zwangsläufige Entwicklung, eine Art Teufelskreis; das mußte einfach passieren. Ich finde, der Weg war irgendwie vormarkiert. Am Anfang des Films, als Hitlers Leben in Wien geschildert wird, wird ja schon sein Haß gegen die Juden deutlich. Das ist vielleicht mit ein Grund, warum er später die Verfolgung der Juden in seine Strategie aufgenommen hat.

Kann ein Mann das allein organisieren? Er muß doch wohl ein Heer von Organisatoren gehabt haben, die das alles eingeleitet haben.

Thomas (15): Darauf kann ich schlecht etwas erwidern, weil ich darüber kaum Informationen habe.

Stephan (18): Ich möchte noch etwas zur Judenfrage sagen. Ich bin nicht der Meinung, daß die Vernichtung der Juden zwangsläufig war und daß das alles ohne Hitler passiert wäre; denn dieser Judenhaß wurde von den Nationalsozialisten aufgebaut; die Juden waren ein künstlicher Feind; so wie heute im Osten die Imperialisten als Feinde dargestellt werden. Aus diesem Grunde glaube ich nicht, daß es ohne Hitler zu Konzentrationslagern gekommen wäre.

Peter (17): Ich möchte noch sagen, daß die Judenverfolgung, diese Greueltaten auf Hitler zurückzuführen sind, man aber auch sagen muß, daß diese Auswüchse von ihm nur wieder aufgegriffen worden sind. Der Judenhaß war ja schon sehr alt. Er hat sich durch die Geschichte gezogen und eben in dieser Zeit seinen Höhepunkt erreicht. Mit Hitler kam eben jemand, der gut reden und der in groß inszenierten Auftritten alle Schuld an allen Mißständen, die herrschten, und alle Schuld an der

Armut der Leute auf diese Bevölkerungsschicht schob. Die Juden waren insofern einfach Prügelknaben. So hat Hitler wohl nur die schon vorhandenen Ressentiments gegen die Juden ausgenutzt. (...)

Ist er (Hitler, d. Hrsg.) nun schlecht gewesen oder vielleicht nur halbschlecht?

Andrea (15): Na ja, er hat auch ziemlich viel Gutes getan, zum Beispiel bei der Wirtschaftskrise. Ich fand gut, daß er denen geholfen hat, die damals hungerten, und daß er denen Essen, Kleidung und Brot gegeben hat, Arbeit verschafft hat.

Wir haben jetzt etwa eine Million Arbeitslose; damals waren es sechs Millionen. Glaubt ihr, wenn wir einmal zwei Millionen oder drei Millionen Arbeitslose hätten, daß dann die Gefahr größer wäre, daß solch ein Mann wieder Erfolg hätte?

Karsten (15): In der jetzigen Zeit ist es ziemlich unmöglich, daß man sich als normal denkender und nicht gerade schlecht gestellter Bürger für eine Diktatur entscheiden würde – freiwillig. Das ist nur in Zeiten möglich, in denen ein totales politisches Chaos herrscht und die soziale Situation und der Arbeitsmarkt schlecht sind.

Martina (15): Eigentlich fand ich den wirtschaftlichen Wiederaufschwung im Dritten Reich nicht so beeindruckend; denn Hitler hat beispielsweise die Autobahn doch aus ziemlich persönlichen Gründen gebaut. Er wollte den Krieg, um damit seinen eigenen Haß zu befriedigen, und um dieses Ziel zu erreichen, hat er die Leute ausgenutzt.

Wurde in dem Film klar, daß er die wirtschaftlichen Maßnahmen, die Stärkung der Wehrmacht, den Bau der Autobahn im Grunde genommen von Anfang an geplant hat, um eines Tages Europa mit einem Krieg zu überziehen?

Martina (15): Ja, den Eindruck habe ich.

Welf (16): Für mich ist das wieder ein gutes Beispiel dafür, daß der Film wichtige Informationen wegläßt. Es war ja nicht so, daß Hitler ein Wirtschaftskünstler gewesen wäre. Hitler ist von Anfang an bewußt auf den Krieg zugesteuert, und nur so ist es möglich gewesen, daß er allen Leuten wieder Arbeit verschafft hat. Das ist eine Sache, die der Film völlig verschweigt und die meiner Ansicht nach auch hier schon falsch verstanden wurde. Die Wirtschaft konnte nur noch weiterleben, wenn der Krieg begonnen wurde. Nur durch den Autobahnbau, der letztlich auch nur auf den Krieg abzielte, und die Aufrüstung konnten die Leute Beschäftigung finden. Hitlers Wirtschaftspolitik hätte in einem absoluten Chaos geendet, wenn der Krieg nicht ausgebrochen wäre. Er hat die Massenverbrechen ganz bewußt vorbereitet. Das hat der Film völlig verschwiegen. Dadurch gewinnt Hitler wieder eine positive Seite mehr.

Könnt ihr verstehen, daß dieser Film manche Menschen so aufregt, daß sie glauben, er habe eine schädliche Wirkung, man müsse gegen diesen Film protestieren, auf die Straße gehen?

Welf (16): Ich kann das sehr gut verstehen. Aus der Lage der Juden heraus kann ich das noch besser verstehen. Wenn man derartig behandelt wurde, wenn man vielleicht damals gerade dem Tode entkommen ist, dann muß dieser Film auf einen unmöglich wirken. Wäre mir das passiert, wäre ich nach diesem Film auch auf die Straße gegangen.

Petra (15): Ich glaube, es wäre ganz falsch, über Hitler nichts zu berichten, ihn totzuschweigen. Nach dem Zweiten Weltkrieg gab es hier doch eine Art Tabu, aus Angst davor, daß das noch einmal passieren könnte. Gerade weil man darüber nicht recht Bescheid weiß, ist es so wichtig, etwas zu erfahren. Manchmal weiß man eben nur, daß Hitler in der Wirtschaftskrise geholfen hat. Aber was genau dahintersteckt, daß der Mann bestimmt keine Genialität entwickelt hat, um die Probleme zu lösen, das wird dann wieder nicht klar. Das einzig Richtige, um so etwas in Zukunft zu verhindern, ist, zu informieren und immer wieder solche Filme zu zeigen.

Christina (15): Wer noch nicht viel von Hitler gehört hat, sollte ruhig in den Film gehen, um zu sehen, wie die Leute damals auf ihn reagiert haben. Manche können es sich nicht vorstellen, daß sich damals solche Massen versammelt haben.

Andrea (15): Nun, das kommt darauf an. Wenn jemand sehr viel über Hitler weiß, dann würde ich ihm empfehlen, sich den Film nicht anzusehen. Leuten, die überhaupt nichts oder fast nichts – so wie wir – über Hitler wissen, würde ich schon empfehlen, sich den Film anzusehen.

Ralph (15): Ich würde den Film weiterempfehlen, weil ich meine, daß er eine Menge an Informationen enthält.

Stephan (18): Jemandem, der noch nicht soviel über die damalige Zeit weiß, würde ich den Film nicht empfehlen. Bezüglich der Sozialdemokraten wurde beispielsweise gesagt, das Parlament habe ohne sie und ohne Kommunisten gearbeitet. Warum sie nicht dagewesen sind, wurde nicht gesagt. Das hat zwar Hitler selber angedeutet, indem er sagte, er wolle alle Parteien abschaffen. Daß aber viele Sozialdemokraten und Kommunisten verhaftet worden sind, wurde in dem Film nicht erwähnt. Es ist kein Informationsfilm. Ich glaube, der Streifen hat versucht, die Wirkung Hitlers zu zeigen. Deshalb bringt er auch so viele Aufmarschszenen, so viele Reden von Hitler und eben nicht so viele Zahlen und Daten. Es ist also kein Schulfilm, sondern auch ein Film für die Erwachsenen, die sich vielleicht auch fragen, wie das möglich sein konnte die sehen wollen, wie Hitler wirkte.

Karsten (15): Wie will man denn in zweieinhalb Stunden über alles das umfassend berichten, was in der Hitler-Zeit passiert ist? Das ist doch unmöglich. Der Film enthält eine Menge Informationsmaterial. Würde er noch mehr enthalten, würde er total langweilig werden.

Susanne (16, Walther-Rathenau-Schule): Auch die Leute, die noch nichts über die damalige Zeit gehört haben, sollten ihn sich angucken, weil der Film objektiv ist. Er ist nicht erschöpfend, aber man gewinnt durch den Film Vorkenntnisse.

Wird nicht, nachdem man diesen Film gesehen hat, auch manches von dem Charakter oder der Psyche dieses Mannes verständlich? Teilweise wirkte er ja auf uns richtig irr.

Thomas (19): Sicherlich. Das ist ja das, was den schulischen Rahmen sprengen würde. Das kann man nicht in irgendwelchen Unterrichtsgesprächen, die auf Literatur basieren, feststellen; das kann man eben nur im Film sehen.

Stephan (18): Man kann zwar lesen, aber man muß diesen Hitler einmal auf der Leinwand erlebt haben, um das überhaupt verstehen zu können. Das kann man nicht in Büchern, nicht in Schulbüchern und auch nicht auf Photos festhalten.

Susanne (16): Allein durch den Geschichtsunterricht bekommt man nur – wenn man so will – den Verlauf der Karriere von Hitler mit, den Aufstieg der NSDAP sowie den Ersten und den Zweiten Weltkrieg. Nach dem Film kann man verstehen, warum die Menschen den Mann sozusagen vergöttert haben. Es wird einem verdeutlicht, warum sie Hitler hinterhergelaufen sind.

19. 8. 1977

42.
DIE ZEIT

Hitler in der Schule
Erfahrungsbericht eines Geschichtslehrers
Von Werner Klose

(...)

Der Hitler-Film von Fest wurde im gewiß nicht „faschistoiden" *Spiegel* positiv angezeigt: „Zum erstenmal befreien bundesdeutsche Filmer den zum Zelluloid-Monster degenerierten Führer von den Denkschablonen antifaschistischer Aufklärungsfilme und entwerfen ein glaubwürdiges, auch historiographisch zuverlässiges Bild von Hitler und seiner Epoche." Bald behaupteten Publizisten, für die vielen Jugendlichen, die diesen Film sähen, sei er sicherlich nicht ungefährlich. Denn inzwischen hatte der Diplom-Pädagoge Dieter Boßmann, also kein Geschichtslehrer, eine abenteuerliche Zitatensammlung aus Schüleraufsätzen als Fischer-Taschenbuch publiziert: „Was ich über Adolf Hitler gehört habe."

(...)

Da sofort beide Tatsachen kombiniert wurden, das jugendliche Filmpublikum und die scheinbar nachgewiesene Unwissenheit deutscher Jugend über die Hitler-Diktatur, darf ich hier aus genauer Kenntnis der lern- und entwicklungspsychologischen Literatur und ihrer täglichen Anwendung im Geschichtsunterricht ersten Einspruch erheben. Fundierte, differenzierte historische Bildung, weit zurückreichend im Zugang zu vielen Epochen und der Vielfalt ihrer gesamtkulturellen Erscheinungen, ist auch bei hochbegabten Jugendlichen immer erst im Ansatz da. Diese Jugendlichen bilden eine Minderheit, die ich nicht viel zahlreicher einschätze als jene Minderheit, die etwa in den Naturwissenschaften schon auf der Schule elementare Grundkenntnisse in Chemie und Physik beherrscht.

(...)

Historische Bildung wächst in der Geschichtlichkeit des eigenen Lebenslaufs, wird verwoben in die politische Erfahrung von Jahrzehnten und die sie begleitenden Informationen aus Büchern, Tondokumenten oder eben auch Filmen. Ein Vierzehnjähriger steht am Anfang dieses Bildungsweges. Lernpsychologisch liegt dieser Anfang so ungünstig wie möglich. Wenn der Geschichtslehrer zügig gearbeitet und die Gegenwart tatsächlich erreicht hat – ich kenne heute nicht *einen* Geschichtslehrer, der absichtlich oder gar politisch böswillig die Gegenwart ausspart –, hat er es in der Hauptschule bereits mit der Abschlußklasse, in der Realschule mit Klassen kurz vor dem Abschluß und am Gymnasium mit der Mittelstufe zu tun.

Alle Schulen wollen in Geschichte einen Durchgang von den Anfängen zur Gegenwart hin lehren. Die Gymnasiasten haben noch einmal die Chance, in der Oberstufe das Gelernte zu wiederholen und zu vertiefen. Auch in vielen Studiendisziplinen wird die historische Dimension der Fachwissenschaft mitbeachtet. Der Hauptschüler dagegen wird nie mehr, der Realschüler nur selten noch systematisch über Geschichte und Politik weiterinformiert.

Den Schülern aller Mittelstufenklassen ist gemeinsam, daß sie aus entwicklungspsychologischen Gründen nicht lernen wollen; sie interessieren sich zunächst einmal für sich selbst, und auch bei historischen Fragen können sie nicht von sich selbst absehen. Ihr Interesse für irgend etwas – nicht nur für Geschichte – ist schwer zu wecken. Sie ermüden über einem Problem leicht, obwohl zur Geschichte des Nationalsozialismus sehr viele didaktisch gute, methodisch griffige Materialien in und außerhalb der Schule verfügbar sind.

Es ist absurd, der deutschen Schule und ihren Geschichtslehrern die Pubertät ihrer Schüler vorzuwerfen. Man lernt als Kind und als junger Erwachsener am besten. Dazwischen liegt eine Phase – und hier muß man der Schulorganisation Vorwürfe machen –, in der man unkonzentriert und sprunghaft lernt, obwohl die Stundentafeln und Lehrpläne gerade in der Mittelstufe am meisten vollgestopft sind.
(...)

Eine andere Sperre ist der Mißbrauch der Begriffe Faschist, Nazi oder „faschistoid" im politischen Tageskampf. Wer will sich über die kläglichen Geschichtskenntnisse vierzehnjähriger Hauptschüler beklagen, wenn an manchen Universitätsinstituten nicht nur sektiererische Studenten, sondern sogar ihre Lehrer mehr oder weniger offen davon überzeugt sind, daß die Opfer der Terroristen zumindest „faschistoid" schon deshalb waren, weil sie der Bundesrepublik Deutschland in dieser oder jener Funktion dienten! Wenn unser „System" (eine Vokabel Hitlers für die parlamentarische Demokratie!) durch Demagogen in den ungeschichtlichen Haßbegriff des „Faschismus" hineingezerrt wird, ist für Teile der Jugend die geschichtliche Realität des Nationalsozialismus nicht mehr erfaßbar.

Im Ausland macht man sich da seit jeher weniger Skrupel als bei uns. Zur gewohnten Abendunterhaltung der Nazihorrorfilme aus dem Fernsehen und zu den sadistischen SS-Comics kamen im Sommer, gleichsam das Bild der unverbesserlich mit Hitlers Hoheitsadler abgestempelten Deutschen bestätigend, die Berichte zum Fall Kappler. Seine rechtliche Kalamität, auch seine menschliche Tragikomödie – eine Heilpraktikerin erwählt sich einen lebenslänglich inhaftierten Geiselmörder aus Hitlers Kampf um Rom zum Ehemann und befreit den Todkranken aus einem italienischen Militärlazarett – kann niemand im Ausland verstehen, solange die Mörder – wenn auch als todkranke Rentner – noch unter uns sind.

Und wieder hörte man den alten Vorwurf: Die Deutschen sind unbelehrbar, und bei ihren Lehrern fängt es an. Denn wer anders als der deutsche Geschichtslehrer ist verantwortlich für alles, was in Deutschland „unbewältigt" bleibt?

Was heute am Geschichtsunterricht kritisiert wird, trifft, mit Einschränkungen, tatsächlich noch auf die fünfziger Jahre zu. Die ältere Lehrergeneration war zum Teil persönlich in die Schuldproblematik des NS-Systems verstrickt. Manche Geschichtslehrer taten, was schon meine Geschichtslehrer taten, wenn sie keine Nazis waren: Sie „kamen" nur bis zu Bismarck und drückten sich vor dem „heißen Eisen" der jüngsten Zeitgeschichte. Entlastend für sie spricht aber auch, daß die Lernmittelindustrie damals erst angelaufen war. Noch heute braucht ein Team mehrere Jahre, bis ein neues Geschichtswerk für den Unterricht vorliegt, bis Quellenhefte, Karten, Ton- und Filmdokumente erarbeitet sind.

Diese Materialien fehlten für die Zeitgeschichte, als ich 1950 Geschichtslehrer wurde. Wir behalfen uns mit ersten Durchblicken, mit Materialien aus Fachzeitschriften und der Tagespresse, zum Beispiel mit den Bildbeilagen aus der ZEIT. Auch hat meine Generation, die Kindheit und Jugend in Hitlers System überlebt hatte, die Vergangenheit zunächst weniger im fachwissenschaftlichen Bereich bewältigt, sondern eine theologisch und philosophisch begründete Auseinandersetzung gesucht. Wir mußten, während wir noch studierten oder Referendare waren, mit dem „Hitler in uns" (so der Titel eines damals berühmten Essays) moralisch abrechnen.

(...)

Da äußerten sich Ende der fünfziger Jahre rechtsradikale Tendenzen zum erstenmal stärker im öffentlichen Leben. Minderheiten der Schuljugend und jugendlicher Berufstätiger, sogenannte „Halbstarke", verübten Hakenkreuzschmierereien, Grab- und Synagogenschändungen. Stand der Feind wieder von rechts auf wie einst gegen die Weimarer Republik? Inzwischen war meine Generation, sofern sie didaktisch und wissenschaftlich arbeitete, so weit vorangekommen, daß sie historische Bilanz ziehen konnte. Wir waren zu jung gewesen, um für Hitler verantwortlich gemacht zu werden, aber alt genug, seine Opfer und Täter zugleich zu sein. Diese uns bedrückende Doppelrolle stand als moralischer Impuls hinter unserer Arbeit im Klassenzimmer und an unseren Büchern zum zeitgeschichtlichen Unterricht.

Außer Zeller schrieben damals nur wenig später Mau, Krausnick, Heiber, Scheurig, Bracher, Conze, Erdmann, Nolte, Jacobsen, Pross, Klönne, Hofer, Deuerlein, Broszat, Buchheit, Scheffler und viele andere aus der Kriegsgeneration ihre ersten grundlegenden zeithistorischen Arbeiten; ihnen gesellten sich die Forschungen älterer Historiker und Publizisten, die teils im Widerstand, teils in der Emigration gelebt hatten wie Golo Mann, Hans Rothfels, Eugen Kogon, Hannah Arendt und Margret Boveri.

Inzwischen wirkte sich die rege wissenschaftliche Diskussion positiv auf den Lernmittelmarkt aus, den auch die allgemeine wirtschaftliche Aufwärtsentwicklung förderte: Durch Lehrbücher, Quelleneditionen, Atlanten, Wandkarten, Diaserien, Fotobände, Sprechplatten und Tonbänder, schließlich mehrteilige Unterrichtsfilme wurden die eben vorgelegten Ergebnisse der Wissenschaft für den Unterricht aufgearbeitet. Zum geistigen Hintergrund dieser Jahre gehören auch der für ein Massenpublikum spürbare Aufbruch einer neuen deutschen Literatur, die philosophische und kirchliche Diskussion um den Totalitarismus und die Auseinandersetzungen um die Kriegsschuldfrage.

Deshalb treffen pauschale Diffamierungen schon den Geschichtslehrer der späten fünfziger Jahre nicht mehr. Für die sechziger Jahre sind sie absurd; für die siebziger schlicht Verleumdung, weil große und kleine Lernmittelverlage eher ein Überangebot zum Thema Nationalsozialismus vorlegen, unterstützt durch die veröffentlichte Meinung in allen Medien. Ebenso ist nachweisbar, daß alle Lehrpläne bis in Einzelheiten vorschreiben, wie die NS-Diktatur zu erarbeiten sei.

Für die gegenwärtig auflebende „Nazi"-Diskussion oder die „Hitler-Welle" müssen also ganz andere Gründe genannt werden als der Schulunterricht, dessen Wirkung ohnehin seit jeher überschätzt worden ist. Sicherlich verpflichtet die gegenwärtige Publizität des Themas den Geschichtslehrer zum Nachdenken über die Effektivität seiner Arbeit. Auch bedarf es einiger Zeit, bis sich neue Einsichten der Lerntheorie im Unterricht verbessernd auswirken, wofür eine bessere Aus- und Fortbildung der Fachlehrer vorauszusetzen ist. Andererseits ist in diesem Jahr wieder offenkundig geworden, daß der effektivste Geschichtsunterricht das deutsche Trauma der Jahre von 1933 bis 1945 in absehbarer

Zeit nicht aus der Welt schaffen wird.

Innenpolitisch trägt die Polarisierung der Parteien zur ,,Hitler-Welle" bei. In strengen Sachfragen kann man sich wenig unterscheiden, also unterschiebt man den Konservativen reaktionären Rechtsradikalismus, und die ,,Rechten" stempeln die ,,Linken" einfach als ,,Linksfaschisten" ab, bis es schließlich im Ausland zu der grotesken Definition der Terroristen als ,,Hitlers Kinder" kommen kann.

Sobald Deutsche schießen, ob als Terroristen, als Polizisten, als Volksarmisten oder im Manöver als Soldaten der Bundeswehr: In den Augen des Auslands schießen sie sich immer zu Hitler zurück. Ja sogar beim Fußball, bei der Arbeit und auf Reisen gelten die Deutschen unverändert als ,,Hitlers Kinder".

Wer als Eltern, als Lehrer oder wo auch immer in der Bundesrepublik Jugend erzieht, kann in dieser Situation verzweifeln, zumal der ideologische Linksextremismus innen und außen ohnehin die Bundesrepublik mit der Diktatur Hitlers gleichsetzt. Doch mag sich eine liberale Pädagogik in den Netzen ihrer eigenen Spielregeln fangen, auf lange Sicht hat sie doch die besseren Chancen: Zum Abbau von Vorurteilen gehört auch die offene, bisweilen lautstarke Polemik, weil sich erst an ihr die Methoden differenzierenden Denkens in Wissenschaft und Unterricht scharf abgrenzen lassen. Wenn die Türen offen und breit sind, wie wir sie wollen für unseren Staat, kommt man auch mit dem berühmten Brett vor der Stirn hindurch. Um das zu verhindern, kann man unsere breiten, offenen Türen verengen oder gar schließen. Man sollte jedoch lieber versuchen, die Bretter von den Stirnen zu lösen. Das ist die wichtigste Aufgabe des Geschichtslehrers in einer Demokratie.

9. 12. 1977

43

ERZIEHUNG UND WISSENSCHAFT

Wissensfriedhof Nationalsozialismus
Von Dieter Boßmann

Als Sohn einer Armenfamilie geboren. Ein Österreicher, der in Deutschland den österreichischen Kaiser abgelöst hat. Deutscher Reichskanzler. Er arbeitete sich immer höher. Zum Schluß war er ein Diktator. Sein Stellvertreter war Theodor Heuss. Heute vertritt ihn Bundeskanzler Schmidt. Hitler gründete die SED. Im Parlament arbeitete er mit der KPD zusammen. Und die, die sich gegen ihn stellten, nannte er Nazis. Er steckte die Nazis in die Gaskammern. Er baute Autobahnen usw.
(...)

Aneinandergereihte Zitate aus Aufsätzen zum Thema: ,,Was ich über Hitler gehört habe...", gesammelt bei 3042 Schülern im Alter von 10 bis 23 Jahren aus allen Schularten und aus dem gesamten Bundesgebiet, geschrieben in der Zeit vom Oktober 1976 bis April 1977 – ein einziger Wissensfriedhof. Natürlich: Daß es einmal einen Hitler gegeben hat, gehört zum festen Wissensbestand fast aller Schüler. Doch wann es ihn gab, schon weniger, und die wenigsten wissen, wie er war, doch dafür aber viele, wie er nicht war.

Allenthalben Nichtwissen, schlimmer: Nichtwissenwollen. Und ungeachtet der Alters- und Bildungsdifferenzen wird Geschichte, wenn denn schon, lediglich aus der Ereignisperspektive betrachtet, meist unter Zuhilfenahme von Geschichten als Verständniskrücken oder gar Erklärungen der Geschichte. Wohl gibt es auch ein ,,Was-war-Interesse", zu selten dagegen aber ,,Was-war-warum-Fragen", von entsprechenden Antworten ganz zu schweigen.
(...)

Die Beispiele für solch historisches Analphabetentum und deformierte politisch-moralische Werturteile und Einstellungen der heutigen Jugend ließen sich beliebig fortführen. Aber: Wissen wir das nicht alles schon längst? Denn nicht nur 1977 ließen Schüler ein ähnliches fatales Hitler-Bild erkennen, andere Umfragen und Studien vor 5, 10, 15 oder 20 Jahren wiesen gleichfalls darauf hin, daß der Nationalsozialismus in der geschichtlichen Vorstellungswelt der Schüler ein nahezu weißer Fleck ist; daß höchstens An-, aber nicht Einsichten bestehen. Wurde die Öffentlichkeit dann mit solch niederschmetternden Ergebnissen konfrontiert (und manche Schülerantworten finden sich wortgleich über nun schon zwei Jahrzehnte hinweg in allen entsprechenden Studien!), geschah – wenn überhaupt – recht wenig: Ein paar Klagen über die offenkundigen Unterlassungssünden in der politisch-zeitgeschichtlichen Unterrichtung der jüngeren Generation, danach ging man dann zur jeweiligen Tagesordnung über. Jüngstes Beispiel hierfür kann die Gleichgültigkeit über die Grausamkeit sein, daß an bundesdeutschen Schulen über Auschwitz gelacht wird – nach Ostfriesen- und Häschenwitzen, meint man, ebbe auch die derzeitige Welle der Judenwitze schnell und von alleine wieder ab, so einfach ist das, oder soll es jedenfalls sein. Und als EMNID jüngst meldete, daß 48 Prozent der bayerischen Jugendlichen nichts gegen einen Diktator einzuwenden wissen, sofern er nur „fähig" und auch „Staatsmann" sei, fand man dieses nicht recht schlimm. Ebenso demonstrativ wird über die besonders an Jugendliche verkaufte Viertelmillionenauflage (mit steigender Tendenz, wie der Buchhandel weiß) nazistischer Gewaltliteratur hinweggeschwiegen, die allmonatlich per Kiosk den Krieg und anderes verherrlicht, vereinfacht, verfälscht – § 88a ist für anderes da. Wen stört schon ein ekelhafter Hitler-Glamour, die sexuell-erotischen Komponenten unterstreichend, den Pomp aufhellend, der das Grauen unterläßt. Und wen TV-„Werke", die Heydrich zeigen, nicht aber Lidice. Und wer regt sich über jene Leinwand-Experten auf, die kassenfüllend NS-Faschismus suggerierend mit psychopathischer Persönlichkeit einzelner Verbrecher, leichterhand erklären wollen? Politiker, Publizisten, Programmemacher, eigentlich wir alle, scheinen uns jedenfalls nicht recht daran zu stören, wenn furchterregende Vorstellungsbilder über Sicherheit und Ordnung, Ruhe und Disziplin deutungsevident dokumentieren, wie sehr die Meinung grassiert, man könne doch, um aller Probleme mit Arbeitslosen und Terroristen mit einem Schlag Herr zu werden, die „Vorzüge" der Diktatur mit denen einer Demokratie verbinden. Gilt es nicht, solche Einstellungen zu bekämpfen, unter Umständen auch über die Demokratie mit sich reden zu lassen, den Abbau demokratischer Rechte hinzunehmen oder den latenten Antisemitismus – wieviel Sympathisanten mag es denn wohl auf dieser „Szene" geben?

Zugegeben, all dies erleichtert der Schule ihren Auftrag, eine „getreue, unverfälschte Darstellung der Vergangenheit" (so die Hess. Verfassung) zu leisten, natürlich nicht. Den allerorts vorhandenen Retuscheuren und Nachbesserern des NS-Regimes hat die demokratische Schule durch politisch-zeitgeschichtliche Unterrichtung engagiert entgegenzutreten. Wer denn sonst, wenn sie's nicht tut?

Daß auch 32 Jahre danach der NS im Schulunterricht oft nur angetippt, manchmal auch gar nicht durchgenommen wird, ist und bleibt ein politisch-pädagogischer Skandal. Untersuchungen müßten einmal klipp und klar feststellen, wieviel Schüler auch heute noch immer die Schule verlassen, ohne jemals etwas vom NS gehört zu haben. Der Historikertag 1976 sprach vom „Ende der Krise des Geschichtsunterrichtes". Zweifel dürfen, nein müssen sein: Warum gibt es z. B. eigentlich so wenig Lehrstühle für Geschichtsdidaktik? Und warum dominiert die Lehrererzählung noch immer als „Herzstück" des Geschichtsunterrichts, obschon ihre methodische Rückständigkeit längst er- und bekannt ist? Wo hilft die Geschichtsdidaktik denn dem Geschichtslehrer, das Motivationspotential des Schülers ausreichend zu erhöhen, wenn letzterer vom Dahertraben auf der „staubigen Straße der chronologischen Ereignisse" schon zu ermüdet ist, um die NS-Zeit am Ende der Schulzeit überhaupt noch aufnehmen zu können?

Vonnöten erscheint endlich auch einmal das gründliche Be- und Hinterfragen amtlicher Richtlinien, Lehrpläne und Stundentafeln – vor allem aber auch der Geschichtsbücher. Gerade sie sind wegen ihrer im Verhältnis zu anderen Lehrmitteln häufigeren Benutzung ein bedeutsamer Faktor bei der Vermittlung politischer und geschichtlicher Bildung: für die Schüler oft die einzige Informationsquelle, für die Lehrer oft das einzige Hilfsmittel. Der Hinweis von Walter Scheel, daß die Geschichte in den Schulbüchern eine geschichtliche Macht ist, die zum Guten oder zum Bösen wirken kann, unterstreicht die zentrale Rolle des Geschichtsbuches. Mit welcher Leichtigkeit in manchen von ihnen der Nationalsozialismus zum „Hitlerismus" verkürzt wird, läßt einen erschauern. Kam und ging der Faschismus mit Hitler etwa auf Nimmerwiedersehen? Sind demokratie- und verfassungsfeindliche Fragen an die Schüler erlaubt, wie etwa: „Welche Vorzüge hat die Diktatur?" Kann man in Arbeitsanweisungen die Kriegsfolgelasten genauestens errechnen lassen, ohne auch nur mit einer einzigen Aufgabe den Judenermordungen nachzufragen? Oder die „Glocken von Hamburg" abbilden, ohne ein einziges KZ-Bild zu zeigen? Darf man politisch-moralisch verhunzt, und sprachdumm obendrein, im Zusammenhang mit dem Krieg von „Erfolg, Gewinn, Gewinner, sinnvoller Verlängerung usw." reden? Wann wird endlich eingesehen, daß nicht der 8. Mai 1945 der Tag des „Zusammenbruchs Deutschlands" war, sondern der 30. Januar 1933? Auch hier genug der Beispiele, die versuchten aufzuzeigen, daß naives Geschichtsdenken in vielen Geschichtsbüchern geradezu provoziert wird.

„Geschichte muß als Boden verstanden werden, auf dem wir stehen", so Gustav Heinemann – aber stehen wir eigentlich noch?   11/1977

44.
DEMOKRATISCHE ERZIEHUNG

Vorschläge für einen demokratischen Unterricht

(...)

Im folgenden sollen einige alternative Vorschläge zur Behandlung der NS-Zeit im Geschichts- und Sozialkundeunterricht dargelegt werden. Dabei kann es nicht darum gehen, eine geschlossene Unterrichtseinheit und didaktisch-methodische Aufbereitung anzubieten. Vielmehr sollen Ziele und Inhalte benannt werden, die ein demokratischer Unterricht über den Nationalsozialismus besonders betonen müßte. Im Hinblick auf die konkrete Unterrichtsgestaltung wird zudem versucht, einige zentrale Fragestellungen zu formulieren und geeignete Materialien zu nennen.[25] Die endgültige Auswahl und Anordnung bleibt Sache des Lehrers und kann nur unter Berücksichtigung der Kenntnisse und Urteilsfähigkeit der jeweiligen Lerngruppe erfolgen.

Während die Darstellung der Jahre 1933 bis 1945 bisher auf die zumeist lückenhafte Vermittlung von Tatsachen und die bloß moralische Verurteilung des Nationalsozialismus beschränkt blieb, sollte ein demokratischer Unterricht ein alle wesentlichen Aspekte erfassendes und realitätsgerechtes Abbild des Faschismus liefern und auch Orientierungen für die aktuelle politische Verantwortung bieten. Es genügt also nicht, über den Ursprung und das Wesen der Naziherrschaft aufzuklären; die historische Betrachtung muß den Schülern auch Einsichten in die Verhinderung eines faschistischen Rückfalls vermitteln und sie somit befähigen, aus der Geschichte Lehren zu ziehen. Angesichts der grauenhaften Verbrechen der Hitlerdiktatur sollte insbesondere die Bereitschaft geweckt bzw. gefördert werden, für die Sicherung und Erweiterung der demokratischen Grundrechte einzutreten und in politischen Streitfragen eine antifaschistische Grundhaltung einzunehmen.

---

25 Zunächst sei auf einige neue Schulbücher hingewiesen, die sich gegenüber früheren Darstellungen durch eine breitere und kritischere Quellenbasis auszeichnen: Weltgeschichte im Aufriß, Band 3, Teil 1: Vom Ersten Weltkrieg bis 1945. Von Werner Ripper in Verb. mit Eugen Kaier, Frankfurt/Main 1976 (Diesterweg); Politische Weltkunde II, Themen zur Geschichte, Geographie und Politik: Nationalsozialismus und Faschismus. Von Bernd Hey und Joachim Radkau, Stuttgart 1976 (Klett); Fragen an die Geschichte, Band 4: Die Welt im 20. Jahrhundert. Zusammengetragen und bearbeitet von Heinz Grosche u. a. (erscheint demnächst im Hirschgraben-Verlag, bisher nur Sonderdruck erhältlich).

Oskar Kokoschka: Helft den baskischen Kindern, Lithographie 1937

1. Ermittlung der sozialökonomischen Bedingungen

Die Errichtung der NS-Diktatur war nicht einfach eine persönliche Leistung Hitlers, sondern wurde von bedeutenden Kräften in Staat und Wirtschaft gefördert. Neben Militär, Junkertum, Beamtenapparat und Justiz waren es besonders Teile der Großindustrie, die eine Regierungsübernahme durch die NSDAP gewünscht und mit herbeigeführt haben. Dieser Zusammenhang, der in den meisten Geschichtsbüchern noch verschwiegen und in Fests Film einfach geleugnet wird, ist durch umfangreiches dokumentarisches Material belegt.[26] So sollte der Geschichtsunterricht gerade in dieser Frage Quellentexte heranziehen, wie z. B. die Eingabe von Industriellen, Bankiers und Großagrariern an Hindenburg vom November 1932 oder die eidesstattliche Erklärung des Bankiers Schröder vor dem Nürnberger Militärgerichtshof. Die unangetastete Herrschaft der Großindustrie im „Dritten Reich" offenbart sich in der nationalsozialistischen Wirtschafts- und Sozialpolitik. Hier sind neben Quellentexten (z. B. Gesetz zur Ordnung der nationalen Arbeit) auch statistische Materialien auszuwerten (Entwicklung der Gewinne, Löhne, Preise usw.).[27]

Auch Vorbereitung und Durchführung des Zweiten Weltkrieges dürfen nicht – wie von Fest im Film suggeriert wird – als bloße Einzeltat Hitlers erscheinen. Vielmehr sind die realen ökonomischen und politischen Interessen aufzudecken, wie sie etwa in den Expansions- und Europaplänen der führenden Industriegruppen zum Ausdruck kommen.[28] Die nationalsozialistische Lebensraum- und Herrenmenschenideologie war mit dem kapitalistischen Profitprinzip durchaus vereinbar. Einen grauenvollen Eindruck hiervon vermittelt die allseitige Verwertung der KZ-Häftlinge und besonders der Juden: Ausbeutung der menschlichen Arbeitskraft (die SS verlieh Häftlinge für einen geringen Tagessatz an Großkonzerne), Raub des gesamten Eigentums, Verwendung zu pseudomedizinischen Versuchen und Verwertung selbst der toten Körper (Sammeln der Prothesen und Brillen, Verarbeiten der Haare, Einschmelzen der Goldzähne).[29]

26 Siehe Eberhard Czichon. Wer verhalf Hitler zur Macht? Zum Anteil der deutschen Industrie an der Zerstörung der Weimarer Republik, Köln 1967; Reinhard Kühnl, Der deutsche Faschismus in Quellen und Dokumenten, Köln 1975. Vgl. auch die Darstellung von Dieter Halfmann, Der Anteil der Industrie und Banken an der faschistischen Innenpolitik, Köln 1974 (Pahl-Rugenstein: Hefte zum Geschichts- und Sozialkundeunterricht).

27 Siehe Kühnl, Der deutsche Faschismus, S. 245 ff.

28 Siehe ebenda, S. 317 ff. Vgl. Reinhard Opitz (Hrsg.), Europastrategien des deutschen Kapitals, 1900–1945, Köln 1977.

29 Dieser Aspekt wird z. B. in der Unterrichtseinheit „Auschwitz" von Axel Böing angesprochen. Frankfurt/Main 1976 (Röderberg: Reihe Demokratische Lehrinhalte).

Die Ablehnung der personalisierenden und psychologisierenden Geschichtsbetrachtung bedeutet nicht, das Wirken historischer Persönlichkeiten zu leugnen. Um die Rolle einer Persönlichkeit richtig zu verstehen, muß der Unterricht jedoch an den konkreten historischen Bedingungen ansetzen und von hier aus die Funktion und die Handlungsmöglichkeiten des Individuums bestimmen. So ist es erforderlich, die Massenbegeisterung um Hitler, die Fest nur psychologisierend und biologisierend deutet, auf ihre historischen Ursachen zurückzuführen. Hier sind beispielsweise die jahrzehntelange Gewöhnung an obrigkeitsstaatliches Denken sowie die autoritären Strukturen der bürgerlichen Kleinfamilie zu nennen, die das Bedürfnis nach einem „Führer" hervorriefen, welches sich in einer Situation wie der Weltwirtschaftskrise bis zur Heilserwartung steigern konnte.

Der Lehrer steht hier vor großen Problemen, da die Schüler nicht nur durch den herkömmlichen Geschichtsunterricht, sondern auch durch andere Einflüsse (z. B. politische Berichterstattung in Presse und Fernsehen) auf große Personen fixiert sind. Schon deshalb wäre es nicht angemessen, die Person Hitlers aus der geschichtlichen Analyse völlig auszuschließen, weil die Schüler sonst für verfälschende Hitlerdarstellungen empfänglich werden.

Die biographische Analyse Hitlers darf allerdings kein Verständnis für seine Person wecken. Genau dies bewirkt Fest mit seinem Film, in dem viel über Hitlers „leidenschaftliche Ablenkung: die Architektur", seine „menschliche Öde" und „Verlorenheit" und schließlich über seine „Todessehnsucht" berichtet wird. Statt dessen müssen der Ehrgeiz und die Skrupellosigkeit deutlich bleiben, mit denen Hitler seine Ziele verfolgt hat.

Psychologische Erläuterungen können ferner dazu beitragen, die Funktionsweise des NS-Herrschaftssystems genauer zu verstehen. Wie agiert ein Demagoge? Wie wird Massenpropaganda inszeniert? Wie werden Bedürfnisse und Bewußtseinsformen angesprochen und umfunktioniert? Zur Erörterung solcher Fragen bietet sich z. B. die Analyse einer Hitler-Rede an.[30]

3. Konfrontation der NS-Ideologie mit der Realität

Zu den bedenklichsten Erscheinungen bundesdeutschen Geschichtsbewußtseins gehört die Tatsache, daß zahlreiche Jugendliche im Natio-

---

30 Siehe z. B. Anneliese Schuon-Wiehl: Faschismus und Gesellschaftsstruktur – Am Beispiel des Aufstiegs des Nationalsozialismus, Frankfurt/Main 1973, S. 40 ff.

nalsozialismus auch „gute Seiten" sehen.[31] Als „Leistungen" Hitlers werden besonders der „Autobahnbau", die „Verbrechensbekämpfung" und die Schaffung einer „Gemeinschaft" genannt. Fests Hitler-Film verstärkt derartige Vorstellungen, wenn er den nationalsozialistischen Alltag als „Volksgemeinschaft" kennzeichnet und sogar behauptet, daß die Deutschen in jener Zeit „im ganzen nicht unglücklich (waren)".

Aufgabe eines demokratischen Unterrichts muß sein, diese Legenden, in denen immer noch Teile der NS-Propaganda fortleben, mit der faschistischen Realität zu konfrontieren.[32] So ist es nachzuweisen, daß Hitler die Autobahnen weder erfunden noch als erster gebaut hat und der „Volkswagen" ein großangelegtes Täuschungsmanöver blieb. Die gesamte Motorisierungskampagne diente in erster Linie der Vorbereitung auf den Krieg. Auch die verbreitete Vorstellung von einem friedlichen NS-Staat ohne Verbrecher läßt sich nicht aufrechterhalten: Wie die Kriminalstatistik beweist, ist die Zahl der Straftaten einschließlich der schweren Delikte wie Mord und Totschlag in den Jahren 1934–1937 sogar gestiegen und erst im Zuge der Kriegsvorbereitung und Militarisierung zurückgegangen.[33] Anhand statistischer Materialien kann schließlich belegt werden, daß die NSDAP alles andere als eine „Arbeiterpartei" war und die von ihr propagierte „Gemeinschaft aller Volksgenossen" nicht der Wirklichkeit entsprach.[34]

4. Umfassende Darstellung und Würdigung des Widerstandes

In den bundesdeutschen Geschichtsbüchern wird der Widerstand gegen das NS-Regime häufig auf Vertreter der Kirchen, des Militärs und bürgerliche Kräfte beschränkt. Im Zentrum stehen das Attentat auf Hitler vom 20. Juli 1944 und die daran beteiligten Männer um Beck/Goerdeler und Stauffenberg. Selten nur erfahren die Schüler, „daß es Widerstandsgruppen der Arbeiterbewegung gab, die das Naziregime von An-

31 Eine entsprechende Frage wurde 1971 von nahezu einem Drittel der Jugendlichen im Alter von 15 bis 24 Jahren bejaht (Der Spiegel, Nr. 34/1977, S. 47). Die Umfrage von Dieter Boßmann (Hrsg.), Was ich über Adolf Hitler gehört habe? ... Auszüge aus 3042 Aufsätzen von Schülern und Schülerinnen aller Schularten der Bundesrepublik Deutschland, Frankfurt/Main 1977, bietet hierzu erschreckende Beispiele.
32 Recht nützlich ist hier eine ältere Broschüre von Hans-Joachim Winkler, Legenden um Hitler, Berlin (West) 1963 (Zur Politik und Zeitgeschichte, Heft 7).
33 Statistisches Jahrbuch für das Deutsche Reich 1938, S. 609.
34 Siehe hierzu auch Eberhard Aleff (Hrsg.), Das Dritte Reich, Hannover 1970, S. 117 ff.

fang an kompromißlos bekämpften und nicht erst dann, als sich die unvermeidliche militärische Niederlage abzeichnete".[35]

Ein demokratischer Unterricht hätte alle Gruppen des Widerstandes
angemessen zu berücksichtigen. Er sollte die Motive, Ziele und Ak-
tionsformen vergleichen und das Gemeinsame und Trennende benen-
nen.[36] Dabei gilt es die verbreitete Vorstellung zu korrigieren, daß nur
,,höherstehende" Personen Widerstand leisten konnten und durften.
Derartige Anschauungen laufen nur auf eine Festigung obrigkeitsstaat-
lichen Denkens hinaus. Weiterhin ist der Auffassung entgegenzutreten,
daß der Widerstand im Grunde erfolglos gewesen und nur als moralische Entscheidung zu akzeptieren sei.[37]

Um den Schülern ein möglichst anschauliches Bild vom Widerstand
zu vermitteln, sollten auch Film- und Fotomaterial sowie konkrete Er-
fahrungsberichte eingesetzt werden.[38] Die Schüler könnten ein eigenes
Projekt durchführen, indem sie den Widerstand im jeweiligen Heimat-
gebiet erforschen. So könnte eine Klasse die örtlichen Konzentrationslager bzw. heutigen Gedenkstätten aufsuchen, Interviews mit Wider-
standskämpfern durchführen und eine Dokumentation für die Mitschü-
ler und andere Interessierte erstellen.

5. Lehren für Gegenwart und Zukunft

Die Auseinandersetzung mit dem Faschismus im Unterricht erhält erst
dann ihren Sinn, wenn sie Konsequenzen für das politische Bewußtsein
der Jugendlichen hat. Dazu gehört wesentlich die Beschäftigung mit
dem Grundgesetz und besonders den darin verankerten Grundrechten,

35 Jürgen Redhardt, NS-Zeit im Spiegel des Schulbuchs – Konzeptionen und Fehlkonzeptionen für westdeutsche Schüler, dargestellt am hessischen Beispiel, Frankfurt/Main
1970, S. 24. Vgl. die kürzlich erschienene Untersuchung von Otto-Ernst Schüddekopf: Der
deutsche Widerstand gegen den Nationalsozialismus. Seine Darstellung in Lehrplänen und
Schulbüchern der Fächer Geschichte und Politik in der Bundesrepublik Deutschland,
Frankfurt/Main 1977, bes. S. 46.

36 Hierzu empfiehlt sich die Unterrichtseinheit ,,Antifaschistischer Widerstand" von
Otto Gertzen, Frankfurt/Main 1977 – siehe die Besprechung in diesem Heft.

37 Diesen Eindruck erwecken die Informationen zur politischen Bildung Nr. 160: ,,Der
deutsche Widerstand 1933–1945", hrsg. von der Bundeszentrale für politische Bildung,
Bonn 1974, S. 1. Vgl. die Kritik von Horst Hensel: Die Darstellung des Faschismus im Geschichtsunterricht, in: Gertzen, S. 5.

38 Eine Fülle von Materialien bietet der Band: Der deutsche antifaschistische Widerstand
1933–1945, in Bildern und Dokumenten, Frankfurt/Main 1975. Zu empfehlen sind ferner
die vom Röderberg-Verlag herausgegebenen Monographien zum Widerstand in bestimmten
Städten und Regionen.

in denen Forderungen des antifaschistischen Widerstandes eingegangen sind.[39] Vor allem folgende Punkte verdienen Beachtung:

– das Faschismusverbot nach Art. 139 GG. In diesem Artikel wird erklärt, daß die von den Alliierten zur „Befreiung des deutschen Volkes vom Nationalsozialismus und Militarismus" erlassenen Rechtsvorschriften – man denke z. B. an das im Potsdamer Abkommen geforderte Verbot jeder nazistischen Betätigung, die Demokratisierung des politischen Lebens und besonders auch des Erziehungswesens und die Beseitigung übermäßiger wirtschaftlicher Konzentration – von den Bestimmungen des Grundgesetzes nicht berührt werden und somit eine übergeordnete Rechtsnorm darstellen;

– das Friedensgebot nach Art. 26 GG. Hier werden sämtliche Bestrebungen, die das friedliche Zusammenleben der Völker stören und insbesondere der Vorbereitung eines Angriffskrieges dienen, als verfassungswidrig erklärt;

– das Demokratiegebot nach Art. 20 GG. Dieser Artikel, der zu den unveränderbaren Verfassungsgrundsätzen zählt, spricht der Bevölkerung die letztliche Entscheidungsgewalt zu („Alle Staatsgewalt geht vom Volke aus"), gestattet also auch grundlegende gesellschaftliche Veränderungen.

Bei der Beschäftigung mit dem Grundgesetz muß herausgearbeitet werden, daß Verfassungsnorm und Verfassungswirklichkeit vielfach auseinanderfallen. Indem die Schüler erkennen, daß einerseits bestimmte Forderungen noch nicht erfüllt sind (z. B. Chancengleichheit, Sozialstaatspostulat) und andererseits bestehende Grundrechte eingeschränkt werden, vermögen sie das Grundgesetz als immer wieder neu zu realisierende Aufgabe zu begreifen.

Aus: Gerhard Grotz/Dierk Joachim/Bernhard Keller/Uwe Naumann: Wider die Legende vom „Alleingänger" Hitler. In: Demokratische Erziehung, Nr. 6/1977.

---

39 Zur Bedeutung des Grundgesetzes vgl. Wolfgang Abendroth u. a., Antifaschistische Politik heute. Verteidigung der demokratischen Grundrechte – Erfüllung antifaschistischer Verfassungsaufträge, Frankfurt/Main 1975; Udo Mayer und Gerhard Stuby (Hrsg.), Die Entstehung des Grundgesetzes. Beiträge und Dokumente, Köln 1976.

45

Landesverband der GEW in Westberlin

Protest gegen Fests Hitler-Film

Resolution der 1. Landesvertreterversammlung der GEW im DGB, Landesverband Berlin, 21./22. 9. 1977

Die Landesvertreterversammlung stellt fest, daß Filme wie „Hitler, eine Karriere" den Erziehungsauftrag der Berliner Schule erheblich behindern. Sie fordert alle für die Berliner Schule Verantwortlichen, den Senator für Schulwesen ebenso wie die Bezirksstadträte für Volksbildung auf, entschieden gegen diesen Film Stellung zu nehmen, aus ihrer Verantwortung gegenüber den Berliner Jugendlichen.

Sie fordert den Geschäftsführenden Landesvorstand auf, über die Mitglieder des DGB in der Filmbewertungsstelle eine Aberkennung des Prädikates „besonders wertvoll" zu erwirken sowie auf eine Streichung aus dem Verleihkatalog der Landesbildstelle zu dringen.

Der Geschäftsführende Landesvorstand möge darauf einwirken, daß Unterrichtsmaterialien zum Thema „Faschismus aus gewerkschaftlicher Sicht" mit Hilfe des DGB erstellt werden.

Begründung:

Gemäß Schulgesetz, Paragraph 1, steht die gesamte Unterrichts- und Erziehungsarbeit der Berliner Schule unter dem Gebot:

– Ziel muß die Heranbildung von Persönlichkeiten sein, welche fähig sind, die vollständige Umgestaltung der deutschen Lebensweise auf demokratischer und friedlicher Grundlage zustande zu bringen, und welche der nazistischen Ideologie unerbittlich entgegenstehen...

Seit Wochen ist der Film „Hitler, eine Karriere" in unserer Stadt zu sehen. Seine historisch falsche Darstellung der Hintergründe, die zur Entwicklung des Dritten Reiches beitrugen, seine verharmlosende Beschreibung der Person Hitlers und seine Hintanstellung der Unmenschlichkeit des Faschismus sind bereits von vielen Organisationen festgestellt worden. Dennoch ist dieser Film ab zwölf Jahren freigegeben worden und hat das Prädikat „besonders wertvoll" erhalten, wodurch der Film indirekt steuerlich subventioniert wird.

Aus: Demokratische Erziehung Nr. 6/77.

46.
Hitler-Film. Raus aus den Schulen
Stellungnahme der Betriebsgruppe GS Steilshoop

Der größte Teil des Films besteht aus Dokumentarmaterial, das in der Zeit des Faschismus zu Propagandazwecken verwendet wurde. Die faschistische Nationalzeitung beschreibt das so: ,,Minutenlang erlebt der Zuschauer die Faszination gewaltiger Massenaufmärsche, den optischen Reiz nationalsozialistischer Großveranstaltungen, die Welle von Hingabe und Zustimmung, auf der dieser Mann zu unbestreitbaren Erfolgen getragen wurde. ,Ein Volk, ein Reich, ein Führer!' – Fest setzt diese Dreieinigkeit mit wenig Hemmung ins Bild.''

Im Film wird behauptet, ,,Hitler war weder käuflich noch im Bund mit dem Großkapital'' und das, obwohl nachgewiesen ist, daß Hitler allein durch die Unterstützung der Großindustriellen an die Macht kam.

Der Film verschweigt:

KPD- und SPD-Verbot;

Auflösung von Gewerkschaften;

Kampf der österreichischen Widerstandskämpfer gegen die Besetzung ihres Landes.

Der Film erwähnt lediglich am Rande und kommentarlos:

die Existenz von KZs;

Der Film zeigt unkommentiert Nazispruchbänder wie: ,,Der Marxismus muß sterben, damit wir leben können.''

Der Film kommentiert Propagandamaterial von Leibfotografen und Parteifilmern lediglich feuilletonistisch, plätschernd oder pathetisch. ,,Sie (die Stimme des Kommentators) steht nicht nüchtern und sachlich über dem Besprochenen, sondern versucht es zu illustrieren...: manchmal ehrfürchtig, manchmal leichthin, manchmal schwermütig, dann wieder hoffnungsvoll, mal amüsiert, mal erbost, auch keck oder spöttisch... Ja, mitunter erzählt sie fast subjektiv aus Hitlers Sicht'' (Zeit).

die Vernichtung von Juden, Kommunisten, Demokraten, Künstlern...; (von 150 Filmminuten sind nur sechs den Verbrechen des Regimes gewidmet).

Zusammenfassend ist festzustellen, daß das Hauptgewicht des Films darauf liegt, dem Faschismus ,,positive'' Aspekte abzugewinnen.

Angesichts der gerade im ,,Spiegel'' nachgewiesenen totalen Unkenntnis der Jugendlichen über die geschichtlichen Zusammenhänge des Faschismus, angesichts der momentanen Situation in der Bundesrepublik Deutschland, die durch zunehmende Arbeitslosigkeit, wirtschaftliche Unsicherheit und zunehmende Repression gegen die demokratische Opposition gekennzeichnet ist, dient dieser Film dazu, die faschistische „Lösung" als Ausweg aus der Krise wieder diskussionswürdig zu machen. Denn wenn man wie Joachim C. Fest leugnet, daß der Faschismus seine Grundlagen in der Herrschaft des Großkapitals und der Ausbeutung und Unterdrückung großer Teile der Bevölkerung hat, ist es naheliegend, „das faschistische Modell der Volksgemeinschaft (als) bedenkenswert auch für die heutige Zeit" (Fest) darzustellen.

Diese Tendenz, den Faschismus wieder salonfähig zu machen, wird von Teilen der Presse begierig aufgenommen und weitergeführt. So frohlockt die „Welt" über „die längst notwendige Revision" des Hitlerbildes, denn „sein Ziel war es, gesellschaftliche Barrieren niederzureißen und die Volksgemeinschaft zu schaffen... Hitler gab den Deutschen zurück, wonach sie sich sehnten: Autorität, Ziele, Ordnung, Selbstbewußtsein. Er besiegte die Arbeitslosigkeit..." Eine solche Darstellung Hitlers und des Faschismus führt zwangsläufig dazu, das faschistische Modell als Möglichkeit für die heutige Situation wieder zu diskutieren, wie es dann auch konsequent von der Nationalzeitung weitergeführt wird: „Der Beschauer des Films zieht zwangsläufig Parallelen zur heutigen Situation: Über eine Million Erwerbslose, eine Regierung, die kein Vertrauen mehr genießt, eine Wirtschaft mit wenig Hoffnung."

Als gewerkschaftlich organisierte Lehrer sind wir verpflichtet, solcher Art faschistischer Propaganda mit allen uns zur Verfügung stehenden Mitteln entgegenzutreten. Wir können nicht zulassen, daß dieser Film in die Schulen kommt und unsere Schüler verhetzt. Deshalb fordern wir:

Die Bundeszentrale für politische Bildung muß den Kauf des Films sofort rückgängig machen;

Aberkennung der Auszeichnung „Prädikat besonders wertvoll", damit Rücknahme der finanziellen Unterstützung aus Steuergeldern;

ein Verbot des Films, da der Film gegen den Paragraph 86 a des Strafgesetzbuches verstößt, in dem es heißt: „Wer Kennzeichen (einer nationalsozialistischen Organisation) öffentlich, in einer Versammlung oder in von ihm verbreiteten Schriften verwendet oder solche Kennzeichen in diesem Bereich verbreitet, wird mit Freiheitsstrafe bis zu drei Jahren oder mit Geldstrafe bestraft. Kennzeichen sind namentlich Fahnen, Abzeichen, Uniformstücke, Parolen und Grußformen."

Aus: Hamburger Lehrerzeitung Nr. 13/1977.

47

Fragebogen für Schüler zum Hitler-Film
Von Bernhard Keller

Vorbemerkung

Der nachstehend abgedruckte Fragebogen bildete die Grundlage für
eine Umfrage unter 173 Schülern von 9. und 10. Klassen an Hamburger
Gymnasien (siehe meinen Beitrag im Analysenteil). Er soll als Anregung für ähnliche Untersuchungen dienen. Die Fragen ließen sich je
nach den Voraussetzungen und Zielen des Unterrichts erweitern oder
verändern. Auch die Antwortmöglichkeiten könnten noch weiter differenziert werden.

Grundsätzlich vermag ein solcher Fragebogen zwei Funktionen zu
erfüllen. Er kann dem Lehrer zunächst Aufschluß darüber geben, wie
der Film von seinen Schülern rezipiert wurde. Daraus können dann
Folgerungen für die Unterrichtsplanung gezogen werden. Weiterhin
läßt sich der Fragebogen mit seinen kontroversen Antwortmöglichkeiten als Dikussionsstoff im Unterricht selbst einsetzen. Deshalb empfiehlt es sich, das Ergebnis mit den Schülern gemeinsam auszuwerten
und nach Gründen für das jeweilige Antwortverhalten zu fragen.

UMFRAGE ZU DEM HITLER-FILM VON J. C. FEST

1. Bestimme Deinen *PERSÖNLICHEN EINDRUCK* von dem Film.

	unbestimmt	
informativ		oberflächlich
langweilig		aufregend
kritisch		beschönigend
abschreckend		mitreißend
objektiv		subjektiv

2. Beurteile aufgrund Deiner bisherigen Kenntnisse, ob der Film die *HISTORISCHEN ZUSAMMENHÄNGE* richtig/vollständig oder falsch/lückenhaft darstellt. Kreuze auch an, ob Ihr das jeweilige Thema schon im Unterricht behandelt habt.

Thema	im Unterricht schon behandelt	Film informiert richtig/vollständig	falsch/lückenhaft
Aufstieg Hitlers			
Machtergreifung und Gleichschaltung			
Widerstand			
Judenverfolgung			
Wirtschaftspolitik			
Außenpolitik			

3. Im Filmkommentar werden bestimmte *AUSSAGEN ÜBER HITLER UND SEINE ZEIT* gemacht. Hältst Du diese Aussagen für zutreffend oder unzutreffend?

	trifft zu	trifft nicht zu
„Der Traum war, eine bedrohte Welt zu retten. Von dieser Vision war er, der Beamtensohn aus der österreichischen Provinz, sein Leben lang besessen."		
„Er (Hitler) war weder käuflich noch im Bund mit dem Großkapital."		
„Erst die Resignation der Gegenkräfte brachte ihn ans Ziel. Müde der ewigen Kämpfe, ließ sie ihn endlich gewähren."		
„Die Gefühle, die Hitlers Erscheinen auslöste, sind mit politischen Motiven allein nicht zu erklären. Dahinter stecken religiöse Antriebe, wenn nicht erotische."		
„Die Dynamik (der Arbeitsbeschaffung) machte das Regime populär. Die Menschen glaubten, daß es wieder aufwärts gehe."		
„Die Deutschen waren im ganzen nicht unglücklich. Zwar blieben Besorgnisse. Aber die Phase der Unruhe im Innern wie nach außen schien vorüber."		

210

4. In mehreren Städten wurden *SCHÜLER ÜBER IHRE MEINUNG ZU DEM FILM* befragt. Einige Aussagen sind hier wiedergegeben; würdest Du ihnen zustimmen, oder würdest Du sie ablehnen?

	Zustimmung		Ablehnung	
	stark	schwach	schwach	stark
„Der ganze Film war recht objektiv aufgebaut, man hat die Vor- und Nachteile seiner Politik gesehen." (Gabi, 17 J.)				
„Ich finde, daß zuviel mit Psychologie erklärt wurde und zuwenig Bezug zu wirtschaftlichen und politischen Verhältnissen da war." (Herbert, 17 J.)				
„Man kann den Film nicht befürworten, weil er Hitler nicht als Bestie zeigt... Hier ist er ein Kranker, aber ein Mensch – deshalb wird die Abneigung nicht sehr groß. Und das ist gefährlich." (Wolfgang, 17 J.)				
„Allein durch den Geschichtsunterricht bekommt man nur... den Verlauf der Karriere von Hitler mit... Nach dem Film kann man verstehen, warum die Menschen den Mann sozusagen vergöttert haben." (Susanne, 16 J.)				
„Fest begnügt sich sträflich vereinfachend damit, Hitler vorzustellen als einen gesellschaftlich isolierten, kontaktgestörten Menschen." (Hamburger Gymnasiast)				

5. Wie würdest Du den Film insgesamt beurteilen? Beantworte hierzu folgende Fragen:

	JA		NEIN	
	stark	schwach	schwach	stark
Trägt der Film dazu bei, Hitler und den Nationalsozialismus besser zu erklären?				
Hat Dich der Film angeregt, sich weiter mit dem Thema zu beschäftigen?				

Sollte der Film für die Schulen gekauft werden, damit er als Unterrichtsmittel eingesetzt werden kann?

_____

Könnten durch diesen Film neue Anhänger für Hitler geworben werden?

_____

Kannst Du verstehen, daß der Film manche Menschen (z. B. ehemalige KZ-Häftlinge) so empört, daß sie ihn für schädlich halten und dagegen protestieren?

_____

6. Sonstige Bemerkungen:

Verzeichnis der Dokumente

A Das Presseecho in der Bundesrepublik

Das Echo in der rechtsradikalen und konservativen Presse

1. Gerechtigkeit für Hitler? Die Wahrheit setzt sich durch, in: Deutsche National-Zeitung, Nr. 28 v. 8. 7. 1977.
2. Harald Neubauer: Hitlers wahre Größe. Das neue Hitler-Bild, in: Deutsche Nationalzeitung, Nr. 29 vom 15. 7. 1977.
3. Günther Deschner: Versuch einer Revision: Fests Hitler-Film, in: Die Welt vom 1. 7. 1977.
4. Joachim C. Fest: Revision des Hitler-Bildes? in: Frankfurter Allgemeine Zeitung vom 29. 7. 1977.
5. Interview mit Joachim C. Fest, in: film-echo/FILMWOCHE, Nr. 35, vom 28. 6. 1977.
6. Jürgen Heinrichsbauer: Adolf Hitler. Geschichtsunterricht, in: Der Arbeitgeber, Nr. 15–16/1977.
7. Peter Boenisch: Ein Diktator des Radio-Zeitalters, in: Bild am Sonntag, Nr. 27, vom 3. Juli 1977.
8. Hans P. Neuhaus: Hat Adolf Hitler bei den Deutschen plötzlich wieder eine Zukunft? in: Bild vom 6. 7. 1977.

Das Spektrum der liberalen Kritik

9. Karl Heinz Janßen: High durch Hitler. Fest entpuppt sich als ein gefährlicher Film, in: Die Zeit, Nr. 29, vom 8. 7. 1977.
10. Gerhard Stadelmaier u. Friedrich Weigend: Wie wird man mit dem ,,Führer'' fertig? in: Stuttgarter Zeitung vom 23. 7. 1977.
11. Heinz Höhne: Faszination des Demagogen, in: Der Spiegel, Nr. 27, vom 27. 6. 1977.
12. Rudolf Augstein: Zu Hitler fällt uns nichts mehr ein, in: Der Spiegel, Nr. 34, vom 15. 8. 1977.

Linke Kritik am Fest-Film

13. Reinhard Kühnl: ,,Besonders wertvoll'' – Hitler-Film propagiert gereinigten Faschismus, in: Deutsche Volkszeitung, Nr. 29, vom 21. 7. 1977.
14. Die Hitler-Welle und der Ruf nach dem starken Mann (Interview mit Reinhard Kühnl), in: Welt der Arbeit vom 27. 7. 1977.
15. Martin Buchholz: Hitler war 'ne Wolke, in: konkret, Nr. 9/1977.
16. Peter Wilke: Fest: ,,Die Rolle des Großkapitals nicht Thema des Films'', in: Unsere Zeit vom 8. 8. 1977.

17. Michael Getler: W. German Film on Hitler is Attacked as Bad for Youth, in: International Herald Tribune vom 1. 8. 1977.
18. Manuel Lucbert: Le IIIe Reich sans étoile jaune, in: Le Monde vom 23. 8. 1977.
19. Max Gallo: C'était il y a mille ans, in: L'express, Nr. 1363 vom 22. bis 28. 8. 1977.
20. ,,Hitler – eine Karriere", in: Neue Zürcher Zeitung vom 25. 8. 1977.
21. Fast jede Minute ist mit Lügen gespickt. Auszüge aus: Iswestija vom 21. 7. 1977, nach: Monitor-Dienst vom 22. 7. 1977.

C Aussagen zur Machart des Films

22. Wim Wenders: That's Entertainment: Hitler, in: Die Zeit, Nr. 33, vom 5. 8. 1977.
23. Erwin Leiser: Der Diktator als Wagnerheld, in: Weltwoche vom 20. 7. 1977.
24. Wolfram Schütte: ... seine energischen Gemeinplätze, in: Frankfurter Rundschau vom 8. 7. 1977.
25. Gutachten der Filmbewertungsstelle Wiesbaden (FBW) zu dem Film ,,Hitler – eine Karriere", Prüfnummer 15 982, vom 14. 6. 1977.

D Aktionen und Stellungnahmen

26. Die Welt vom 13. 7. 1977: Erste Störungen beim Hitler-Film
27. Münchner Abendzeitung vom 14. 7. 1977: Molotow-Cocktail gegen Hitler-Film in München.
28. Münchner Abendzeitung vom 18. 7. 1977: Szenenbeifall für Hitler.
29. Bild vom 20. 8. 1977: Säure! Attentat auf Hitler-Film in Hamburg.
30. Stuttgarter Zeitung vom 1. 9. 1977: Demonstration in KZ-Kleidung.
31. Süddeutsche Zeitung vom 26. 7. 1977: FDA gegen Hitler-Film.
32. Allgemeine jüdische Wochenzeitung vom 29. 7. 1977: Werner Nachmann warnt vor Gefahren einer Hitlerwelle.
33. Frankfurter Rundschau vom 31. 8. 1977: Aktion Sühnezeichen gegen Joachim Fests Hitler-Film.
34. Münchner Abendzeitung vom 3. 9. 1977: Wiesenthal gegen Hitler-Film.
35. Die Tat vom 9. 12. 1977: IG Metall gegen Fest-Film.
36. Flugblatt der Initiative fortschrittlicher Künstler, Hamburg.
37. Flugblatt der Vereinigung der Verfolgten des Naziregimes/Bund der Antifaschisten.

38. Hitler-Film als Schulunterricht? in: film-echo/FILMWOCHE vom 7. 9. 1977.

39. Kinowerbung.

40. Münchner Abendzeitung vom 29. 7. 1977: Anfangs ist mir Hitler sogar fast sympathisch geworden! Münchner Realschüler sahen für die AZ den Hitler-Film.

41. Die Zeit, Nr. 35, vom 19. 8. 1977: „So viele auf einem Fleck, für einen Hitler..." Berliner Schüler loben die Objektivität des Fest-Films und bemängeln seine Oberflächlichkeit.

42. Werner Klose: Hitler in der Schule. Erfahrungsbericht eines Geschichtslehrers, in: Die Zeit, Nr. 51, vom 9. 12. 1977.

43. Dieter Boßmann: Wissensfriedhof Nationalsozialismus, in: Erziehung und Wissenschaft, Nr. 11/1977.

44. Vorschläge für einen demokratischen Unterricht, aus: Gerhard Grotz/Dierk Joachim/Bernhard Keller/Uwe Naumann: Wider die Legende vom „Alleingänger" Hitler, in: Demokratische Erziehung Nr. 6/1977.

45. Landesverband der GEW in West-Berlin: Protest gegen Fests Hitler-Film, in: Demokratische Erziehung Nr. 6/1977.

46. Hitler-Film. Raus aus den Schulen. Stellungnahme der Betriebsgruppe GS Steilshoop, in: Hamburger Lehrerzeitung Nr. 13/1977.

47. Bernhard Keller: Fragebogen für Schüler zum Hitler-Film.

Die Bilder und Grafiken dieser Dokumentation sind nach folgenden Büchern und Zeitschriften reproduziert:

Arte e Resistenza in Europa
Ausstellungskatalog
Bologna, Museo Civico, 26. 4.–30. 5. 1965
Turin, Galleria Civica d'Arte Moderna, 8. 6.–18. 7. 1965

Kunst im Widerstand
Malerei, Graphik, Plastik 1922 bis 1945
Herausgegeben und eingeleitet von Erhard Frommhold
Vorwort von Ernst Niekisch
VEB Verlag der Kunst Dresden
Dresden 1968

Richard Hiepe
Gewissen und Gestaltung
Deutsche Kunst im Widerstand
Röderberg-Verlag
Frankfurt am Main 1960

Clément Moreau
Mein Kampf
56 Zeichnungen
Text von Adolf Hitler
Vorwort von Max Frisch
Verlag Neue Münchner Galerie 1975

Karl Rössing
Mein Vorurteil gegen diese Zeit
100 Holzschnitte
Mit einem Nachwort von Manès Sperber
Hoffmann und Campe Verlag Hamburg
(Reprint im Format der Originalausgabe von 1932)

Karl Weinmair
Skizzenbuch
Aus dem 1000jährigen Reich
Einführung von Richard Hiepe
Verlag der Neuen Münchner Galerie
München 1973

Der Spiegel, Hamburg
L'Express, Paris
Unsere Zeit, Düsseldorf
Die Quelle, Köln

Jörg Berlin, geb. 1944, Studium der Geschichte, Wirtschaftsgeographie und Erziehungswissenschaft in Hamburg; Lehrer; Veröffentlichungen zur Sozialgeschichte des Kaiserreiches und zur Geschichtsdidaktik.

Dierk Joachim, geb. 1951, Studium der Germanistik, Politologie und Erziehungswissenschaft in Hamburg und Marburg; 1. Staatsexamen, zur Zeit arbeitslos; Veröffentlichungen zur Kultur- und Medienpolitik.

Bernhard Keller, geb. 1950, Studium der Germanistik, Politologie und Erziehungswissenschaft in Hamburg; Studienrat seit 1977; Zeitschriftenveröffentlichungen zur Faschismusdiskussion.

Dr. Volker Ullrich, geb. 1943, Studium der Geschichte und Germanistik in Hamburg; Assistent am Historischen Seminar der Uni Hamburg 1966–1969; Promotion 1975; seit 1976 Studienrat in Hamburg und Lehrbeauftragter für Didaktik der Politischen Bildung an der PH Lüneburg. Buch- und Zeitschriftenveröffentlichungen vor allem zur Geschichte der deutschen Arbeiterbewegung.

Faschismus

Reinhard Kühnl (Hrsg.)

Der deutsche Faschismus in Quellen und Dokumenten

Zweite, erweiterte Auflage 1977
530 Seiten, 16 Abb., DM 9,80

Diese umfassende Quellensammlung ist folgendermaßen angelegt:

1. Sozialökonomische und politische Voraussetzungen für Entstehung und Aufstieg des Faschismus (53 Dokumente)

2. Die faschistische Bewegung bis 1933 (48 Dokumente)

3. Die Errichtung der Diktatur (27 Dokumente)

4. Die Wirklichkeit des faschistischen Systems (50 Dokumente)

5. Krieg und Massenmord (92 Dokumente)

6. Widerstand (40 Dokumente).

Prof. Dr. Reinhard Kühnl, Marburg, hat mit diesem Werk der Öffentlichkeit zugänglich gemacht, was die Forschung heute über den deutschen Faschismus erarbeitet hat. Dabei beschränkt er sich nicht auf Einzelfragen, sondern vermittelt ein Gesamtbild des deutschen Faschismus, seiner Grundlagen und Folgen, seines Wesens und seiner Erscheinungsformen. Das authentische Material gibt dem Leser zugleich die Möglichkeit, die in der Öffentlichkeit verbreiteten Ansichten kritisch zu überprüfen.

Pahl-Rugenstein

Faschismus

Pahl-Rugenstein

Psychologie

Wörterbuch der Psychologie

Herausgegeben von G. Clauß, H. Kulka, J. Lompscher,
H.-D. Rösler, K.-P. Timpe und G. Vorwerg
596 Seiten, Leinen mit Schutzumschlag DM 28,–

Dieses große Wörterbuch ist das erste lexikalische Werk in
deutscher Sprache, das das umfassende Gebiet der Psychologie aus **materialistischer** Sicht darstellt. Es enthält rund 2500
Stichwörter, hauptsächlich aus den Gebieten Allgemeine
Psychologie, Persönlichkeitspsychologie, Entwicklungspsy-
chologie, Sozialpsychologie, Psychodiagnostik, Arbeits-
und Ingenieurspsychologie, Pädagogische Psychologie, Kli-
nische Psychologie. Das Buch wendet sich an Psychologen,
Studierende dieses Faches sowie an Vertreter anderer Natur-
und Gesellschaftswissenschaften (z. B. Biologen, Philoso-
phen, Soziologen, Mediziner, Pädagogen, Juristen, Inge-
nieure). Darüber hinaus ist der große Kreis derer angesprochen, die sich für psychologische Fragen interessieren und
psychologisches Wissen im Beruf und gesellschaftlichen
Leben benötigen.

„Der Fachbuchtip des Monats: Da sich kaum Beiträge finden, die nicht **auch** Ergebnisse der sogenannten ‚bürgerlichen
Psychologie‘ referieren, kann das Wörterbuch ganz allgemein
als kritische Einführung in die Psychologie und speziell als
Einführung in die materialistische Richtung dieser Wissenschaft dienen!" *Buchhändler heute*

Pahl-Rugenstein

Geschichte · Zeitgeschichte

Udo Mayer/Gerhard Stuby (Hrsg.)
Das lädierte Grundgesetz
Beiträge und Dokumente zur Verfassungsgeschichte 1949—1976
364 Seiten, DM 14,80

Die Geschichte der Verfassung von 1949 bis heute ist zugleich auch eine Geschichte von Verfassungsbrüchen und Verfassungsverletzungen. Die Chronologie beginnt mit dem Verbot der KPD, den strafrechtlichen Verfolgungen der antimilitaristischen Opposition in den fünfziger Jahren, dem Verbot der von der SPD beantragten Volksbefragung zur Atombewaffnung, der Einschränkung der Koalitionsfreiheit und endet schließlich bei der Notstandsgesetzgebung und den Berufsverboten. Die Autoren zeigen die politischen Zusammenhänge auf, die für die Träger der Macht in der BRD jeweils Anlaß zu Verfassungsbruch oder Verfassungsbeugung waren. Der Band analysiert und dokumentiert ferner den Kampf der demokratischen Kräfte um die Sicherung und die Erhaltung des im Grundgesetz verankerten Friedensgebots mittels der Ostverträge und der Prinzipien von Helsinki.

J. v. Freyberg/G. Fülberth/J. Harrer/B. Hebel-Kunze/H.-G. Hofschen/E. Ott/G. Stuby
Geschichte der deutschen Sozialdemokratie 1863—1975
Mit einem Vorwort von Wolfgang Abendroth
Zweite Auflage, 457 Seiten, DM 12,80

Ein historisches Handbuch, das in erster Linie Wert auf detaillierte Faktendarbietung legt. Die erste zusammenfassende Geschichte der deutschen Sozialdemokratie seit Wolfgang Abendroths „Aufstieg und Krise der deutschen Sozialdemokratie". Schwerpunkte des Buches: die Entstehung des Revisionismus, die Politik der SPD in der Weimarer Republik, Emigration und Widerstand, Entwicklung der Partei in den ersten Nachkriegsjahren (1945—1949) sowie Entwicklungsprozesse und politische Positionen der SPD seit Bestehen der Bundesrepublik. Der Geschichte der SPD in der BRD gilt dabei besondere Aufmerksamkeit.

Frank Deppe/Georg Fülberth/Jürgen Harrer (Hrsg.)
Geschichte der deutschen Gewerkschaftsbewegung
500 Seiten, DM 14,80

Gesamtüberblick über die deutsche Gewerkschaftsbewegung. Stets ist der sozialgeschichtliche Hintergrund in die Darstellung der Organisationsgeschichte mit einbezogen. Besonderes Gewicht liegt auf Zeiträumen und Problemen, die in anderen Gesamtdarstellungen vernachlässigt oder übergangen werden: das Verhältnis von politischem und ökonomischem Kampf unter jeweils konkreten Bedingungen; die Gewerkschaftstheorie von Marx und Engels; die freien Gewerkschaften im ersten Weltkrieg, in der Novemberrevolution, in der Weltwirtschaftskrise nach 1929; gewerkschaftlicher Widerstand gegen den Faschismus; gewerkschaftlicher Wiederaufbau und die Auseinandersetzungen um die gesellschaftliche Neuordnung nach 1945; die DGB-Politik in den fünfziger und sechziger Jahren; die Gewerkschaften von der Rezession 1966/67 bis zur gegenwärtigen Wirtschaftskrise.

Pahl-Rugenstein

Geschichte · Zeitgeschichte

Joachim Streisand
Deutsche Geschichte von den Anfängen bis zur Gegenwart
Eine marxistische Einführung
484 Seiten, DM 9,80

Dem wachsenden Bedürfnis nach einem eindeutig an Fortschritten in der deutschen Geschichte orientierten Überblick wird zur Zeit kein Historiker so gerecht wie Joachim Streisand, der leichte Lesbarkeit mit historischer Akribie zu verbinden versteht. Hauptprobleme und Wendepunkte der deutschen Geschichte treten scharf hervor: die Herausbildung des ersten deutschen Reichs, die Entwicklung des Humanismus und der Reformation, die frühbürgerliche Revolution, die Befreiungskriege, die Revolution 1848, die Reichsgründung 1871, der Imperialismus, die deutsche Arbeiterbewegung u. a. m. Die Beschäftigung mit den Wendepunkten der deutschen Geschichte, mit den Knotenpunkten des Übergangs von einer Gesellschaftsordnung zur anderen wird besonders von der materialistischen Geschichtswissenschaft gefordert, zu deren bedeutendsten Vertretern Streisand zählt.

Rolf Badstübner / Siegfried Thomas
Restauration und Spaltung
Entstehung und Entwicklung der BRD 1945–1955
512 Seiten, DM 9,80

Das Buch zeigt, wie es zur Entstehung der BRD, zu ihrer Einbeziehung in die NATO und damit zur gewollten Zerreißung Deutschlands kam. In der Nachzeichnung der Restaurations- und Spaltungsgeschichte widerlegen die für diese Zeitperiode bestens ausgewiesenen Verfasser gängig gewordene Geschichtslegenden und weisen nach, daß die Entwicklung vom Deutschen Reich zur Bundesrepublik ein Produkt der rigorosen Durchsetzung bürgerlich-konservativer Interessen war. Die in den Nachkriegsjahren in den Westzonen Deutschlands versäumten demokratischen Chancen vermitteln wichtige Lehren für die Gegenwart und Zukunft.

Udo Mayer / Gerhard Stuby (Hrsg.)
Die Entstehung des Grundgesetzes
Beiträge und Dokumente
338 Seiten, DM 14,80

Dieses Buch bietet Materialien und Dokumente für eine Verfassungsgeschichte der BRD. Es umreißt die ambivalente Entstehung des Grundgesetzes: einerseits Dokument der Spaltung Deutschlands, andererseits Rahmenkompromiß zwischen Anhängern einer sozialistischen Gesellschaftsordnung und Verfechtern traditioneller privater Eigentumsverhältnisse. Die Autoren untersuchen die Gründe für das Scheitern der Bildung einer einheitlichen deutschen Republik. Sie analysieren die Widersprüche bei der Beratung des Grundgesetzes und gehen an dessen Strukturelementen der demokratischen und antifaschistischen Intention der Verfassungsgesetzgeber nach.

Pahl-Rugenstein